● ● 김미도 연극평론가, 서울과학기술대 문예창작학과 교수

개인적으로 맛있는 음식을 탐하지 않는 사람들과는 깊이 사귀지 못한다. 대체로 미식가들은 미적 감각, 예술적 탐닉, 지적 욕망도 강렬한 편이다. 하나의 요리에는 그 지역의 풍토와 문화, 관습과 역사가 배어 있고 심지어 과거 계급사회의 전통이 내포되어 있다.

정소영의 《맛, 그 지적 유혹》은 문학 작품 속에 등장하는 음식들을 통해 작가의 무의식, 인물들의 본능을 맛깔나게 해석해낸다. 다양한 문화이론과 풍부한 여행 경험을 통해 다져진 정소영의 지적 편력이 책 속에 묘사되는 요리 과정을 통해 담백하지만 도도하게 전달된다. 이 책은 맛에 대한 욕망을 미학적으로 진지하게 탐구함으로써 분석 대상이 된 작품들을 다시 읽고 싶은 지적 허기를 불러일으킨다.

● **조재룡** 고려대학교 불어불문학과 교수, 문학평론가

'인류의 번영은 신학자의 섬세한 해석보다 오히려 식이요법에 달려 있다'(《이 사람을 보라Ecce Homo》)라며 '망치를 든 철학자' 니체는 육체를 경멸하고 정신만 영원하다는 생각에 젖어 있던 동시대인들의 뒤통수를 후려친다. '우리가 먹는 것이 바로 우리'라는 것이다. 그렇지 않은가? 먹는 것이 우리를 구성하고 우리를 살게 하며, 결국 우리를 정의한다. 올림포스의 신들조차 암브로시아와 넥타르에 불멸성을 빚지고 있으며, 어려서 섭취했던 야생 동물의 골수 덕분에 아킬레우스는 육신의 힘은 물론 강건한 정신도 함께 유지할 수 있었다. 폐쇄된 창고에서 항생제로 길러진 닭고기나 냉동 라자냐를 먹고 자란 고대의 영웅이 없었듯 정크 푸드가 지배하는 현대인의 삶에 하늘에서 떨어지는 선물처럼 주어지는 건강은 존재하지 않는다.

먹는 것에 주의를 기울이는 행위는 차라리 '자기 배려'의 처음이자 마지막 길은 아니었던가. 그리스인에게 먹는다는 것은 또한 '함께' 먹는다는 것을 의미했다. 호메로스를 읽으면서 느꼈던. 진귀한 요리를 맛보고 포도주를 마시며 함께 존재하는 기쁨을 정소영의 책 《맛, 그 지적 유혹》을 읽으며 다시 발견한다. 동서양 현대문학의 거장들이 얼마나 자주 먹는 것으로 자신의 일상에 의미를 부여하고, 평범한 장소를 자기만의 공간으로 만들었으며, 자기 삶에 독특한 의미를 부여했는지 궁금하다면 정소영의 책을 지금 펼쳐보라.

심미적인 미학과 세속적인 욕망이 하나로 어우러진 저 식탁 위를 부지런히 매만지는

그의 글을 읽다 보면, 어느새 대중문화와 고급문화의 경계가 허물어지는 순간을 맞이하게 된다. 첫 장을 넘기자마자 우리는 문학 작품 안으로 직접 들어가 그가 '먹을 것'을 붙잡고 풀어놓은 해박하고 흥미로운 해석에 감탄하게 되고, 사이사이 들려주는 개인적인 경험과 요리에 대한 생생한 이야기를 읽는 재미에 푹 빠질 것이다.

지성으로 매만지며 성심껏 재료를 다지거나 썰어내고, 감성으로 거기에 고유한 맛을 입혀 오랜 시간 충분히 잘 익혀낸 '문자의 요리' 같다고 할까? 시도 자체가 신선한 정소영의 《맛, 그 지적 유혹》은 읽을수록 더 좋아지는 글들로 가득하다. 우리는 그의 글에서 영국 음식을 맛있게 먹는 법을 배우고, 파리의 레스토랑에 앉아 '기이한 식탐'(어니스트 헤밍웨이, 《파리는 날마다 축제》)의 현장을 차분히 구경하다가, '뱀파이어와의 거래'(위화, 《허삼관 매혈기》)와 '육식의 폭력적인 역사'(한강, 《채식주의자》)에 다소간의 충격을 받고, '프라이드 치킨의 음모'(F. 스콧 피츠제럴드, 《위대한 개츠비》)에 놀란 가슴을 미묘하고 다양한 파스타의 세계를 맛보고 달래면서 '해방된 맛'(뮈리엘 바르베리, 《맛》)의 세계에 흠뻑 빠진 다음, '우주를 품은 카스테라'(박민규, 《카스테라》) 하나를 앞에 놓고, 없었더라면 하루도 살 수 없었을 커피를 밥 딜런의 노래('One More Cup of Coffee')를 들으며 디저트 삼아 즐기게 될 것이다. 무엇을 상상하든 《맛, 그 지적 유혹》을 펼쳐 든 당신은 생각한 것 이상의 매혹적인 순간들을 만끽하며 작가들의 상상력의 세계를 직접 '맛보게' 될 것이다.

맛, 그 지적 유혹

책 속 음식에 숨겨진 이야기

맛, 그 지적 유혹

정소영 지음

니케북스

책을 펴내며

나는 아보카도를 좋아한다. 잘 익은 아보카도를 골라 반을 가르고 씨를 뺀다. 껍질째 들고 칼집을 낸 후 스푼으로 긁어내 바삭하게 구운 호밀빵 위에 올린다. 거기에 라임 즙을 뿌리고 베트남식 칠리 소스인 스리라차 소스를 뿌린 후 고수를 손으로 대충 찢어 올린다. 나의 아침 단골 메뉴다. 그리고 레몬 즙과 소금을 넣고 으깬 아보카도에 다진 마늘과 후추를 넣고 파마산 치즈를 듬뿍 갈아 넣는다. 여기에는 푸실리 파스타나 펜네 파스타를 비벼 먹는다. 토마토를 넣어 멕시코식 소스 과카몰리도 만들고, 초밥도 만들어 먹는다. 요즘에는 마트에서도 아보카도를 흔하게 구할 수 있어서 좋아하는 아보카도를 이렇게 맘껏 먹는다.

아보카도를 먹을 때면 에스더 그린우드가 생각난다. 실비아 플라
스Sylvia Plath의 자전적 소설《벨 자The Bell Jar》의 주인공이다. 아보카
도는 그녀가 가장 좋아하는 음식이었고, 내가 아보카도를 처음 먹게
된 것은 이 소설을 읽고 나서였다. 20대 중반이 거의 다 돼서 읽은 책
이지만 정해진 여성의 역할을 강요하는 세상의 압력에 반항하며 우
울증과 자살 시도에 이르는 열아홉 살 에스더의 이야기가 마음에 무
척 와닿았다.

에스더는 뉴욕에서 끔찍한 경험을 하고 정신이 거의 나간 상태로
집으로 가는 기차에 오르는데, 이때 그녀가 가방에 챙긴 것은 친구가
선물로 준 스물네 개의 아보카도였다. 그녀가 좋아하는 아보카도가
내게는 저항의 상징처럼 느껴졌다. 물론 내 생애 첫 아보카도 요리
는 이 책에 나온 것 중 하나로, 게살을 마요네즈에 무쳐 반을 가른 아
보카도에 올린 요리였다. 아보카도 덕분에 에스더 그린우드/실비아
플라스는 실제로 알고 지낸 친구처럼 내 마음속에 잊히지 않고 남아
있다.

나는 많은 책 속 인물들을 그들이 먹은 음식으로 기억한다. 허구
의 인물들에게서 실존 인물과 같은 친밀감을 느끼게 되는 순간은 그
들이 음식을 먹을 때다. 음식을 먹는 것은 숨을 쉬는 것과 같이 살아
있다는 것을 증명한다. 그뿐만 아니라 음식은 책 속 인물들의 심리
상태, 성격, 그들이 처한 환경 등에 대해 가장 현실적인 정보를 제공

해주는 단서이기도 하다.

　음식을 먹는 행위는 우리가 하는 일상적 행위 중 우리의 정체성, 우리의 삶의 모습이 총체적으로 가장 잘 투영되는 행위이다. 인간은 생존을 위해 음식을 먹고자 하는 욕구를 가지고 태어나지만, 먹는 데 대한 욕구에 반응하고 대처하는 방식은 태어나는 순간부터 그들이 속한 사회의 모든 요소들과 상호작용하며 형성된다. 배고픔을 참는 다거나 어떤 것을 먹을지 말지를 결정하는 것, 어떻게 요리할지를 정하는 등의 음식 소비 습관은 사회 계급, 문화, 국가, 역사, 젠더, 나이, 종교, 전통, 의례 등의 모든 사회적 행위와 밀접하게 연결되어 있기 때문이다. 그래서 책 속 인물들이 무엇을 먹는지, 어떻게 먹는지를 자세히 들여다보면 다른 사람과 어떻게 관계를 맺는지, 그들의 욕망과 이상, 도덕성과 존재에 대한 성찰 등 글로 표현되지 않은 많은 요소들을 이해하고 공유할 수 있다.

　버지니아 울프는 소설을 거미줄에 비유한 바 있다. 거미줄은 공중에 그 자체로 매달려 있는 듯 보인다. 하지만 자세히 살펴보면 천정의 한 구석이든, 가구의 모서리든, 땅에 자리 잡고 있는 것들에 그 귀퉁이들이 붙어 있다. 소설은 상상력의 산물이라 현실을 떠나 거미줄처럼 그 자체로 공중에 떠 있는 것처럼 보이지만 "비스듬히 당겨보고 가장자리를 들어보고 가운데를 찢어보면" 사실은 모든 귀퉁이가 삶에 꼭 들러붙어 있다. "그 거미줄은 형체 없는 생명체가 공중에 자아낸 것이 아니라 고통 받는 인간의 작품이며, 건강과 돈과 집과 같은 매우 현실적인 것들에 붙어 있다"는 것이다.[1)]

소설과 우리의 삶이 붙어 있는 부분을 자세히 보면 거기에는 우리의 가장 평범한 일상이 있고, 음식은 그 평범한 일상에서 가장 중요한 부분을 차지한다. 음식을 먹는 행위는 나와 소설 속 인물들의 일상을 연결해주는 접점이다. 음식을 통해 그들의 삶을 나의 삶에 들여와 이해할 수 있다.

이 책에서 나는 책 속에 등장하는 음식을 통해 책 속 인물들과 그들의 삶이 우리의 실제 삶과 어떻게 연결되는지를 풀어보고자 했다. 열네 편의 소설과 세 편의 비소설을 다루고 있는데, 모두 다양한 시대와 문화권에서 출간되어 전문 평론가들과 독자들로부터 지속적인 관심을 받고 있는 작품들이다. 이 중 외국 도서들은 우리나라에서 하나 또는 그 이상의 번역본으로 출간되어 있다.

이 책에 세 편의 비소설을 포함시킨 데는 특별한 이유가 있다. 우선 어니스트 헤밍웨이의 회고록 《파리는 날마다 축제》는 음식과 글쓰기의 관계에 대해 생각하게 하는 책으로, 내가 이 책을 쓰는 계기를 제공한 책이다. 마르쿠스 사무엘손의 《예스, 셰프》 또한 회고록인데, 셰프인 사무엘손이 음식에 대한 경험을 통해 자신의 과거를 재구성하는 과정이 헤밍웨이와 놀랍도록 닮아 있다. 20세기의 작가와 21세기의 셰프가 창작자로서 자신의 정체성을 찾아가는 과정이 시대와 직업을 뛰어넘어 음식을 통해 이루어진다는 점이 흥미로웠고, 이것이 이 책에 《예스, 셰프》를 포함시킨 이유다. 그리고 음식에 대한 이야기에 커피가 빠질 수는 없지 않은가! 밥 딜런의 노래 'One More Cup of Coffee'는 오로지 커피에 집중할 수 있는 글을 고르던 중 마침 밥 딜런이 노벨 문학상을 수상해 화제가 되면서 그의 문학성 짙은 노랫말들을 살펴보다가 선택하게 되었다.

커피, 비스킷, 케이크, 감자 칩, 초콜릿… 무엇이든 좋다. 맛있는 무언가를 먹으며 책을 읽는 시간이 내겐 세상에서 가장 평화로운 시간이다. 아무리 어려운 책도 맛있는 것을 먹으면서 읽으면 이해가 더 잘 되는 것 같다. 먹는 것과 읽는 것은 동시에 즐기기에 훌륭한 짝을 이루는 두 가지 쾌락이라는 C. S. 루이스의 말에 완전히 동감한다.

그런데 곁에 먹을 것이 없어도 이에 못지않은 즐거움을 느끼며 책을 읽을 수 있다. 책의 주인공들이 먹는 음식을 음미하는 경우가 그렇다. 눈으로만 먹을 수 있는 음식은 더 유혹적이다. 나는 독자들이

이 책을 읽으면서 책 속 음식들을 음미하는 즐거움을 통해 작가들과 그들이 만들어낸 인물들을 새롭게 만나기를 기대한다.

나는 문학 작품이 시대와 장소를 초월한 특정한 의미를 지니고 있다고 생각하지 않는다. 그 의미는 독자들 개개인의 사회 문화적 경험과 상호작용하는 과정에서 만들어진다. 이 책을 통해 음식이라는 관점에서 책을 읽음으로써 문학을 각자의 일상과 좀 더 밀착시킬 수 있기를 바란다. 그리고 더 나아가 어떤 책을 읽든 거기에 각기 다른 개인의 삶의 귀퉁이를 갖다 대고 무게를 더해 자신만의 의미를 만들어내는 창의적인 책 읽기의 단초가 되었으면 한다.

차 례

크레이프 만드는 여자,
팬케이크 먹는 남자

길리언 플린Gillian Flynn

나를 찾아줘*Gone Girl*

미스터리 스릴러 소설 《나를 찾아줘》는 2012년 출판된 후 9개월 만에 2백만 부의 판매고를 기록하며 〈뉴욕타임스〉 베스트셀러 자리를 수 주간 지켰다. 2014년에는 데이비드 핀처 감독에 의해 영화로 만들어지기도 했다.

될 수 있으면 피하려 하지만 어쩔 수 없이 금요일 저녁이나 토요일에 마트에 가야 할 때가 있다. 많은 사람들 틈바구니에서 물건을 고르는 것도 피곤한 일이지만 계산대 앞에 늘어선 긴 줄에 서 있기는 더 죽을 맛이다. 그런데 줄 서는 지루함을 달랠 수 있는 나만의 방법이 있다. 다른 사람들의 쇼핑카트를 구경하는 것이다.

내 앞에 앞에 있는 사람이 계산대 위에 몇 가지 물건을 올려놓는다. 라면과 즉석 밥과 몇 가지 즉석 식품, 그리고 초밥과 맥주다. 그를 보면서 20, 30대 남성의 싱글 라이프에 대해 상상해본다. 그의 귀에 꽂힌 이어폰에서는 어떤 음악이 흘러나오고 있을지 궁금해진다.

내 바로 앞에 서 있는 여성의 쇼핑카트는 물건으로 가득하다. 빵

가루까지 입혀져 기름에 튀기기만 하면 되는 돈가스, 포장지에 만화
캐릭터가 그려진 과자들, 삶아 놓은 나물 두어 가지, 두 팩을 묶어 할
인된 가격에 파는 두부, 삼겹살, 우유와 요구르트, 캔 맥주, 세제 등.
아이들과 남편을 먹여 살리기 위해 고군분투하는 '맘'의 일상을 상
상하니 대충 묶은 그녀의 머리까지도 의미 있게 보인다. 미용실 갈
시기를 놓쳐 손질에 애를 먹다가 그냥 묶어버렸구나. 쉴 새 없이 문
자를 주고받는 상대가 누군지 궁금해진다. 학원에 가기 싫다는 아이
와 실랑이라도 하고 있는 건 아닌지!

　내 뒤로는 마치 어제 미용실에 다녀온 듯한 머리를 한 날씬한 여
성이 쇼핑카트 대신 플라스틱 장바구니를 들고 차례를 기다리고 있
다. 유기농 어린잎 샐러드, 플레인 요구르트, 병에 든 파스타 소스, 그
리고 화이트와인과 탄산수도 두어 병 보인다. 오렌지도 있는데 여섯
개씩 망에 담아진 게 아니라 낱개로 두 개다. 아보카도도 하나 있다.
손톱은 네일숍에 다녀온 듯 완벽하게 다듬어져 있다. 자유로운 싱글
여성의 삶이 보인다. 저녁을 가볍게 먹은 후에는 요가나 필라테스를
하러 갈지도 모르겠다.

　쇼핑카트에 담긴 물건들을 보면 그 사람에 대해서 많은 것을 알
수 있다. 어린아이들이 있는 집인지 등의 꽤 명백한 추측 외에도 건
강에 신경 쓰는 사람인지, 집에서 요리를 많이 해 먹는지, 어떤 종류
의 음식을 만들어 먹는지…. 그리고 좀 더 분석적인 상상력을 동원하

면 그 사람의 직업에 대해서도 추측할 수 있다. 구매한 물건과 옷차림, 머리 모양, 표정, 말투 등을 종합적으로 관찰하면서 셜록 홈즈 놀이를 하다 보면 어느새 내 차례가 된다.

영국의 몇몇 슈퍼마켓들은 나의 이런 장바구니 관찰 놀이를 반짝이는 마케팅 전략으로 이용했다. '독신자의 날'을 정해 이날은 특별히 많은 독신자들이 장을 보러 오게 하는 것인데, 파트너를 찾는 이들의 바구니에는 꽃이 한 송이씩 꽂히게 된다. 장을 보면서 다른 사람의 장바구니를 관찰해 자신과 맞을 것 같고 마음에 드는 사람이 있으면 그 사람에게 꽃을 건네는 것으로 관심을 표현하는 것이다.

테스코는 특별히 발렌타인데이를 앞둔 금요일 저녁에 '장바구니 데이트'라는 행사를 선보였는데, 아예 심리분석 전문가를 초청했다. 심리분석 전문가가 행사에 참여한 사람들의 장바구니를 분석해 개개인의 성향을 파악하고, 각자에게 맞는 파트너를 제안해주는 것이다. 미국, 캐나다, 독일 등에도 '독신자의 밤'을 정해 식료품과 함께 애인도 쇼핑할 기회를 제공하는 슈퍼마켓들이 제법 있다.

이런 행사들은 구매한 식재료와 상품이 비슷하면 서로 지향하는 라이프 스타일도 비슷할 것이라는 발상에서 시작되었다. 즉, 구매한 물건들을 비교 분석해보면 서로 비슷한 취향을 가진 파트너를 더 쉽게 만날 수 있을 것이라는 논리에 근거한 것이다.

'독신자의 밤'의 인기는 음식 소비 패턴이 갖는 문화적 의미의 견고함을 증명해준다. '무엇을 먹는가'는 옷차림이나 말투 등과 함께 개인의 취향뿐 아니라 그 사람의 사회 문화적 정체성을 나타낸다. 프랑스의 미식가 장 앙텔므 브리야 사바랭*도 일찍이《브리야 사바랭의 미식 예찬*Physiologie du Gout*》이라는 책에서 "당신이 무엇을 먹는지 말해 달라. 그러면 당신이 어떤 사람인지 말해주겠다"[1]라고 하지 않았던가.

길리언 플린도 소설 《나를 찾아줘》[2]에서 음식이 갖는 문화 코드로서의 기능을 십분 이용한다. 《나를 찾아줘》는 이야기만 떼어놓고 보면 그야말로 소설에서나 있을 법한 이야기다. 그러나 책을 읽다 보면 개연성이 부족하다는 느낌은 들지 않고 닉과 에이미가 우리 주위에 실제로 존재하는 사람들처럼 느껴지고 그들의 일상이 실화처럼 느껴진다. 이는 이야기에 촘촘히 엮인 소소한 디테일 때문이다. 그리고 이러한 디테일을 살려주는 것이 바로 음식이다.

소설에서 언급된 음식의 종류만 해도 아이스크림이나 핫도그 같은 평범한 음식부터 아티초크, 가시게 같은 고메 음식까지 70여 가지나 된다. 닉과 에이미의 일상에 관한 묘사는 음식에 대한 구체적인 설명과 함께 이루어져 독자는 그들의 행동과 말과 생각에 천천히 빠져들게 되고, 그들이 실제로 살아 움직이는 것처럼 느끼게 된다.

---

* Jean Anthelme Brillat-Savarin(1755~1826). 법조인 집안에서 태어나 최고법원의 판사까지 지낸 법관 출신의 미식가

⚜

에이미가 만든 아침 식사 중 하나인 에그베네딕트는 에이미에 대해 알 수 있는 중요한 단서다. 에그베네딕트는 뉴욕의 브런치를 대표하는 메뉴다. 구운 잉글리시 머핀에 버터를 바르고 가장자리까지 바삭하게 구운 햄이나 캐나다식 베이컨*과 수란을 얹고 홀란데이즈 소스**를 올리는 것이 기본이다. 햄이나 베이컨 대신 훈제 연어나 우유에 익힌 훈제 대구를 올리기도 하고, 버터에 볶은 시금치를 곁들여 내기도 한다.***

여기서 관건은 수란이다. 수란을 만들 때는 끓는 물에 달걀을 떨어뜨려 흰자가 퍼지지 않게 모양을 유지하면서 익혀야 하는데, 달걀 흰자가 가까스로 익는 순간까지만 익혀야 한다. 그래서 나이프로 달걀을 건드리면 톡 터져서 노른자가 용암처럼 흘러나와야 한다.

이 요리법은 생각보다 상당히 까다롭다. 보통은 흰자가 물에 들어가는 순간 쉽게 퍼져버리기 때문이다. 수란을 만드는 방법은 인터넷 요리 사이트에 많이 나와 있는데, 결국은 흰자가 물에 퍼지지 않

---

* 등심으로 만든 둥근 모양의 베이컨
** 달걀노른자, 소금, 고춧가루, 레몬 즙과 버터를 섞어 만든 소스. 간혹 취향에 따라 통 백후추를 약간 갈아 넣기도 한다.
*** 햄이나 베이컨 대신 훈제 연어를 넣는 경우에는 에그로열, 시금치를 넣는 경우에는 에그플로렌틴이라는 명칭을 사용하기도 한다.

고 노른자를 감싼 채 그대로 익게 하는 법에 대한 팁들이다. 그중 하나가 물이 끓으면 국자나 거품기 같은 것으로 물을 한 방향으로 힘차게 저어 소용돌이를 만들고, 소용돌이의 한가운데에 달걀을 넣는 방법이다. 거기에 더해 식초를 넣는 팁이 있다. 식초가 흰자를 구성하고 있는 단백질인 알부민이 퍼지지 않게 하는 역할을 한다. 그리고 달걀을 원형 종지나 찻잔에 미리 깨 놓았다가 물속에 미끄러뜨리듯 슬며시 넣어줘야 한다.

나도 이 모든 팁들을 이용해봤다. 흰자가 퍼지는 것을 어느 정도 막을 수는 있었다. 하지만 뉴욕의 어느 브런치 카페에서 먹어본 것처럼 흰자가 매끄럽고 동그랗게 노른자를 감싸고 있는 아름다운 자태의 수란을 얻을 수는 없었다. 정도의 차이는 있지만 흰자가 늘 조금은 너덜너덜해지곤 했다.

그런데 이 모든 팁들을 이용하지 않고도 수란을 완성하는 방법이 있다. 아주 신선한 달걀을 사용하는 것이다. 신선한 달걀은 껍질 안쪽의 흰자를 감싸고 있는 막이 탱탱해서 흰자를 흐트러지지 않게 보호해주기 때문이다. 산란한 지 오래된 달걀일수록 이 막이 약해져 흰자가 빨리 퍼져버린다.

나도 어느 날 우연히 산란한 지 얼마 되지 않은 신선한 유정란을 구매해 바로 그날 수란을 만들어봤다. 흰자가 거의 흐트러지지 않고 노른자를 감싼 수란이 완성되었다. 그리고는 나는 수란을 더 이상 만들지 않게 되었다. 달걀을 사오면 냉장고에 넣어놓고 두고두고 먹는 내 식습관에 수란은 어울리는 요리가 아니었다. 신선한 달걀을 안정적으로 공급해줄 곳을 모르기도 했고, 설사 안다고 한들 그건 내 시간과 에너지를 투자할 만한 일이 아니라는 결론을 내린 것이다.

그런데 에이미는 너무나 쉽게 에그베네딕트를 만든다. 소설 속 에이미의 수란은 접시 위에서 파르르 떨리는데, 이는 수란이 거의 완벽하게 조리되었다는 것을 의미한다. 이때가 달걀이 가장 부드러운 상태로, 달걀의 미세한 떨림을 볼 수 있다는 것은 흰자가 노른자를 골고루 감싼 채 동그란 모양을 유지함으로써 접시에 닿는 부분이 적다는 것을 말해준다. 에이미는 분명 매우 신선한 달걀을 사용했을 것이다. 며칠 전 슈퍼마켓에서 사다 냉장고에 넣어놓은 것이 아니라 전날 저녁 농장에서 바로 들여온 달걀을 파는 유기농 가게에서 산 것일 게다.

길리언 플린은 에그베네딕트를 통해 에이미의 사회 문화적 정체성을 매우 효과적으로 표현하고 있다. 에이미는 훌륭한 에그베네딕트가 어떤 모양과 맛이어야 하는지 알 정도로 사회 문화적 경험이 충분하고, 그걸 집에서 재현하기 위한 정보와 자원을 가지고 있는 것이다.

〜✿〜

에이미는 결혼기념일에 늘 보물찾기 형식의 게임을 통해 남편 닉에게 선물을 준다. 에이미가 단서를 여기저기에 숨겨놓으면 닉은 그 단서들을 차례차례 풀면서 선물이 숨겨져 있는 곳까지 찾아가는 것이다.

첫 번째 결혼기념일은 '뉴욕 대모험'이라고 할 만큼 그들의 뉴욕 생활에 대한 단서들로 이뤄진 보물찾기이다. 첫 번째 단서는 닉이 감기에 걸리면 꼭 찾는 것이다. 답은 프레지던트가에 있는 태국 식당의 똠얌 수프다. 닉이 이 답을 맞추고 태국 식당으로 가면 식당 주인이 두 번째 단서를 주는 식이다. 차이나타운의 레스토랑, 센트럴파크의 앨리스 동상 등이 닉이 들러야 할 곳이고, 마지막으로 풀튼가에 있는 수산시장에서 바닷가재를 사 집으로 돌아오는 것으로 보물찾기는 끝난다. 이 과정에서 닉은 맨해튼의 주요 동네를 순회하게 되는데, 이 장면은 에이미의 라이프 스타일이 뉴욕이라는 도시와 얼마나 밀착되어 있는지를 보여준다. 에이미에게 닉과의 즐거웠던 순간들은 모두 뉴욕이라는 도시의 특색과 연관되어 기억에 새겨져 있다. 뉴욕이라는 공간은 곧 에이미의 정체성을 대표한다.

닉과 에이미가 미주리로 이사 가는 날, 에이미가 뉴욕에서 마지막으로 한 일은 베이글 샌드위치를 산 것이다. 베이글은 미국적인 것이 아닌 뉴욕적인 것의 상징이다. 베이글은 뉴욕에 정착한 유대인 이민의 역사와 함께한다. 파리에 바게트와 크루아상이 있다면 뉴욕엔 베이글이 있다. 에이미가 길을 떠나기 전 베이글 샌드위치를 산다는 것은 뉴욕을 떠나는 데 대한 아쉬움을 표현한 것인 동시에 뉴욕이 아닌 다른 곳으로 가는 것이 얼마나 큰 변화인지를 뜻한다. 뉴요커들이 생각하는 미국적인 것은 미국의 다른 지역 사람들이 생각하는 미국적인 것과 다를 수 있다. 뉴요커라는 정체성은 미국적 정체성과 반드시 일치하지는 않는다. 몸이 으슬으슬할 때 치킨 수프가 아니라 똠얌 수프를 떠올리는 에이미는 뼛속까지 뉴요커다.

에이미가 친구들과 소호의 한 레스토랑에서 저녁 식사를 하고 술을 마시며 수다를 떠는 장면도 그녀의 중산층 뉴요커로서의 정체성을 드러내준다. 그들이 먹은 음식은 염소치즈 타르트, 양고기 완자, 루꼴라 샐러드 등으로, 이탈리아 요리나 프랑스 요리라고 딱히 규정지을 수 없는 창의적인 퓨전 요리들이다. 에이미의 표현에 의하면 이런 음식들은 워낙 양이 적어서 먹어도 먹은 것 같지 않다. 그리고 이 음식들을 서빙하는 웨이트리스는 마치 배우 지망생이라도 되는 듯 멋진 외모를 가지고 있다.

조금은 과하게 차려 입고 트렌디한 디자인의 힐을 신고 트렌디한 소호의 레스토랑에서 식사를 하는 에이미와 그녀의 친구들은 몇 년 전 세계적인 열풍을 일으켰던 TV 드라마 '섹스 앤 더 시티'의 주인

에그베네딕트는 뉴욕의 브런치를 대표하는 메뉴다.
구운 잉글리시 머핀에 버터를 바르고
가장자리까지 바삭하게 구운 햄이나 캐나다식 베이컨과 수란을 얹고
홀란데이즈 소스를 올리는 것이 기본이다.
햄이나 베이컨 대신 훈제 연어나 우유에 익힌 훈제 대구를 올리기도 하고,
버터에 볶은 시금치를 곁들여 내기도 한다.

공들을 연상케 한다. 그런데 에이미는 이런 트렌드에 대해 "좀 바보 같긴 하지만"이라고 표현한다. 트렌드를 즐기면서도 약간은 냉소적으로 자신을 바라볼 만큼 지적이기도 한 것이다.

뉴욕은 세계 각국의 고급 레스토랑부터 거리 음식까지 모두 경험할 수 있는 글로벌 도시다. 차이나타운, 코리아타운, 리틀이탈리, 리틀폴란드, 리틀인디아, 리틀가이아나 등 다양한 언어와 문화가 초국가적 커뮤니티를 형성하며 공존하고 있다.

'글로벌 도시'는 도시사회학자 사스키아 사센이 소개한 개념이다. 세계 자본이 집중되고 초국가적 기업, 금융, 권력 등이 상호 결합되어 세계 경제의 통제센터가 되는 도시들을 말한다.[3] 예를 들면 뉴욕 · 런던 · 파리 · 도쿄 같은 도시들로, 이들은 초국가적 시장 공간이 되고, 사회 문화적 흐름도 초국가적으로 재구성된다. 그래서 이러한 도시들은 자국의 다른 도시들보다는 다른 나라의 글로벌 도시와 사회 문화적으로 더 비슷한 모습으로 성장한다.

실제로 뉴욕은 미국의 다른 주에 있는 도시들보다는 런던이나 도쿄와 훨씬 많이 닮아 있다. 이런 글로벌 도시에서 경제적, 사회적으로 상위권에 속하는 사람들은 글로벌 시티즌으로서 자국의 타 지역 사람들보다 다른 나라의 글로벌 도시에 사는 사람들과 더 동질감을 느낀다. 뉴욕은 이런 글로벌 도시 중에서도 단연 앞서는 도시다. 뉴욕적인 것은 미국적인 것으로 흡수될 수 없는 독자적인 성격을 가지고 있다. 뉴욕에서 나고 자란 에이미의 음식 취향은 초국가적이다. 에이미의 문화 자본 수준이 어느 정도인지 알 수 있다.

물론 자본주의 사회에서는 자본이 문화보다 우위에 있게 된다. 문화도 상품이 되기 때문에 많은 형태의 문화 자본이 경제 자본에 의해 좌우된다. 그러나 꼭 돈이 많아야 음악회나 전시회에 가는 건 아니다. 경제 자본이 풍부하지 않더라도 문화생활에 많은 돈을 들이는 이들도 있다. 이런 문화 자본은 개인의 사회적 신분을 결정하는 중요한 요소다.

몇 년 전 영국에서 사회학자들이 신분 계층에 대한 설문조사를 하고, 이를 통해 영국 사회의 새로운 계층구조 모델을 제시한 적이 있다. 이는 설문 내용을 통해 사람들이 자신의 사회적 위치를 알 수 있게 하는 흥미로운 연구였다. 이 설문 내용은 개인의 경제적 능력뿐 아니라 사회 · 문화생활까지 포함하는 개인의 총체적인 자산을 평가하도록 되어 있다. 직업과 연봉은 물론 인적 네트워크(가깝게 지내는 사람들의 직업군 등), 사교모임의 종류 및 참여 횟수, 직업 환경 등 사회적 자산과 선호하는 잡지 · 신문 · 방송의 종류, 음악 취향, 외식 및 해외여행 횟수, 이동 수단과 묵는 곳, 독서량, 운동 빈도 등 문화적 자산에 관해 자세하게 묻고 있다. 특히 흥미로운 점은 가장 좋아하는 국가의 음식이 무엇인지에 대한 질문이다.[4] 이국적인 음식을 알고 좋아하는 것이 문화적 수준의 척도라고 여기는 것이다.

　　　　　　　　　✦

　문화 자본은 하루아침에 얻어지는 것이 아니다. 닉은 뉴욕에 살고 있지만 시골 미주리 출신이다. 그의 문화 자본은 에이미에 비하면 매우 빈약하다. 요샛말로 에이미는 뉴욕의 금수저 출신이고 닉은 시골 흙수저 출신이다.

　닉은 에이미의 부모님 집을 처음 방문하고 식사를 한다. 에이미 부모님은 유기농 음식과 건강식으로 식사를 준비하고, 그 자리에서 닉은 처음으로 퀴노아를 먹는다. 그는 퀴노아를 어떻게 발음하는지도 몰랐고, 그 이름을 듣고는 생선의 일종이 아닌가 하고 생각한다.

　퀴노아는 최근 세계적인 열풍을 일으키고 있는 건강식품이다. 할리우드 배우들을 비롯해 유명한 셰프들까지 퀴노아를 극찬했다. 글루텐이 없고 다른 곡물보다 단백질과 필수아미노산이 풍부해 영양학적으로 훌륭한 곡물이라는 극찬을 받으며 슈퍼푸드로 등극했다. 그 바람에 수요가 급증해 가격도 따라서 올랐다. 최근 들어 우리나라 마트에서도 퀴노아를 쉽게 볼 수 있게 되었는데, 쌀이나 다른 곡물에 비해 두세 배 비싸다. 덕분에 정작 퀴노아를 재배하는 안데스 산맥 지역에서는 더 이상 퀴노아를 사 먹을 수 없는 아이러니한 상황이 벌어져 윤리적 소비에 대한 논란의 중심에 놓이기도 했다.

　어쨌든 뉴욕, 런던 등 대도시의 좀 잘한다 하는 식당에서는 퀴노아를 주재료로 하는 메뉴를 흔하게 볼 수 있다. 이런 퀴노아를 모른다는 것은 닉의 문화 자본 수준이 빈약하다는 것을 단적으로 보여준다. 음식이나 트렌드에 대해 무관심하고, 주변에서 그런 것들에 대해 이야기하는 사람들도 없는 것이다. 닉은 최근에 뜨는 레스토랑이나 카페에 가보지 않았거나 어쩌다 한 번 갔더라도 평범한 메뉴만 시켜 먹었을 것이다.

유기농 식재료와 건강한 식생활에 관심을 갖는 것이 상류층의 문화로 여겨지고 있다는 것은 이미 1937년 조지 오웰이 쓴 글을 통해서도 알 수 있다. 조지 오웰은 백만장자는 오렌지 주스와 호밀 비스킷으로 아침을 먹지만 직업이 없어 평소에 충분히 먹지 못하고 삶이 우울한 사람들은 맛없는 건강식품을 먹고 싶어 하지 않는다고 말한다.[5] 퍼석퍼석한 호밀 비스킷은 허기와 우울한 현실을 이겨내는 데 도움이 되지 않는다. 남루한 삶에는 감자튀김의 기름기와 아이스크림의 달콤함 같은 것이 포만감과 자극을 조금이나마 더 제공한다.

최근의 연구들도 음식에 대한 취향이 사회계층에 따라 다르게 나타난다는 것을 확인시켜주며 조지 오웰의 주장을 뒷받침한다. 영국의 한 연구 결과에 의하면 상류층으로 갈수록 건강에 유익한 음식들—무지방 우유, 통밀빵, 신선한 과일과 채소 등—을 더 많이 소비하고, 노동계급의 사람들은 좀 더 달고 기름지고 푸짐하고 포만감이 드는 음식들—흰 식빵, 설탕, 버거 등—을 더 많이 소비한다고 한다.[6] 미국의 많은 연구들은 경제적 수준과 교육 수준은 비례하는 한편, 탄산음료의 소비는 반비례한다는 것을 보여준다.[7] 이런 최근의 연구들은 특히 음식 취향에 관한 사회계층 간의 차이는 경제적(자본뿐만 아니라), 문화적 자본의 차이에서 비롯된다는 피에르 부르디외의 이론이 아직 유효하다는 것을 확인시켜준다.

퀴노아에 익숙한 에이미와 퀴노아를 생전 처음 맛보는 닉의 모습에서 그들 사이에 존재하는 계층적 차이를 단적으로 볼 수 있다. 무엇을 어떻게 먹는가에 관한 취향은 계층을 확고히 구분 짓는 문화자본의 일부다. 문화 자본은 개인이 태어나고 자라면서 자연스럽게 습득한 지식과 매너 등을 포함한다. 이런 것들은 예절 책이나 학교 교육을 통해 객관적인 지식으로 전환되어 전달되기도 한다. 하지만 평생 동안 몸으로 습득해 습관처럼 배어나오는 것들이라 경제적 자본처럼 쉽게 대체하거나 살 수 있는 것이 아니다.[8]

신흥부자들은 경제적 자본을 가지고 상류층 생활 방식의 많은 부분을 모방할 수 있다. 같은 옷, 같은 가구를 사고 같은 음악을 듣고 같은 곳으로 휴가를 갈 수도 있다. 그러나 어릴 적부터 몸에 밴 상류층의 취향을 습득하기는 어렵다. 비싼 와인을 사고 고급 음식점에 갈 수는 있지만 손님을 초대한 식사에 퀴노아 같은 재료를 골라 음식을 만들어 내는 것은 평소에 그런 음식에 익숙해져 있는 사람이 아니면 할 수 없는 것이다.

━━◆◆◆━━

　에이미가 실종되고 닉이 여동생 고의 집에 잠시 머무를 때 고가 닉을 위해 준비한 저녁 메뉴는 그릴드 치즈 샌드위치와 바비큐 맛 감자 칩과 플라스틱 컵에 담긴 맥주였다. 그것들을 고는 닉이 TV를 보면서 먹을 수 있도록 쟁반에 담아서 준다. 닉과 고가 어릴 때 먹던 그대로다. 탄산음료만 맥주로 바뀌었다. 그들의 성장환경을 짐작케 하는 대목이다. TV 앞에 앉아 샌드위치와 감자 칩으로 저녁을 때우는 게 일상이었던 닉이 에이미와 같은 식사예절과 미각을 가지고 있을 수는 없다.

　에이미가 에그베네딕트를 만든 아침이 특별히 기억되는 건 그날 아침 그녀가 깨달은 닉과 자신의 차이 때문이다. 에이미와 닉이 막 아침 식사를 하려고 할 때 닉은 걸려온 전화를 받으며 방으로 들어가 버린다. 에이미가 에그베네딕트를 담은 접시를 들고 식탁으로 다가오던 참이었다. 그녀는 접시를 식탁에 내려놓고 식어가는 음식을 보며 어찌해야 할지 고민한다. 자기가 닉이라면 자신과 아침 식사를 하기 위해 기다리고 있는 또 한 사람을 배려해 손가락으로 잠시만 기다려달라는 신호쯤은 보냈을 것이라고 생각한다.

　닉의 배려가 부족한 듯한 행동에 에이미가 느낀 아쉬움이라는 감정이 경멸과 경계선에 있었다는 걸 알게 되는 건 에이미가 닉을 따라 미주리로 이사 가서 만난 이웃들에 대한 느낌을 거침없이 말할 때다. 집들이 파티에 온 이웃들의 모습이 에이미에게는 가히 충격적이었다. 그들은 탄산음료를 어마어마하게 마신다. 그것도 유리컵이 아닌 일회용 플라스틱 컵에. 동네 사람들이 만들어 온 음식은 크림과 설탕이 잔뜩 들어간 엠브로시아 샐러드, 슈퍼마켓에서 파는 당근과 셀러리 스틱과 맛없어 보이는 소스 등이다. 음식은 담아온 플라스틱 밀폐용기 채 놓고 먹고, 남자들은 담배꽁초를 음식 옆에 아무렇게나 던져놓는다. 유기농 채소를 먹고, 레스토랑에서는 먹고도 먹은 것 같지 않은 양의 요리들을 음미하며, 특별한 날에는 살아 있는 바닷가재로 찜을 준비하는 에이미에겐 낯선 세상이다.

에이미는 사람들이 음식을 담아 온 플라스틱 밀폐용기들이 일회용인 줄 알고 모두 버렸다가 깨끗하게 닦아서 돌려줘야 한다는 것을 알고 밀폐용기를 새로 사서 주어야만 했다. 그녀는 자신이 이런 문화의 일부가 돼야 한다는 사실에 죽고 싶은 심정이었다.

부르디외는 자기와 다른 라이프 스타일에 대한 혐오가 가장 강력하게 계층을 구분 지으며, 취향이 다르다는 데 대한 거부와 혐오가 폭력적일 수 있다고 말했다. 에이미에게는 닉이 자신을 시골로 데려온 것이 폭력으로 느껴졌을 것이다. 그리고 미주리에서의 삶에 대한 에이미의 경멸과 혐오는 그에 대항하는 또 다른 폭력이다.

에이미는 결혼기념일 아침에 크레이프를 만든다. 크레이프는 프랑스식이다. 밀가루, 우유, 달걀 그리고 버터만 있으면 되는 간단한 음식이지만 반죽을 아주 묽게 해 종잇장처럼 얇게 만드는 것이 중요하다. 반죽을 프라이팬에 붓는 순간 거의 익어버리기 때문에 균일한 두께로 만들기 위해서는 재빠르게 프라이팬을 돌려줘야 하고, 또 뒤집을 때 찢어지지 않아야 한다. 수란을 만들 때처럼 세심함이 요구된다. 크레이프의 본산인 프랑스의 부엌용품점이나 잡화점에 가면 무엇에 쓰는 물건인지 감이 잘 안 잡히는 나무로 만든 T자 모양의 작은 도구가 있다. 크레이프를 만들 때 반죽을 팬에 부은 후 컴퍼스처럼 돌려 반죽이 동그랗고 고르게 퍼지도록 하는 데 쓰는 도구다. 제대로 된 크레이프를 만드는 게 생각보다 까다롭다는 증거다.

미국식 팬케이크도 크레이프와 거의 같은 재료를 사용해 만든다. 한 가지 다른 점은 팬케이크에는 베이킹파우더나 베이킹소다가 들어가기 때문에 팬에 구우면 부풀어 올라 두께가 두꺼워진다는 것이다. 그래서 팬케이크는 크레이프보다 만들기 쉽다. 재료들을 대충 섞으면 거의 비슷한 맛이 나고, 크레이프처럼 뒤집을 때 찢어질 염려도 거의 없다. 두툼한 팬케이크는 하나만 먹어도 든든하다.

잘 만들어진 야들야들한 크레이프는 팬케이크보다 섬세하고 우아해 보인다. 팬케이크가 광목이라면 크레이프는 실크 같은 느낌이다. 요즘에는 얇디얇은 크레이프를 수십 장 쌓아 만든 크레이프 케이크도 유행하고 있다. 켜켜이 쌓인 크레이프가 만들어내는 케이크의 단면 사진은 SNS의 인기 아이템이다. 팬케이크를 2층, 3층으로 쌓아 메이플시럽을 듬뿍 끼얹은 모습도 먹음직스럽다. 그러나 크레이프의 섬세한 아름다움보다는 푸짐함의 미학이 강조되는 모양새다.

에이미가 실종된 후 닉이 그 지역 경찰과 만나는 곳이 팬케이크 하우스인 점이 흥미롭다. 미주리는 팬케이크의 고장이다. 에이미가 미주리에 내려와 살면서도 줄곧 크레이프를 만드는 것은 궁극적으로 미주리의 생활과 타협할 수 없다는 것을 암시한다. 그리고 에이미는 나중에 집에 돌아온 후 다음 날 아침에도 크레이프를 만든다. 이는 그녀가 조금도 변하지 않았고 앞으로도 변하지 않을 것이라는 것을 예고한다. 에이미는 미주리를 결코 자신의 '홈'으로 받아들일 수 없는 것이다. 그녀는 지금까지 그래왔던 것처럼 자신의 방식과 모습 그대로 살아갈 것이다.

⚜

모두에게 완벽한 부부로 보였던 닉과 에이미의 이야기는 2008년 미국 금융위기의 여파로 둘 다 직장을 잃고 뉴욕을 떠나 닉의 고향인 미주리로 이사를 하고, 그들의 결혼 5주년 기념일에 에이미가 흔적도 없이 사라지는 사건을 중심으로 펼쳐진다.

에이미의 행방에 관한 궁금증도 궁금증이지만 책을 읽으며 내 마음을 사로잡은 것은 닉과 에이미의 시점에서 번갈아 가면서 쓰인 서사를 통해 드러나는 두 사람의 차이이다. 아니, 그 차이를 마치 오랜 가뭄 동안 서서히 갈라지는 땅바닥처럼 드러나게 하는 빈틈없는 서사 구조다. 완벽한 커플로 보였던 이 둘의 관계는 사실 완벽한 평행선을 그리고 있었다.

《나를 찾아줘》는 단순히 여자와 남자에 관한 이야기가 아니라 크레이프를 만들고 와인을 마시는 여자와 팬케이크를 먹고 맥주를 마시는 남자에 관한 이야기이다. 길리언 플린은 음식을 상징적으로 활용해 완벽해 보이는 부부가 서로에 대한 환상을 깨가는 이야기에 사회계층과 지역 간의 차이라는 서사를 엮어 넣어 깊이 있는 의미의 층을 만든다. 겉으로는 여우 같은 여자 에이미와 곰 같은 남자 닉의 연애와 결혼 이야기가 미스터리 스릴러라는 장르에 담겨 있는 것처럼 보인다. 하지만 촘촘히 엮인 디테일들은 에이미와 닉의 차이는 남자와 여자의 차이가 아니라 계층적 차이라는 것을 보여준다. 그들의 이야기는 현대 미국 사회에서 심화되어 가고 있는 계층 간, 지역 간의 차이와 갈등을 드러낸다.

버터를
몸에 바르는 이유

마거릿 애트우드Margaret Atwood

시녀 이야기*The Handmaid's Tale*

마거릿 애트우드는 캐나다의 대표 작가다. 《시녀 이야기》는 1985년에 출간된 소설로, 기독교 원리주
의자에 의해 세워진 전체주의 국가를 배경으로 한 디스토피아 소설이다. 40여 개 언어로 번역되었고,
'아서 C. 클라크Arthur C. Clarke 상'을 비롯해 많은 상을 수상했다. 《시녀 이야기》는 1990년에 폴커
슈렌도르프 감독에 의해 영화화되었고, 오페라 · 만화 · 발레 등으로도 만들어졌으며, 최근에는 드라
마로도 제작되었다.

시간과 사회에 얽매이지 않고 행복하게 배를 채울 때 잠시 동안 그는 이기적이고 자유로워진다. 누구에게도 방해받지 않고 누구도 신경 쓰지 않으며 음식을 먹는 고독한 행위, 이 행위야말로 현대인에게 평등하게 주어진 최고의 치유활동이라 할 수 있다.

　내가 즐겨 보던 일본 드라마 '고독한 미식가'의 오프닝 내레이션이다. 수입물품 유통업을 하는 평범한 중년 남자인 주인공 이노가시라 고로가 고객을 만나러 다니면서 여러 곳의 식당에서 혼자 밥을 먹는 것이 주 이야기다.

　고로는 고객과의 미팅을 마치고 나면 늘 허기를 느낀다. 그는 배를 어루만지며 당장 그가 있는 곳 주변에서 식당을 골라 들어간다. 메뉴를 보고, 음식을 시키고, 나온 음식을 먹으면서 행복한 미소를 짓는다. 이것이 드라마 내용의 전부다.

　또 '미식가'라는 제목이 무색할 정도로 그가 먹는 음식은 지극히 평범한 음식들이다. 대단한 요리사의 음식도 아니고 특별한 메뉴도 아니다. 덮밥, 우동, 어묵탕, 카레, 돈가스, 야키니쿠 같은 음식들이고, 그의 음식에 대한 평 또한 지극히 평범하다. '맛있다', '익은 정도가 딱 좋다', '아무리 먹어도 질리지 않는다' 정도의 코멘트들이다. '소스가 혀를 감싸는 것이 마치 벨벳 같다'는 등의 화려한 표현은 결코 쓰지 않는다. 재료의 원산지, 질 등을 꼬치꼬치 따지지도 않는다. 그저 음식을 입에 넣고 행복한 미소를 짓는 게 다다.

　어찌 보면 너무 싱겁고 재미없는 드라마다. 그런데 이 드라마의 포인트는 음식에 있는 것이 아니다. 이 드라마는 오프닝 내레이션에서 말하는 것처럼 배고픔이라는 욕구를 즉각적으로 채울 수 있는 자유로움으로 표현되는 온전한 주체성에 주목한다. 드라마의 주제가는 주인공 이름인 "고로, 고로, 이노가시라"라는 가사를 되풀이하는 게 전부다. 드라마는 분명히 음식이 아니라 주인공 고로에게 초점을 맞추고 있다.

　'고독한 미식가'는 의외로 팬이 많은데, 이는 요즘 유행하는 다양한 '먹방'의 인기와 무관하지 않다. '먹방'의 포인트는 음식이 아니라 혼자 온전히 먹는 것에 도취되는 사람들을 보고 간접적인 쾌락을 경험하는 것이다. 가장 은밀하게 온전히 혼자만 즐길 수 있는 쾌락은 입안의, 혀 위의 음식을 먹을 때일 것이다. 오로지 감각에 의해서만 느껴지는 음식의 맛. '먹방'의 주체는 이러한 가장 사적인 쾌락을 극대화시키는 사람이다. 보는 사람들은 혼자서도 잘 먹는, 자신만의 맛의 쾌락에 집중하는 것 자체에 대리 만족을 느낀다. '먹방'의 핵심은 무엇을 먹느냐가 아니라 얼마나 잘 먹느냐에 있다. 먹는 행위에 몰두하는 먹는 주체가 절대화된다.

독일 철학자 포이어바흐는 "인간은 곧 그가 먹는 것"이라고 말한 바 있는데, 단순한 '먹방'의 포인트는 그 말과 맞닿아 있다. 인간을 먹는 존재로 인식한 포이어바흐는 음식이 피가 되고, 피는 심장과 뇌가 되고, 곧 사상과 정신이 된다고 했다.[1] 음식은 인간의 몸과 생명 그리고 존재 그 자체이니, 음식을 먹는 것은 개인의 주체성을 표현하는 가장 강력하고 근본적인 수단이다. 그래서 이런 음식과 인간의 관계는 인간의 주체적 의식이 파괴되는 미래를 예측한 디스토피아 소설에서 중요하게 다뤄진다.

조지 오웰의《1984》에 그려진 전체주의 국가 오세아니아에서 음식은 계급에 따라 인간의 존재를 구분하는 도구이고, 개인성의 발현을 통제하는 수단이다.

주인공 윈스턴 스미스가 자신이 살고 있는 건물로 들어서자 복도에서 삶은 양배추 냄새가 가득 풍긴다. 그곳에 살고 있는 사람들은 모두 삶은 양배추를 먹는다. 양배추 쌈은 맛있지만 다른 재료 없이 삶은 양배추만, 그것도 매일 먹는다고 생각해보라. 그리고 양배추는 조금이라도 오래 삶으면 황화수소를 배출하는데, 이 냄새는 달걀 썩는 냄새와 비슷하다.

외부당원인 윈스턴이 먹는 것도 별반 다르지 않다. 화학약품 냄새가 나는 합성 진을 마시고, 그가 일하는 곳의 구내식당에서는 핑크빛이 도는 회색 스튜, 검은색 빵, 쓰디쓴 커피, 사카린 같은 것들을 먹는다. 지배계급인 내부당원들만 진짜 설탕과 진짜 커피, 진짜 와인을 먹을 수 있다. 이렇듯 음식에 대한 완전한 통제는 개인성에 대한 완전한 통제를 의미한다.

올더스 헉슬리Aldous Huxley가 쓴《멋진 신세계Brave New World》에 그려진 미래 세계에서도 음식을 철저히 통제한다. 그곳에서는 모든 음식이 영양 측면에서 균형을 이루도록 합성된다. 사회 지도층인 알파계급의 화려한 파티에는 카로틴 샌드위치, 비타민 A 파테, 대체 샴페인 등이 준비된다. 태어날 때부터 계급이 정해지고, 그 계급에 따라 교육을 받고, 또 그에 따라 먹는 음식이 다르다. 요리 같은 개인적 활동이 당연히 금지되고, 맛을 통한 쾌락은 존재하지 않는다. 행복하다는 감정은 '소마'라는 약을 먹으면 느낄 수 있다. 음식과 약에 차이가 없다. 음식은 신체적 조건을 계급에 맞게 통제하는 약이고, 소마는 개인의 감정을 주어진 계급에 만족하도록 통제하는 약이다.

《시녀 이야기》[2]의 배경이 되는 길리아드에도 음식에 대한 선택권이 없다. 극우 기독교 원리주의자들이 정권을 장악하면서 길리아드 공화국이 된 미국. 전쟁과 환경오염으로 출생률이 급격히 감소한 상황에서 여성의 생식능력은 공공재가 되고 국가적 통제와 관리의 대상이 된다. 여성들은 직장과 계좌를 몰수당하고, 발목에는 번호가 새겨지고, 가임 여부에 따라 배치되는 곳이 달라진다. 가임 여성들은 '시녀'로 발탁되어 사령관이라 불리는 지도층의 집에 배속되고, 사령관 부부의 아이를 낳는 대리모 역할을 하게 된다.

시녀들은 임신과 출산에 최적화된 신체를 유지해야 하기 때문에 식단이 철저히 관리된다. 출산의 도구로써 여성의 효용성을 최대화하기 위해 비타민과 미네랄 등의 영양소를 섭취하도록 짜인 식단이다. 닭다리, 구운 통감자, 그린 빈스, 소고기 스튜, 햄버거 볼, 해시브라운, 통밀빵 토스트, 삶은 달걀 등이 식사로 나온다. 커피, 차, 담배, 술은 물론 금지되어 있다. 엄격하게 식사 시간을 지키고 주어진 음식은 남김없이 먹어야 한다. 시녀들을 대상으로 한 음식 통제는 그녀들의 몸과 육체적인 욕망을 통제하는 가장 근본적인 수단이다. 그녀들 스스로 임신과 출산의 도구 이상의 존재라는 인식을 할 수 없게 하는 장치다.

다른 디스토피아 소설들과 달리 《시녀 이야기》에서는 통제의 수단인 음식이 주체적 욕망을 회복해가는 수단으로 이용되는 반전의 순간들을 보여준다.

음식은 공포스럽고 끔찍한 길리아드에서 시녀로 살아가고 있는 주인공 오브프레드의 주체적 인식을 드러내는 유일한 매개다. 모든 생각이 조종되고, 모든 행동이 감시당하고, 모든 자유가 통제되고, 육체적인 쾌락도 허용되지 않는 세계에서 오브프레드는 음식을 통해 욕망과 쾌락에 대한 자유의지를 지켜나간다.

정권을 거스르는 행동을 한 시녀와 사령관의 아내가 참혹하게 처형당하는 모습을 본 날 오브프레드는 극심한 허기를 느낀다. 말 한 마리도 먹을 수 있을 것 같은 허기다. 점심으로 통밀빵으로 만든 치즈 샌드위치와 우유, 셀러리, 통조림 배가 나왔다. 그녀는 이것들을 남김없이 먹어 치운다. 허겁지겁 먹지 않고 맛을 한껏 즐기며 먹는다. 혀와 코로 음식의 맛과 향을 음미한다.

오브프레드가 음식을 이렇게 맛있게 먹는 건 처음이다. 그녀는 음식의 맛을 느낌으로써 자신이 살아 있다는 것을 느끼고 자신의 몸이 온전히 자신의 것임을 느낀다. 죽음을 목격한 후 느낀 허기와 음식을 통해 자신이 살아 있다는 것을 온몸으로 자각한다. 오브프레드는 먹는 행위에 완벽하게 몰두하는 경험을 하고, 이 순간 자신의 욕망에 대한 온전한 주체가 된다. 그리고 허기는 자유에 대한 갈망과 의지의 상징이 된다.

여러 욕망들이 허기로 나타난다는 것은 그러한 욕망이 출산의 도구로 한정되어 있는 몸과 밀접하게 관련되어 있다는 것을 나타낸다. 배고픔을 느끼고 그것을 표현하는 것은 몸이 억압에 길들여지지 않고 스스로의 필요와 욕망에 깨어 있다는 것을 의미한다. 그리고 허기와 식욕은 주체적 존재로서 인식하는 다른 욕망들에 대한 은유다.

⚜

길리아드의 시녀들에게는 요리를 하는 것도 허용되지 않는다. 그러나 오브프레드는 부엌에서 나는 빵 반죽이 발효되는 냄새를 맡고 자유에 대한 허기를 느끼고, 자신이 주체적 존재라는 사실을 기억해낸다. 부엌에서 음식을 만들며 다른 여자들과 이야기를 나누는 것을 그리워하고 누군가의 어머니가 되고 싶다는 욕망을 갖는다. 우정, 동료애, 모성애 등 인간관계에 대한 그리움을 갖는 것이다.

오브프레드의 요리에 대한 욕망은 접촉에 대한 욕망이다. 손으로 무언가를 만지는 쾌감에 대한 갈망이다. 그녀는 "마치 살과 같은 따뜻함과 탄력"을 가지고 있는 밀가루 반죽에 자신의 손을 쑥 집어넣는 상상을 한다. 옷과 가구 외의 것들을 만지고 느끼고 싶은 갈망을 느낀다. 오브프레드는 빵 반죽 냄새를 통해 접촉의 쾌락을 기억해내는데, 그것은 정신적 상상일 뿐만 아니라 억압받고 있는 몸의 저항을 나타낸다.

그녀의 다른 사람과의 접촉에 대한 허기는 명령으로 시작된 닉과의 관계를 주체적 쾌락을 느끼는 행위로 변환시킨다. 오브프레드는 사령관 집의 운전수인 닉을 통해 누군가를 사랑하는 주체적 행위를 감행한다. 닉은 그녀를 배고프게 만든다. 그녀는 "그의 피부를 맛보고 싶다"고 느낀다. 그에 대해 느끼는 탐욕이 그녀를 압도한다. 심지어 길리아드를 탈출하고자 하는 의지가 없어질 만큼 그녀는 닉과의 비밀스러운 관계에 몰입한다. 그녀의 허기는 사랑이라는 감정에 대한 허기라기보다는 사랑에 빠지는 주체적 행위에 대한 허기이다.

출산의 도구로 한정지어진 자신의 몸에 대한 주체적 권리와 인식의 회복도 식욕과 음식을 통해 표현된다. 오브프레드는 길에서 일본인 관광객을 만났을 때 허기를 느꼈다고 말한다. 일본 여성들이 짧은 치마에 하이힐을 신고 화장을 진하게 한 모습을 보고 과거에 자신

도 그랬었다는 것을 기억해내고, 그들의 모습에서 자유를 본다. 페디
큐어를 한 일본 여성의 발을 보고 자신이 예전에 사용했던 매니큐어
냄새를 떠올린다. 그리고 그 냄새에 처음으로 배가 고파진다.

오브프레드는 길리아드 체제에서 이전에는 허기를 느껴본 적이
거의 없다. 매일 자신의 방으로 배달되는 음식을 억지로 먹어야 했
다. 그런데 있던 식욕도 떨어뜨릴 것 같은 매니큐어의 독한 화학성분
냄새에 배가 고파진 것이다. 그녀에게는 매니큐어 냄새가 자유의 냄
새였다. 그리고 억압과 구속으로 인해 마비되었던 몸의 감각이 되살
아났다. 아무에게도 구속받지 않았던 몸에 대한 기억과 열망이 그녀
로 하여금 그동안 느끼지 못했던 허기를 느끼게 한 것이다.

몸에 대한 주체적 권리를 찾기 위한 저항 또한 음식을 통해 표현
된다. 주어진 음식은 남김없이 먹어야 하지만 오브프레드는 빵과 함
께 나오는 버터를 먹지 않고 신발 안쪽에 숨겨두었다가 로션 대용으
로 사용한다. 시녀들에게는 화장품이 허용되지 않는다. 그녀들의 몸
은 온전히 생식의 도구로써만 기능하기 때문에 임신, 출산과 관련 없
는 행위는 허용되지 않는다.

나는 버터를 얼굴에 바르고 손에도 잘 스며들도록 바른다. 우리
에게는 핸드크림이나 로션이 허용되지 않는다. 그런 것들은 허
영으로 간주된다. 우리는 용기에 불과하다. 우리 몸 안에 들어

있는 내용물이 중요하다. 바깥은 견과류의 껍질처럼 거칠고 주
름져도 상관없다. 로션을 금하는 것은 아내들이 만든 법칙이다.
그녀들은 우리가 매력적으로 보이는 것을 원치 않는다.[3]

시녀들이 버터를 로션으로 사용한다는 것은 그들의 여성성을 억
압하는 사령관의 아내들뿐 아니라 그들의 존재를 태아를 담는 용기
로 축소시킨 길리아드 정권에 대한 저항을 의미한다. 버터를 먹지 않
고 몸에 바르는 것은 음식과 그녀들 자신의 몸에 대한 권리를 주장
하는 것이며, 사랑과 욕망에 대한 자유를 찾고자 하는 행위이다. 시
녀들은 그렇게 자신들의 주체성을 지켜나가면 언젠가는 자유를 되
찾을 수 있을 것이라고 믿는다.

오브프레드는 버터를 바르고 침대에 누워 자기 자신이 토스트 같
다고 말한다. 그녀는 버터를 바름으로써 반란과 쾌락을 꿈꾸지만 동
시에 그 버터 때문에 자기 자신이 다른 사람에게 바쳐진 음식 같은 존
재라고 생각한다. 욕망의 대상인 자신의 몸을 상상하는 것이다. 그녀
는 자신이 욕망하는 주체이며 또한 욕망의 대상이기도 하다는 사실
을 알고 있다. 어떤 종류의 쾌락도 허용되지 않는 상황에서 오브프레
드는 자신이 욕망과 흥분의 대상이 되는 것을 즐긴다.

길리아드에서 경비병들은 여자들을 가까이할 수 없다. 그런데 오
브프레드는 기꺼이 금지된 그 욕망의 대상이 되고자 한다. 경비병들

의 눈길을 그녀만의 비밀스러운 쾌락으로 만든 것이다. 그녀는 경비병이 자신의 얼굴을 흘깃 보려고 할 때 얼굴을 조금 들어 그와 눈을 마주친다. 길리아드에서는 금지된 행위이다. 경비병이 얼굴을 살짝 붉히는 것을 보고 그녀는 경비병의 얼굴에 자신의 손을 갖다 대는 상상을 한다. 경비병들로 하여금 금지된 것을 욕망하게 하는 것 자체가 그녀의 권력이 된다. 그녀는 이런 은밀한 즐거움을 어릴 때 서랍 뒤에 몰래 잔뜩 모아두었다가 자기 자신에게 선물처럼 주었던 사탕에 비유한다. 자유에 대한 가능성을 엿볼 수 있는 아주 작은 구멍 같은 이런 순간들이 그녀에게는 사탕처럼 달콤하다.

오브프레드는 글자에 대한 허기도 느낀다. 길리아드의 여성들에게는 읽고 쓰는 것이 금지돼 있다. 그런데 어느 날 사령관이 오브프레드에게 스크래블 게임*을 하자고 제안한다. 그녀에게는 이 비밀스러운 글자의 향연이 마치 맛있는 음식의 향연처럼 느껴진다. 그녀는 글자를 먹는다. 알파벳 타일은 박하사탕 같다. 입에 넣고 싶다. 라임 맛이 날 것 같다. 알파벳 C는 바삭거린다. 약간 신맛이 나고 맛있다. 글자와 음식에 대한 자유가 허용되지 않는 체제에서 글자와 음식, 읽는 행위와 먹는 행위가 글자를 탐하는 오브프레드에 의해 하나로 합쳐진다.

* 알파벳이 새겨진 타일들을 연결해 단어를 만드는 보드게임

주어진 음식은 남김없이 먹어야 하지만
오브프레드는 빵과 함께 나오는 버터를 먹지 않고
신발 안쪽에 숨겨두었다가 로션 대용으로 사용한다.
시녀들이 버터를 로션으로 사용한다는 것은
그들의 여성성을 억압하는 사령관의 아내들뿐 아니라
그들의 존재를 태아를 담는 용기로 축소시킨
길리아드 정권에 대한 저항을 의미한다.
버터를 먹지 않고 몸에 바르는 것은
음식과 그녀들 자신의 몸에 대한 권리를 주장하는 것이며,
사랑과 욕망에 대한 자유를 찾고자 하는 행위이다.

⚜

　오브프레드는 억압의 상징인 달걀을 통해서도 자유의 의미를 읽는다. 시녀들에게 제공되는 영양 많고 건강한 음식들은 여성의 생식 능력을 상징하는 것들이다.

　시녀들을 위한 식단에 빠지지 않고 제공되는 음식 중 하나가 달걀이다. 달걀 한 개에는 6그램의 단백질과 비타민 A, 비타민 C, 비타민 E, 비타민 B6와 B12, 철분, 마그네슘 등이 골고루 들어 있는 반면 지방은 5그램으로, 일일 지방 필요량의 7퍼센트밖에 되지 않는다. 그리고 달걀에는 탄수화물과 당분이 전혀 들어 있지 않다. 임산부에게 최고로 좋은 음식 중 하나다. 게다가 달걀은 배란과 출산을 상징한다.

　오브프레드는 그녀의 아침상을 자세히 묘사한다.

> 내 앞에는 쟁반이 놓여 있고 쟁반 위에는 사과 주스 한 잔과 비타민 한 알, 숟가락, 통밀빵 토스트 세 조각이 담긴 접시, 꿀이 담긴 작은 그릇, 에그컵이 담긴 또 다른 접시 하나가 놓여 있다. 에그컵은 치마를 입고 있는 여자의 상반신같이 생겼다. 치마 밑에는 또 하나의 달걀이 온기가 유지되도록 담겨 있다.[4]

　달걀이 담긴 에그컵은 오브프레드 같은 시녀들을 상징한다. 시녀들의 존재는 난소와 자궁, 그 이상도 그 이하도 아니다. 그녀들은 난자와 태아를 보호하는 용기에 불과하다. 그녀들이 길리아드에서 존재할 수 있는 것은 난자를 생산하고 임신할 가능성이 있을 때뿐이다. 오브프레드의 표현에 의하면 그녀들은 "두 발 달린 자궁"이다. 그래서 그녀들에게 달걀은 생존을 상징하기도 한다.

오브프레드는 여기저기서 달걀의 이미지를 본다. 수선화의 노란색은 달걀노른자의 색이고, 음의 고저가 없는 음성은 날달걀의 흰자 같다. 그녀는 자신의 방 천장, 샹들리에가 걸려 있던 자리에 나 있는 동그란 자국을 몇 시간이고 뚫어지게 쳐다보곤 한다. 그 방의 전 주인이었던 시녀가 목을 매단 자국이다. 오브프레드는 그 동그란 자국을 "얼어붙은 후광"이라고 부른다. 하얗고 동그란 모든 것들은 달걀을 연상시킨다. 아침 식사를 기다리는 동안 그녀는 시계의 동그란 모양을 보고 어김없이 배달되는 달걀을 받는다. 달걀은 그녀의 운명 같은 것이다.

하지만 오브프레드는 자궁으로 한정된 자신의 몸에서 주체적 힘의 가능성을 본다. 그녀는 빛을 받아 울퉁불퉁한 표면을 드러내는 달걀을 보면서 달의 표면 같다고 생각한다. 그리고 신은 달걀의 모습을 하고 있을 거라고 생각한다. 달걀이 우주 전체, 우주를 만든 신, 우주 만물의 상징이 된다. 그녀는 그렇게 도구화된 몸에서 생명을 창조하는 주체로서의 즐거움을 찾아낸다.

〜❦〜

소설의 주인공들 중 음식을 통해 저항한 가장 유명한 인물은 아마도 올리버 트위스트일 것이다. 아홉 살 소년이 구빈원에서 멀건 죽을 좀 더 달라고 했을 때 몸집이 큰 구빈원장은 얼굴이 창백해지고 솥단지에 몸을 기대야 할 정도로 충격을 받는다. 보조원 아주머니들도 놀라서 몸이 얼어붙고 아이들은 공포에 질린다. 이사회에 이 사실이 보고되고, 그중 한 사람은 교수형감이라고까지 이야기한다. 올리버 트위스트는 그 길로 징벌방에 갇히고 다음 날 구빈원에서 쫓겨난다.

어린아이가 배가 고파서 멀건 죽이라도 더 달라고 요청한 것이 이렇게 어마어마한 파장을 불러일으키는 이유는, 그 요청이 자신의 몸과 욕구에 대한 권리를 주장하는 것이고, 개인성을 말살해온 권위에 도전하는 것이며, 동시에 그 권위의 작동이 실패했다는 것을 의미하기 때문이다.

오브프레드의 음식을 통한 반항은 아홉 살 소년의 반항처럼 무모하지는 않다. 그녀의 반항은 은밀하고 치밀하다.

통제의 수단인 음식을 쾌락의 수단으로 '도용'하는 것은 명백한 저항 행위다. 존 피스크는 그의 책 《대중문화 이해》에서 주류 엘리트 문화에 반해 생성되는 대중문화의 한 형태를 저항이라고 본다. 엘리트 집단이 만들어내는 문화를 대중들이 자기들 나름대로 재해석하

고 자신들에게 의미 있는 방법으로 즐긴다는 것이다.[5]

예를 들어 마돈나의 여성 팬들이 마돈나를 통해 여성의 사회적 위치를 성적인 대상으로 축소시키는 남성 중심 사회의 지배적 의미가 아닌, 자신을 거침없이 표현하는 사회적 권위에 반항하는 주체적 여성의 상징으로 읽고 자신들의 삶에 투영해 오히려 남성 중심 사회의 권력에 맞설 힘을 얻는다면, 그 여성 팬들이 마돈나를 수용하는 방식은 저항이다.

임신과 출산의 도구로써 몸 상태를 유지하기 위해 먹어야 하는 음식을 스스로 느끼는 허기를 채우기 위해 먹고, 금지된 욕망들을 식욕으로 바꿔 주체적 욕망으로 변화시키고, 먹어야 할 버터를 몸에 발라 욕망의 대상으로 만드는 오브프레드의 행위는 저항이다. 억압과 통제의 수단으로 사용되는 음식과 상황 등을 주체적 인식을 깨닫는 도구로 도용하는 것은 저항이다. 《시녀 이야기》에서 음식은 다른 디스토피아 소설들에서와는 달리 분명 희망의 표식으로 작용한다.

사프란라이스,
따뜻한 삶으로의 초대

프레드릭 배크만Fredrik Backman

오베라는 남자*A Man Som Heter Ove*

컬럼니스트이며 블로거인 프레드릭 배크만의 데뷔작으로 2012년 출간된 후 큰 인기를 모았다. 43개 언어로 번역되었고 〈뉴욕타임스〉 베스트셀러 자리를 77주 동안 지켰다. 2015년에는 연극과 영화로도 만들어졌다. 2016년에 스웨덴에서 영화화되었으며, 미국에서는 톰 행크스를 주인공으로 한 리메이크 버전을 만들고 있다.

최근 몇 년간 전 세계에는 북유럽 열풍이 불고 있
다. 덴마크의 레고, 스웨덴의 이케아 등은 이미 글로벌 브랜드로 세
계적인 인기를 누리고 있다. 그런데 요즘의 북유럽에 대한 관심은 상
품을 넘어 라이프 스타일 전반으로 확산되고 있다.

　　우리나라에서도 '북유럽 스타일'은 하나의 확실한 트렌드가 되었
다. 한 아파트 광고는 '편안함', '안락함'을 뜻하는 덴마크 말인 '휘게'
를 이용해 '휘게 라이프'를 슬로건으로 내세우고 있다. 서울에는 덴
마크, 스웨덴 음식 전문 레스토랑들이 생겼다. 이케아에서 파는 미트
볼은 물론 스웨덴식 오픈 샌드위치인 스뫼르고스, 소금과 설탕, 딜
로 만든 연어절임인 그라블락스 등도 이제 아주 낯선 음식이 아니다.

'스웨덴세탁소'라는 한국 인디밴드의 이름이 생뚱맞게 느껴지지 않는 것도 북유럽 스타일 열풍 덕이 아닐까 싶다.

나의 북유럽에 대한 '팬심'은 꽤 오래전 스웨덴의 범죄 추리소설 작가 헤닝 만켈Henning Mankell의 소설로부터 시작되었다. 나는 검은 펜으로 그린 과장 없는 세밀화 같은 묘사와 멋 부리지 않은 담백한 그의 스타일에 매료되었다. 페이지마다 펼쳐지는 인적 드문 숲, 들판과 해변가, 우중충한 북유럽의 날씨는 우울하다기보다는 삶의 여백처럼 느껴졌다. 북유럽 스타일 열풍 덕에 내가 좋아하던 소설들이 드라마와 영화로도 만들어졌는데, 이 또한 대단한 인기를 모았다. 헤닝 만켈의 '발란데르 시리즈'는 스웨덴에서 드라마로 만들어졌고, 영국 BBC에서 리메이크됐다.

스웨덴의 또 다른 범죄 추리소설 작가 스티그 라르손Stieg Larsson의 인기도 대단하다. 스티그 라르손의 '밀레니엄 시리즈' 중 첫 번째 소설인 《여자를 증오한 남자들Verblendung》은 세계에서 가장 많이 팔린 스웨덴 소설이 되었고, '용 문신을 한 소녀'라는 제목으로 헐리우드에서 영화화되었다. 덴마크 범죄 스릴러 '킬링The Killing/Forbrydelsen', 그리고 덴마크와 스웨덴의 합작품인 '브릿지The Bridge/Broen'도 영국 BBC에서 방영되면서 엄청난 인기를 끌었고, 미국에서 리메이크되기도 했다.

이 와중에 《오베라는 남자》[1)라는 스웨덴 소설이 새롭게 주목을 받았다. 이 소설의 주인공 오베는 세련된 북유럽 스타일과 거리가 멀고, 추리소설에 나오는 어두운 세상과는 더더욱 거리가 멀다. 오베 린달은 세계 어디에나 있을 것 같은 고집스러우면서도 우직한, 외로움으로 마음이 굳어 있지만 사실은 속이 따뜻한 남자다. 그는 맡은 일은 세상이 두 쪽이 나도 해야 하고, 규칙은 죽어도 지켜야 하며, 한번 마음을 주면 그것이 사람이든 물건이든 간에 평생 충성을 바친다. 모든 일상이 자로 잰 듯 일정하고 규칙적이며 흐트러짐이 없어야 한다. 책임감과 소신으로 강철같이 단단하고 융통성과 유연성이 부족해 규칙에서 어긋나는 변화나 일상을 깨는 일이 그는 가장 견디기 힘들다.

오베가 마시는 커피는 필터 커피메이커로 만든 것이다. 에스프레소머신이 들어와 에스프레소를 베이스로 만드는 여러 종류의 커피가 유행하기 이전에 '커피'는 필터 커피메이커로 만든 커피를 의미했다. 그런데 지금은 그냥 커피는 없다. 오베가 카페에서 "커피"를 주문하자 카페 직원은 당황한다. 카페 직원이 에스프레소를 원하는지를 묻자 그는 "그냥 블랙커피"를 달라고 고집을 피운다. 오베는 에스프레소, 라떼 따위를 마시는 사람들을 이해할 수 없다.

커피는 스웨덴에서 매우 중요하다. 핀란드, 노르웨이, 덴마크 등과 함께 스웨덴의 1인당 커피 소비량은 세계 최상위권에 든다. 스티그 라르손의 《여자를 증오한 남자들》에는 읽는 사람도 커피에 취할 정도로 커피에 관한 얘기가 많이 나온다. 오베가 매일 아침 일어나 맨 처음으로 하는 일은 커피를 만드는 것이고, 그 고집불통인 성격에도 다른 사람들과 가장 많이 나누는 것 또한 커피다.

스웨덴에는 커피를 마시며 쉬는 시간을 가리키는 '피카fika'라는 말이 있다. 스웨덴어로 '커피를 마시면서 케이크나 쿠키 등을 곁들인다'는 뜻인데, 가족, 친구, 직장 동료 등과 대화를 나누며 휴식을 갖는다는 의미가 크다. 스웨덴의 많은 회사들이 직원들이 하루 중 피카를 위해 시간을 할애하도록 규정으로 정해놓고 있다. 커피와 곁들여 먹는 케이크는 보통 '카넬불레'라고 불리는 스웨덴 국민 간식인 시나몬롤이나 당근 케이크, 초콜릿 케이크 등이다.

피카의 의미는 단순히 쉬면서 커피를 마시는 것이 아니라 다른 사람과 함께한다는 데 있다. 〈허핑턴포스트〉에 '피카를 하는 다섯 가지 방법'에 관한 기사가 실린 적이 있다. 그 내용은 마음을 편안하게 갖고, 커피를 만들고, 달콤한 케이크를 먹고, 다른 사람과 함께하고, 또 하루 중 여러 번 피카를 하라는 것이었다.

이렇게 커피를 중요하게 여기는 스웨덴이 전 세계적인 커피의 고급화 물결에서 빗겨 있을 리 없다. 에스프레소 커피머신이 필터 커피메이커를 대체하기 시작한 지도 꽤 오래되었다. 카페는 물론이고 가정용 에스프레소 커피머신과 캡슐 커피머신이 날개 돋친 듯 팔린다. 오베는 진화하고 있는 커피 문화에 적응이 안 되어 있을뿐더러 그 변화를 받아들일 수가 없다. 피카의 진정한 의미도 즐기지 못한다.

　오베의 식생활도 지루하기 그지없다. 어머니를 일찍 여의고 아버지와 단둘이 살 때 오베와 아버지는 저녁에 늘 소시지와 감자를 먹었다. 아버지가 죽고 혼자가 된 후로도 오베는 계속 소시지와 감자를 먹었다. 아마도 그가 먹은 소시지는 돼지 살코기와 비계를 거칠게 갈아 만들어 살짝 훈제한 스웨덴식 소시지였을 것이다. 돼지고기와 함께 보리나 감자를 넣기도 한다. 보통 딜이라는 허브를 잔뜩 넣은 베샤멜 소스*에 버무린 삶은 감자나 비트로 만든 피클과 함께 먹는다. 맛이 있지만 어떤 음식도 매일 먹으면 매력이 없어지기 마련이다. 그러나 오베는 소시지와 감자만 고집한다. 내 생각에는 어쩐지 그는 소스도 없이 삶은 감자와 소시지만 달랑 먹었을 것 같다.
　아내 소냐가 죽고 나서 그는 줄곧 고기와 감자를 먹는다. 그레이

---

*　버터와 밀가루를 볶아 만든 루에 우유를 넣어 만든 소스로, 너트맥이나 향신료를 넣어 원하는 향을 더해준다. 프랑스 요리에서는 다양한 소스의 기본이 되는 소스다.

비 소스*가 중요하다고 하는 걸 보니 칼롭스라는 스웨덴식 비프스 튜를 먹었을 것 같기도 하다. 칼롭스는 프랑스 소고기 스튜인 비프 부르기뇽과 비슷한데, 만드는 과정은 비프 부르기뇽보다는 간단하다. 밀가루 묻힌 고기와 양파를 버터에 볶다가 월계수 잎과 올스파이스 가루를 넣고 끓는 물을 부어 푹 익히면 된다. 또 다른 스웨덴식 비프스튜가 있는데, 얇게 저민 감자와 버터에 볶은 양파, 밀가루를 묻혀 겉을 바삭하게 미리 익힌 소고기를 켜켜이 올리고, 거기에 소고기 육수와 맥주를 붓고 월계수 잎과 타임을 넣어 푹 끓인 것이다. 하지만 오베에게 이런 것까지 기대할 수는 없을 것 같다.

　이런 오베에게 얼마 전 이웃집으로 이사 온 이란 출신의 파르바네라는 여자가 치킨을 곁들인 사프란라이스를 가져다준다. 오베로서는 에스프레소나 라떼만큼이나 이해할 수 없는 음식이다. 그는 여느 날처럼 아내 소냐의 묘지에 찾아가서 그녀에게 이 "희한한" 요리에 대해 흉을 본다.

> 새 이웃은 밥에다 사프란을 넣어 먹어. 무슨 그런 일이 다 있는지. 외국인이야.2)

---

* 고기를 요리하면서 생긴 육즙에 밀가루나 전분 가루를 더하고 간을 해 되직하게 만든 소스

오베는 사실 그런 음식을 입에 댈 사람이 아니지만 자신의 집에서는 음식을 버리지 않는다는 원칙 때문에 할 수 없이 사프란라이스를 먹는다. 따뜻할 때 주었던 음식인데 냉장고에 넣어놓았다가 그대로 꺼내 통째로 들고서!

그의 마음을 더욱 경직되게 한 건 원래 고지식한 그의 성격 탓이기도 하지만 평생토록 그를 떠나지 않는 외로움 탓이다. 어려서 어머니를 여의고, 애정 표현이 서툴렀던 아버지와 단둘이 어린 시절과 사춘기를 보냈다. 아버지마저 어이없는 사고로 세상을 떠나고 아버지와 함께 살던 집까지 화재로 잃는다. 그러다 소냐를 만나 평생 처음으로 혼자가 아니라고 느꼈다. 그러나 세상의 전부였던 그녀마저 세상을 떠나고 43년 동안 일해 온 직장에서도 해고를 당한다. 이웃이 바뀌고, 사람들은 더 이상 필터 커피를 마시지 않고 트레일러를 후진시킬 줄도 모르면서 아무짝에도 쓸모없는 자동감지 시스템이 달려 있는 차를 몰고 다닌다.

오베는 삶을 포기하기로 한다. 마음을 다해 지키던 소중한 것들을 하나씩 잃어 온 그는 이제 더 이상 잃을 것도 없다. 그런데 자살을 하려는 순간마다 방해를 받고 그의 죽음이 유예되면서 그의 삶은 다시 지켜야 할 것들로 채워진다. 그런데 이 뜻밖의 변화가 시작되는 지점에 바로 치킨을 곁들인 노란색 사프란라이스가 있다.

2015년, 이란과 미국, 영국, 프랑스 등 주요 6개국 간에 핵협상이
타결되었다. 이란이 핵사찰을 허용하고 대이란 제재를 해제하는 내
용을 골자로 하는 협상이었다. 이 대이란 제재 해제와 관련해 가장
관심을 모았던 것은 국제 유가에 영향을 미칠 이란의 원유 수출과
관련된 뉴스였다. 미국과 유럽연합의 제재로 원유 수출이 사실상 금
지된 2012년 이후 경제가 급격히 위축되었던 이란도 원유 수출을 재
개함으로써 경제 회복의 기회를 마련하게 됐다.

그런데 원유 수출과 함께 대이란 제재의 해제로 이란과 전 세계가
모두 덕을 본 것이 또 하나 있는데, 바로 이란이 사프란을 수출하게
된 것이다. 이란의 사프란은 세계 사프란 생산량의 90~95퍼센트를
차지한다. 그러니 이란 사프란이 국제 시장에 풀리는 것은 음식 업
계에는 매우 중대한 일이었다. 그뿐 아니라 이란의 사프란은 최상급
이라는 것이 중론인 만큼 이란의 사프란 수출 재개는 세계 미식계를
흥분시킬 만한 일이었다. 국제 사프란 시장에서 이란의 위상은 원유
수출국으로서의 위상을 뛰어넘는다고 해도 과언이 아니다.

사프란은 사프란 크로커스 꽃의 암술대를 말린 것이다. 사프란 크
로커스 꽃은 1년 중 딱 일주일만 피고, 꽃 하나에서 얻을 수 있는 암
술대는 세 개 정도다. 물론 이 암술대는 손으로 일일이 조심스럽게

따야 한다. 보통 사프란 1그램을 얻기 위해서는 150개 이상의 꽃송이가 필요하다고 하니 얻는 양에 비하면 어마어마한 노동력이 들어가는 셈이다.

이런 사프란은 1킬로그램에 적게는 4천 달러에서 많게는 1만 달러까지 값이 매겨진다. 지구상에서 가장 비싼 식재료라고 할 만하다. 송로버섯이나 캐비아보다 비싸니 사프란의 위상을 짐작할 수 있다.

사프란은 맛도 맛이지만 향 때문에 사용하는 향신료다. 사프란은 그 자체의 향도 독특하지만 같이 사용하는 다른 식재료의 맛과 향에 깊이를 더해주면서 뭔가 꿈결 같은 맛으로 품격을 높여준다. 《사프란과 햇빛》이라는 요리책의 저자 엘리자베스 루아드는 사프란의 향을 "미묘하고 딱 잘라 말하기 힘든" 향이라고 말하며 "막 베어낸 건초 같기도 하고 약간 계피향 같기도 하면서 자스민 향이 살짝 나기도 하고", 또 "약 같은 향"이 조금 나기도 한다고 표현했다.[3] 실제로 맡아보지 않으면 상상하기 힘든 향이다.

이렇게 귀한 사프란은 어디에 쓸까? 물론 사프란은 음식에 사용하기도 하지만 의학적 효과도 뛰어난 것으로 알려져 있다. 또한 화장품을 만들 때 사용하기도 한다. 알렉산더 대왕은 전장에서 얻은 상처를 치료하기 위해 사프란을 푼 물에 목욕을 했다고 한다. 그런데 지금의 시세로는 요리에 넣어 먹는 것만으로도 감지덕지해야 할 정도다.

가장 흔하게 하는 사프란 요리는 리조토, 필라프, 파에야 등의 쌀 요리다. 조금만 넣어도 사프란의 환상적인 향과 맛이 쌀에 그대로 흡수된다. 사프란 생산량이 많은 이란은 상대적으로 좋은 품질의 사프란을 풍족하게 사용할 수 있기 때문에 사프란은 이란 요리의 상징처럼 여겨진다.

오베네 앞집으로 이사온 파르바네는 이란 출신이다. 그녀가 사용하는 사프란은 품질 좋은 이란산이었을 것이고, 그녀의 사프란라이스는 사프란의 오묘한 향과 맛을 그대로 간직하고 있어 아주 맛이 좋았을 것이다. 그뿐 아니라 파르바네 남편의 말에 의하면 그가 이란 사람들과 죽이 잘 맞는 이유는 그가 먹는 걸 좋아하는데, 이란 사람들은 모두 음식을 잘하고, 그들이 있는 곳엔 늘 맛있는 음식이 있기 때문이라고. 그러니 파르바네의 사프란라이스가 얼마나 맛있을지 상상이 간다.

이란식 사프란라이스는 쌀을 안칠 때 카놀라유와 사프란 우린 물 또는 물과 함께 절구에 넣고 빻은 사프란을 넣고 쌀과 잘 섞어 밥을 한다. 찰기가 없는 쌀로 고슬고슬하게 밥을 하기 때문에 밑바닥이 우리나라의 누룽지처럼 바삭하게 되는데, 이를 타딕이라고 한다. 밥이 다 되면 팬(보통 깊이가 있는 넓적한 팬을 사용한다) 위에 접시를 덮은 다음 뒤집어주면 타딕이 위로 올라가면서 밥이 팬 모양대로 접시에 담긴다.

음식을 먹는 행위는
나의 일부가 아닌 것을 내 몸으로 받아들이고,
또 그것을 배출하는 과정을 포함한다.
그래서 나와 내가 아닌 것과의 경계를 모호하게 하고,
타인과의 구분에 대해서 다시 생각하게 한다.

파르바네가 오베에게 준 치킨을 곁들인 사프란라이스는 오베가 포크 하나로도 잘 먹는 걸로 봐서는 타친인 것 같다. 타친은 사프란라이스와 닭고기 등을 층층이 쌓아 올린 요리다. 닭다리를 강황과 양파를 넣은 물에 삶은 후 닭다리 살을 찢듯이 발라낸다. 쌀을 강한 불에 몇 분 끓이다가 체에 걸러 물기를 빼고 요구르트, 달걀노른자, 오일, 사프란 우린 물과 함께 섞는다. 팬에 기름을 두르고 준비된 쌀의 반을 얇게 깐다. 쌀 위에 닭고기를 골고루 올리고 그 위에 썰어 놓은 양송이버섯을 올린다. 마지막으로 남은 쌀을 마저 올리고 평평하게 펴준다. 뚜껑을 닫고 바닥에 깐 쌀이 누룽지가 될 때까지 조리한다. 다 익으면 접시로 팬을 덮은 후 뒤집어 바삭한 누룽지가 위로 올라오게 담는다.

✥

이제 마음에 드는 것도 없고 지킬 것도 없어진 세상을 그만 떠나기로 작정한 오베는 자살을 시도하는데, 그때마다 이웃의 방해를 받는다. 파르바네의 남편이 차로 오베네 우체통을 들이박고, 파르바네는 아이들을 시켜 사프란라이스를 보내고, 사다리를 빌려달라고 하고, 병원에 데려다달라고 하는 등 끊임없이 오베를 귀찮게 한다. 파르바네뿐만 아니라 다른 사람들도 오베를 자꾸 자신들의 삶에 끌어들인다. 화도 내고 투덜거리면서도 오베는 서서히 죽음으로 부터 멀어진다. 그리고 그는 변한다.

어느 날 오베는 파르바네의 집에서 저녁을 먹는다. 사프란이 들어 간 음식들이다. 그리고 그는 사프란라이스가 맛있다는 걸 인정한다. 고기와 감자와 소스만 있으면 된다고 생각했고 밥에 사프란 같은 걸 섞어 먹는 게 낯설기만 했던 그가 사프란라이스가 "그럭저럭 먹을 만하다"고 말한다. 그는 사프란라이스를 두 그릇이나 먹는다.

그의 자살 시도를 방해하며 그에게 보내진 사프란라이스는 따뜻 한 삶으로의 초대였고, 오베는 그제야 그 초대를 완전히 받아들인 것 이다. 이웃집 여자 파르바네와 아이들, 오랜 친구 루네, 커밍아웃을 한 후 집에서 쫓겨난 미르사드, 그리고 길고양이에게까지 그는 천천 히 자기의 삶에 자리를 내주고 그들의 삶으로의 초대를 받아들인다.

음식을 철학의 중심 주제로 삼았던 한 철학자는 음식이 근본적으 로 자신과 타인을 구분하는 서양철학의 이원론적 시각을 비판하는 장이라고 했다. 그에 따르면 음식을 먹는 행위는 나의 일부가 아닌 것을 내 몸으로 받아들이고, 또 그것을 배출하는 과정을 포함한다. 그래서 나와 내가 아닌 것과의 경계를 모호하게 하고, 타인과의 구분 에 대해서 다시 생각하게 한다.[4] 누군가가 만들어준 음식을 먹는 행 위, 누군가를 위해 음식을 만드는 행위는 그래서 단순히 요리사와 음 식을 먹는 사람의 관계보다 훨씬 철학적인 실천이다. 음식을 먹는 행위는 나의 몸이 다른 것들을 받아들이고 나의 일부로 만들 수 있는 유연성을 가지고 있다는 것을 증명하는 것이다.

　나의 정체성은 다른 사람과 나를 구분하는 데서 만들어지는 것이 아니라 다른 사람과 어떻게 연결되는가를 통해 만들어진다. 오베가 사프란라이스를 맛있게 먹는 것은 그가 이제 다른 사람과의 관계를 통해 자신의 삶이 여러 모양으로 변할 수 있다는 것을 알았다는 것이고, 그 변화를 즐길 준비가 되었다는 것이다. 그리고 '젊은', '외국인', '여자' 파르바네가 만든 사프란라이스를 음미한다는 것은 오베의 타인에 대한 포용성이 인종, 국가, 나이 그리고 젠더라는 경계까지 모두 넘어섰다는 것을 의미한다.

말에서 해방된 맛

뮈리엘 바르베리Muriel Barbery

맛*Une Gourmandise*

《맛》은 《고슴도치의 우아함*L'Elegance du Herisson*》을 쓴 작가 뮈리엘 바르베리의 첫 번째 소설로,
프랑스의 저명한 음식평론가가 심장병에 걸려 죽음을 앞둔 상황에서 그가 경험한 다양한 음식들의
맛을 통해 삶을 회고하는 이야기다.

배가 고플 때 절대로 읽으면 안 되는 책《맛》[1]의 주인공 피에르 아덴스는 프랑스 최고의 음식평론가다. 그가 죽음을 이틀 앞두고 원하는 것은 자신이 경험한 최고의 맛을 다시 경험하는 것이다. 최고의 미식가다운 생애의 마지막 소원이다. 그는 침대에 누워 생의 대미를 장식할 궁극의 맛을 찾기 위해 기억 여행을 떠나고, 그가 평생 동안 경험했던 다양한 음식의 맛을 회상한다. 온갖 음식들이 평론가의 화려한 언어에 의해 눈앞에 생생하게 다시 차려진다. 지극히 평범한 음식들도 그의 언어에 의해 천상의 음식으로 되살아난다.

우리는 맛있는 생선회를 먹으면서 흔히 입에 넣자마자 혀에서 살

살 녹는다고 표현한다. 아덴스에 따르면 이런 회는 진정으로 맛있
는 회가 아니다. 그가 회의 달인으로 평가받는 한 일본인 셰프가 만
들어준 연어회를 처음 맛보았을 때의 경험은 엄청나다. 그에게 있
어서 진짜 회는 입안에 넣자마자 녹아버리는 것이 아니라 "느리고
유연하게" 씹히면서 서서히 혀에서 녹아야 한다. 아덴스는 이런 씹는
행위는 회의 성질을 바꾸기보다는 그저 "공기처럼 가볍고 실크처럼
부드러운" 회의 식감을 온전히 느끼게 해준다고 설명한다.

또 그의 말에 의하면 회는 "고체와 액체의 중간쯤" 되는 식감을 가
지고 있다. "증발되어 버리지 않을 정도의 고체의 견고함"과 "액체
와 같은 놀랄 만한 유동성과 부드러움"을 가지고 있다는 것이다. 그
는 회를 "실크 같기도 하고 벨벳 같기도 한 천" 같다고도 표현한다.
그러면서 회의 조직은 "구름도 가지지 못한 우유와 같은 밀도"를 가
지고 있다고 한다.

이 모든 오묘한 맛은 그가 연어회를 딱 한 점 먹고 느꼈던 것이다.
그의 표현을 읽고 있노라면 회를 먹으면서 입안에서 녹는다고 말하
면서도 사실은 튼튼한 어금니로 무자비하게 씹었던 나의 행위가 야
만적으로 느껴진다.

또 아덴스에 따르면 맛있는 토마토는 탱글탱글하고 씹으면 입 밖
으로 흘러나올 만큼 풍부한 과즙이 터지는 것으로는 부족하다. 그
가 기억하는 진짜 맛있는 토마토는 작은 몽우리일 때부터 한여름의

입맞춤을 받고 익은, 이모의 정원에서 따서 바로 먹는 토마토다. "냉장고의 냉기로 인해 망가지지 않은 미지근하고 진한" 과육과 즙으로 꽉 찬 토마토. 한입 깨물면 팽팽해진 껍질에서는 "딱 알맞은 정도의 저항감"이 느껴지고 탐스러운 과육과 입술의 한구석으로 흘러내리는 과즙에는 "노글노글한 씨가 가득" 해야 한다. 입안에서 터지는 토마토는 "자연의 폭포수"와 같고, 그 "작고 통통한 덩어리"는 "정말 흥분되는 경험"이라고 그는 말한다.

빵도 아덴스의 입속에서는 소우주가 된다. 모로코 해변에서 여름 휴가를 보낼 때 맛보았던 케스라*에 대해 회상하며 아덴스는 심오한 빵 맛의 세계로 우리를 안내한다. 그는 "한 번도 이와 혀와 입천장과 볼로 큼지막한 빵 조각을 맞아들인 적이 없는 사람이라면 그 점성이 주는 희열에 찬 강렬함을 맛보지 못했을 것"이라며 안타까워한다. 아덴스에 의하면 빵의 참맛은 씹을 때 생기는 점성에서 나오는 듯하다. 빵 조각은 씹으면 씹을수록 "공기가 스며들 틈도 없는 끈적끈적한 덩어리"로 변한다. 입안에서 침과 효모로 뒤섞이며 끊임없이 반죽되는 건 더 이상 빵이 아니라 우리 자신과 닮은 어떤 것, 마치 "우리 몸의 조직"과도 같은 것이다.

그는 식탁에 둘러앉은 식구들이 빵을 씹으며 성스러운 공동체로

* 갈색을 띠는 바삭바삭한 모로코 빵

하나가 되고 진리에 도달하는 경험을 했다. 그는 이런 축복과 영감의 순간은 "시골의 여유 있는 삶의 리듬과 유기체적인 탄력성"으로부터 비롯되고, 이는 세상의 모든 빵들이 가지고 있는 속성이라고 말한다. 그의 말을 종합해보면 빵은 한마디로 우리가 내적 탐험을 하는 데 가장 적합한 도구이다. 결국 아덴스에게 궁극의 빵 맛은 득도의 맛이다. 정말 이런 맛이 있기는 한 걸까?

나는 대만의 수도 타이베이의 한 유명 식당에서 흥미로운 경험을 한 적이 있다. 나와 일행은 단단면을 포함해 서너 가지 요리를 주문한 후 웨이터가 차와 함께 가져다준 주문서에 '고수 빼고不要香菜'라고 적혀 있는 것을 발견했다. 우리는 고수를 빼달라고 주문한 적이 없어서 웨이터를 불러 그 부분을 가리키며 우리는 그렇게 주문한 적이 없다고 말했다. 그러자 웨이터는 어리둥절한 표정을 지으면서 우리 일행에게 한국인이 아니냐고 물었다. 그는 우리의 대화를 듣고 우리가 한국인이라고 생각했고, 한국 손님들은 모두 고수를 빼달라고 해서 한국에서는 고수를 안 먹는다고 생각해 알아서 그렇게 했다며 주문을 수정해주었다.

우리가 주문서를 들여다보지 않았다면 우리는 고수가 빠진 음식들을 먹을 뻔했다. 고수를 안 먹는 사람은 어느 나라에나 있다. 고수가 들어가는 멕시코 음식이 대중화된 미국에도 심지어 여러 '반 고수 단체'들이 있다. 페이스북 페이지도 있는데, 왠지 모르지만 정치적 집단으로 구분되어 있다. 미국에서 프랑스 요리를 대중화시킨 것으로 유명한 요리 연구가 줄리아 차일드Julia Child도 고수를 먹지 않는다고 공개적으로 밝힌 적이 있다. 그러니 몇몇 한국인의 고수에 대한 취향을 한국 문화로 일반화하는 건 그 웨이터의 부족한 문화적 경험 탓이다.

그러나 한편으로 개인적 성향은 그 개인이 속한 문화를 넘어 이해될 수 없다는 걸 보여주는 단적인 예다. 생각해보면 나도 몇몇 사람들의 취향과 행동을 보고 '미국적'이라든지 '일본인답다', '중국식이다'라며 그 사람이 속한 집단의 특성으로 성급히 일반화할 때가 많다. 개인의 취향에 대한 오해는 그 개인의 문화적 경험을 모두 파악하지 못하는 데서 오는 것이다.

내가 고수를 언제부터 먹고 좋아하게 되었는지는 기억나지 않는다. 그러나 어릴 때부터 익숙했던 음식은 아니다. 외국에서 생활할 기회가 여러 번 있어서 다양한 음식들을 맛보게 되었고, 그러던 중 우리나라 음식에는 사용하지 않는 다양한 식재료와도 친해지고 그 맛에 익숙해졌을 것이다. 생각해보면 내 주변의 고수에 거부감을 느끼지 않는 친구들은 대부분 여행 경험이 많은 이들이다. 낯선 곳을 여행하다보면 지역 식당에서 자의에 의해서든, 또는 언어의 장벽으로 인한 어쩔 수 없는 선택 때문이든 좀 더 모험적인 메뉴를 선택하고 새로운 음식들을 접하면서 입맛에 '변혁'을 가져올 기회를 종종 갖게 된다. 어쩌면 새로운 것을 찾아다니는 모험적인 성격이 애초에 낯선 곳으로의 여행을 하게 했을지도 모른다.

어쨌든 어떤 음식에 대한 거부는 익숙지 않은 것에 대한 거부, 새로운 것에 대한 거부라고 해석할 수 있다. 어릴 때 전혀 먹을 수 없었던 것들을 성인이 되어서는 먹고, 심지어 좋아하게 되는 것 역시 성장하면서 다채로운 사회 경험을 통해 새로운 것들을 받아들이게 되는 과정이라고 설명할 수 있다. 궁극적으로 이 세상의 모든 음식은 내가 먹는 것과 못 먹는 것으로 나뉘고, 이 구분은 나의 문화적 경험에 의해 좌우된다.

프랑스 사회학자이자 인류학자인 클로드 피슐러는 인간이 이렇게 편식을 하는 것을 "잡식동물의 역설"이라는 개념으로 설명한다.[2] 인간은 잡식성이라 생물학적으로 다양함을 추구하고, 먹을거리에 대해서도 새로운 것에 대한 욕구가 있는 반면, 잘 알지 못하는 것에 대한 두려움이 있어서 새로운 먹을거리를 기피하는 속성을 동시에 가지고 있다는 것이다. 인간은 끊임없이 새로운 먹을거리를 찾지만 또 한편으로는 낯선 음식에 혐오감을 느끼고 거부하기도 한다. 피슐러는 바로 이 혐오감이 사람들로 하여금 어떤 음식은 먹고 어떤 음식은 먹지 않을지 결정하게 하고, 음식에 대한 선호도를 결정짓고, 우리의 문화적 정체성을 드러낸다고 한다.

음식에 대한 혐오와 거부는 혀의 권한이라기보다 사회 문화적으로 만들어진 주체적 의식의 권한이라는 것이다. 내가 무엇을 먹고 먹지 않을 것인가는 음식 자체가 가지고 있는 맛의 속성이 아닌, 나의 문화적 정체성과 관련된 문제인 것이다. 결국 맛은 혀의 영역을 넘어선 문화적으로 형성된 관습과 행위의 문제이기도 하다. 대만 식당의 웨이터가 고수를 먹지 않는 것을 한국적 정체성으로 성급하게 일반화했던 이유다.

～🙝～

음식에 대한 취향은 예술이나 물건 등에 관한 취향과 같이 사회적으로 구분되고, 특정한 의미를 갖는다. 영어에서는 맛과 취향이 'taste'라는 동일한 단어로 표현된다. 우리말에서도 취향은 '입맛'이라는 표현으로 대체되기도 한다. '내 입맛에 맞는 영화', '내 구미에 맞지 않는 옷' 등의 표현을 자연스럽게 사용한다. 맛에 대한 취향은 미적 판단 행위와 같다. 미적인 취향처럼 개인의 입맛도 사회적인 합의를 얻어 보편적으로 좋다고 통용되는 맛을 기준으로 그 정당성을 평가받는다.

그렇다면 좋은 맛, 좋은 취향을 규정하는 기준은 무엇일까? 아덴스 같은 음식평론가의 맛에 대한 평가는 어떻게 모든 맛의 기준이 되는가?

이런 질문에 가장 영향력 있는 이론을 제공한 사람은 프랑스 사회학자인 피에르 부르디외다. 부르디외는 문화를 '구별 짓기'라는 사회적 행위의 산물이라고 설명하고, 취향이 자신과 다른 사람을 구별 짓는 근본적인 기재라고 설명한다.[3] 어떤 자동차를 타는지, 어떤 브랜드의 옷을 입는지, 어떤 음악을 듣는지는 모두 자신을 다른 사람들과 '구별'하려는 전략이다. 취향이 계급을 나타내기 때문이다.

부르디외는 취향은 어릴 때부터 자라온 환경 안에서 몸에 배면서 배우는 것이라고 한다. 그래서 우리 몸에는 계층적 취향이 새겨져 있다. 우리가 우리의 몸과 관련하여 행하는 모든 행위를 통해 우리의 취향이 드러나고, 우리의 계층적 정체성이 드러난다. 음식 선택, 요리 방법, 식탁 예절 등 모든 행위가 포함된다. 옷 입는 스타일과 말투가 우리가 속한 사회적 위치를 나타내듯 무엇을 어떻게 먹고 얼마나 먹는가 같은 음식에 대한 취향 역시 우리의 사회적 위치와 정체성을 드러내며, 동시에 우리의 정체성을 지속적으로 구성하고 확고히 한다.

그러면 보편적으로 좋다고 여겨지는 취향은 어떻게 그 보편성을 얻는 것일까? 부르디외에 따르면 한 사회의 지배적 취향은 그 사회 전반을 지배하는 엘리트 계층의 취향이다. 그들의 취향이 다른 계층의 취향에 비해 우월한 가치를 지니는 것은 초월적 미적 기준에 근거한 것이 아니다. 지배적 위치에 있기 때문에 부여 받은 권위 때문이다.

상류계층 취향의 중요한 특성은 생존을 목적으로 한 기본적인 필요에 얽매이지 않는 순수한 즐거움의 추구라는 것이다. '어떤 음식을 먹을까'에 대한 선택의 기준이 '얼마나 배가 고픈가'에 의해 결정되지 않는다. 먹는 행위가 생리적 욕구를 채우기 위함이 아닌 것이다. 허기를 채우기 위해서는 아무거나 먹으면 되지만 생리적 욕구가 중요한 문제가 아니라면 '무엇을 어디에서 먹는가'라는 문제가 중요해진다. 따라서 저렴하고 푸짐한 음식보다는 미적 쾌락을 줄 수 있는 음식을 찾는다.

미술, 음악 등 예술적 취향도 마찬가지다. 실용성과는 무관한 선택을 한다. 이들이 선호하는 것은 일정한 학습과 시간과 돈을 투자해야만 향유할 수 있는 것들이다. 이런 지배계층의 취향은 다른 계층이 모방하기 어렵다. 중산층은 문화·경제적 자본이 부족하기에 모방하기 어렵고, 필요와 실용성에 의해 취향이 좌지우지되는 대중들에게는 딴 나라 이야기이다. 그러니 지배계층의 취향은 그들의 사회적 정체성과 계층 간의 위계를 확고히 하는 문화적 장치로서의 역할을 한다. 즉, 취향은 사회적 위계와 맞물려 작동하는 문화적 위계 구조라 할 수 있다.

그렇다면 상류층의 맛에 대한 취향은 어떻게 그 실체를 가지게 되는 걸까? 말을 통해서다. 상류층 사람들이 경험하는 맛이 보통 사람들의 경험과는 다르다는 것을 증명할 수 있는 건 말이다. 얼마 전 내가 나름 유명하다는 비싼 일식집에서 먹은 생선회가 그다지 좋은 회가 아니었다고 의심하게 만드는 것은 아덴스 같은 비평가의 말 때문이다. 말은 상류층의 취향을 실체화하고 객관화된 지식으로 변환시켜 사회에 전파해 지배적인 기준으로 만드는 중요한 도구다.

상류층 중에서도 특히 음식을 좋아하고 미각적 경험을 뛰어나게 전달할 수 있는 언술을 가진 사람들이 맛에 대해 말할 수 있는 특권을 누리게 되는 것이고, 피에르 아덴스가 바로 이런 부류의 사람이다. 실제로 19세기 초반에 활동한 프랑스의 장 앙텔므 브리야 사바랭이나 알렉상드르 그리모드* 같은 사람들이 여기 속하는데, 이들이 상류 지배층 출신인 것은 당연하다. 그들이 사적으로 경험한 맛은 말과 글을 통해 전파되어 공적인 사실로 바뀌었다. 언어화를 통해 그들의 맛에 대한 평가가 곧 지배계층의 미각적 취향으로 객관화되고, 어떤 음식 맛의 좋고 나쁨을 가르는 구체적 기준으로 공식화되었다.

음식에 대한 자부심이 국가적 정체성과 직결된다고 해도 과언이 아닌 프랑스에서 음식평론가들의 영향력은 대단했다. 특히 그 영향력은 프랑스혁명 이후 귀족계급의 영향력이 쇠퇴한 후 더욱 커졌다.

---

* Alexandre Grimod(1758~1837). 변호사 출신의 음식평론가. 그의 아버지는 샹젤리제 거리에 있는 나무숲이 내려다보이는 곳에 집을 지을 만큼 부자였다.

이들은 맛의 정통성을 규정하는 데 있어서 중심적인 역할을 했고, 그들의 평가에 따라 요리사들의 커리어와 미래가 결정되었다. 그들은 프랑스 음식 담론의 최고 권력자들이었다. 아덴스의 말처럼 그들은 "프랑스의 가장 성대한 식탁을 지배하는 군주들"이었다. 그러나 그들의 권력은 그들의 미뢰에서 나오는 것이 아니다.

피에르 아덴스가 일생을 통해 가장 훌륭했다고 기억하는 식사 중 하나는 어느 시골 농가에서의 식사다. 그에 대해 회상하는 대목은 아덴스 스스로 그의 권력이 맛이 아닌 말로 만들어졌다는 것을 자각하고 있다는 걸 보여준다.

아덴스는 어느 날 노르망디 지방의 콜빌 시에 새로 문을 연 레스토랑을 찾아 헤매다가 등나무와 새빨간 제라늄 꽃으로 뒤덮인 한 농가와 맞닥뜨린다. 집 앞 보리수 그늘 아래에 놓인 식탁에서는 한 무리의 남자들이 점심 식사를 하고 있었다. 아덴스가 찾고 있는 식당의 주소를 내밀자 그들도 잘 모르겠다고 했다. 그는 더 이상 그 식당을 찾을 의욕을 잃고 다른 먹을 만한 데가 없냐고 물었다. 그러자 집밥 만한 게 있겠냐며 그냥 자기들과 함께 먹고 가라며 식탁에 자리를 내주었다.

남자들이 식사를 마치고 커피를 마시면서 자동차 얘기부터 사냥 얘기, 술 얘기를 끊임없이 나누는 동안 아덴스는 농부의 아내가 내온 농가의 음식을 먹는다. 격식을 차린 호사스러운 음식이 아닌 신선한 재료와 넉넉한 인심, 그리고 담백한 맛이 일품인 음식들은 아덴스의 언어로 화려하게 하나씩 되살아난다.

레몬이나 향신료를 더하지 않아 차갑고 짭짤한 굴은 드라이하고 과일향이 풍부한 사셰*산 화이트와인과 함께 먹었다. "실크처럼 매끄럽고 느슨하게 대충 접힌" 생햄과 소금 간이 된 버터와 큼지막한 빵 한 조각은 "놀랄 만한 풍미"와 부드러운 텍스처의 화이트와인과 함께 먹었다. 녹색 아스파라거스는 "정신이 혼미해질 만큼 부드럽고 통통"했다. "넘칠 만큼 풍부한" 크림 소스와 누아르무티에**산인 것 같은 감자와 함께 나온 닭 요리는 기름기가 전혀 없었다. 치즈가 떨어졌다고 미안해하면서 내온 사과 타르트의 페이스트리는 얇고 바삭한 결이 살아 있었고, "수정 같은" 설탕시럽 아래로 "노르스름하게 구워진 황금빛" 과일 조각들이 그 모습을 "비밀스럽게" 드러내고 있었다.

아덴스의 회상은 그의 화려한 말과 그가 식사를 하는 내내 옆에서 떠들썩하게 수다를 떨고 있던 남자들의 거친 말과 교차된다. 그리고 그는 그날 그가 맛본 건 훌륭한 식사뿐만이 아니라 남자들의 투박하

* 프랑스 루아르 밸리의 유명한 와인 산지인 투렌 지방에 있는 마을
** 프랑스 서북쪽 대서양 연안 브르타뉴 지방에 있는 섬으로, 감자가 유명한 특산물 중 하나다.

고 노골적인 말이었다고 회상한다. 정확하지 않은 문법의, 거칠면서
도 진솔한 따뜻한 이야기들. 시골 형제들의 모임에서 넘쳐나는 그 말
들을 그는 "포식"했다. 자신이 그동안 탐닉해왔던 화려한 맛, 아니
말의 세계와는 달랐다.

아덴스는 삶이란 결국 말이라는 것을 깨닫는다. 삶을 이루는 모든
경험과 사건 들은 적절한 언어의 옷을 입혀 내보냈을 때에만 존재한
다. 반대로 생각하면 삶은 어떤 말로 실재화되는가에 따라 달라진다.
실재하고 있는 세계를 표현하는 수단이 언어인 것이 아니라 언어를
통해 세계가 실재하게 된다. 어느 시인도 "내가 그의 이름을 불러주
었을 때" 비로소 "꽃이 되었다"고 노래하지 않았던가!*

아덴스는 그의 말로 맛이라는 세계를 창조했지만 그가 만들어낸
맛은 정작 음식이나 그 음식을 만드는 사람과는 관련 없는 자신의
화려한 글솜씨를 쏟아내기 위한 도구였다. 그의 조카 폴은 아덴스
에 대한 평가에서 정확히 이런 점을 짚어낸다. 그는 아덴스의 문장
을 읽을 때마다 그 가식적인 화려함에 "창자가 뒤틀렸다"고 말하
며, 그가 이야기하는 것이 음식인지 다른 어떤 것인지는 중요하지

---

* 이런 깨달음은 20세기 초 언어와의 관계에 대해 중점을 둔 철학의 발전으로 출발하여 인문학, 사
회학, 과학 등 모든 지식 분야에 일어난 중요한 사고의 전환점과 조응한다. 언어가 이미 존재하고
있는 실재reality를 묘사하는 도구가 아니라 언어가 우리가 이해하고 경험하는 실재를 구성하고
있다는 생각은 이성이 자율적 주체를 정립할 수 있다는 데카르트적 주체 개념을 전면적으로 무너
뜨리는 사고의 전환이다. 우리가 경험하는 실재는 언어 밖에서 존재할 수 없고, 따라서 언어는 우
리 인지의 한계다. 이후 사회과학 분야에서 '담론'이 중요한 연구 대상으로 다루어지기 시작했다.

아덴스가 그 농가에서의 점심을 통해 깨달은 것은
그가 경험한 맛과 농부들이 경험한 맛의 차이가 말에 있다는 것이다.
농부들의 말은 그들의 땅에서
그들 스스로의 땀으로 거둔 먹거리에 대해
진솔하게 음미하는 말로 가득했다.
그들의 말에 비해 아덴스의 말은
음식보다는 자신의 말솜씨를 돋보이게 하기 위한
알맹이 없는 화려한 껍데기였다.
그리고 그들의 말이 훨씬 더 '맛있게' 느껴졌다.

않았다고 말한다. 음식은 아덴스가 그의 삶을 그가 원하는 대로, 다른 사람들의 것보다 화려하고 우월한 것으로 꾸며내기 위한 구실이었을 뿐이다.

아덴스가 그 농가에서의 점심을 통해 깨달은 것은 그가 경험한 맛과 농부들이 경험한 맛의 차이가 말에 있다는 것이다. 농부들의 말은 그들의 땅에서 그들 스스로의 땀으로 거둔 먹거리에 대해 진솔하게 음미하는 말로 가득했다. 그들의 말에 비해 아덴스의 말은 음식보다는 자신의 말솜씨를 돋보이게 하기 위한 알맹이 없는 화려한 껍데기였다. 그리고 그들의 말이 훨씬 더 '맛있게' 느껴졌다.

아덴스가 그가 쌓아온 맛의 권력에 대해 느낀 공허함은 현대사회에서 몇몇 음식평론가를 중심으로 이루어졌던 음식과 관련된 담론의 위계 구조가 약화되고 있는 현실과 맞닿아 있다. 세계화가 급속히 진행되는 가운데 음식 문화에도 동질화와 다양화가 동시에 작용하고 있다.* 맥도널드와 스타벅스 같은 프랜차이즈 업소들이 성행하면

---

* 아르준 아파두라이Arjun Appadurai는 그의 유명한 저서 《고삐 풀린 현대성*Modernity At Large: Cultural Dimensions of Globalization*》 (Minneapolis, Minn.: University of Minnesota Press, 1996)에서 세계화를 미국 중심의 문화 동질화로 설명하는 이론들에 대해 반박하며 세계화는 동질화와 이질화의 두 반대되는 흐름을 동시에 수반한다고 설명한다.

서 세계인의 입맛이 비슷해져 가고 있는 반면, 수많은 이민자들과 노동력의 이동으로 한 도시에서 만날 수 있는 음식의 종류 또한 매우 다양해졌다. 서울만 해도 동네마다 스타벅스가 있지만 거기에 자신만의 개성으로 맞서는 독립 카페들도 많다. 맥도널드 못지않게 베트남이나 태국 등 동남아 음식점도 많아졌고 에티오피아나 칠레의 음식을 파는 식당도 생겼다.

고급문화와 대중문화의 경계는 이러한 흐름 속에서 서서히 옅어져 가고 있다. 사회학자 지그문트 바우만은 "개인화와 그에 따른 다양성의 극대화로 현대사회에서는 어떤 특정한 미적 기준이 지배적 영향력을 지속적으로 갖는 게 불가능하다"고 말한다. 이렇게 사회 전반에 걸쳐 영향을 미치는 보편적인 가치관이나 미적 기준이 부재하는 현대사회를 '액체 근대성' 또는 '유동적 근대성liquid modernity'* 이라고 정의한다.⁴⁾ 이런 사회에서 엘리트 취향은 어떤 종류의 문화를 소비하는가가 아니라 얼마나 다양한 문화를 소비하는가로 규정된다고 설명한다. 무엇을 어디에서 먹는가보다는 얼마나 다양한 음식을 경험해 보고 즐기는가가 중요하다. 프랑스의 고급 요리만 고집하는 사람은 시대에 뒤떨어진 속물로 여겨지고, 일본 큐슈 가정식 백반의 참맛을 보기 위해 허름한 골목길에 있는 예약도 안 되는 손바닥만 한 식당을

* 바우만은 또 이런 현대사회의 문화적 흐름을 가리켜 "탈패러다임 시대에 돌입했다"고 말한다.

찾는 사람들이 진정한 미식가로 인정받는다.

전통적 구조의 사회계층이 점차 다양한 그룹들로 대체되면서 맛에 대한 기준은 계층구조가 확실한 전통 사회에서와는 다르게 형성된다. 사회적 계층이 아니라 음식을 중심으로 그룹이 형성되고, 그 음식에 대한 지식이 생산되고 전파된다. 음식 동호회가 좋은 예이다. 또 특정한 음식을 중심으로 공동체적 집단이 형성되기도 한다. 예를 들면 블루베리를 사랑하는 사람들의 모임 같은 것이다. 블루베리를 재배하는 사람들과 사는 사람들, 요리하는 사람들이 서로 유기적인 관계를 맺고 일종의 맛 공동체를 형성한다.

그리고 맛이 사회적인 실천이 된다. 맛의 의미를 취향으로 확장한다면, 취향은 이제 특정한 사회계층을 나타내는 것이 아니라 일단의 사람들이 함께하는 실천 방식이다. 어떤 탕수육이 맛있는 탕수육인가에 대한 전문가의 평가 못지않게 탕수육을 어떻게 먹고 싶은가에 대한 소비자의 취향 또한 중요하다. '부먹파'와 '찍먹파'는 탕수육 맛에 대한 담론의 중요한 축이다.

영어권에서 최근 유행하는 말 중 '푸디foodie'라는 말이 있다. 우리나라 말로 번역하면 '아마추어 미식가' 정도가 될 것이다. 맛있는 음식을 일부러 찾아다니고 새로운 음식에 대한 경험을 좇는 사람들을 일컫는 말이다. '너 푸디야?', "나 푸디야"라고 사용할 만큼 음식에 관해 개인의 확고한 정체성을 드러내는 용어가 되었다. 새로 일하게 된 직장 주변의 맛있는 식당이 어디인지 알고 싶으면 그 직장에서 푸디로 소문난 동료에게 물어보면 된다. 푸디들이 음식평론가들이 가졌던 권력을 와해시키고 어떤 의미에선 그 권력을 대체하고 있다.

그뿐 아니라 디지털 기술의 발달로 대중들은 다양한 형태의 거대한 네트워크로 연결되어 의견과 평가를 공유할 수 있다. 음식점을 고를 때, 음식점에서 메뉴를 고를 때, 이미 그 음식점을 다녀가고 그 메뉴를 먹어본 보통 사람들의 평가가 음식평론가의 말보다 더 중요해졌다. 대중은 사실 음식뿐 아니라 이제 거의 모든 분야에서 평가자로서 힘을 갖기 시작했다.

음식평론가의 영향력은 와인이나 치즈 같은 특정 분야에서는 아직 강력하다. 몇몇 평론가는 아덴스 같은 절대 권력과 카리스마적인 영향력을 가지고 있다. 와인평론가인 로버트 파커Robert Parker는 그의 코에, 커피 맛 감별사인 제나로 펠리치아Gennaro Pelliccia는 그의 혀에, 레스토랑평론가인 이건 로네이Egon Ronay는 그의 맛 감식력에 수백만, 수천만 달러짜리 보험까지 들었다고 알려져 있다.

그러나 와인계의 트립어드바이저TripAdvisor라 할 수 있는 비비노Vivino, 딜릭터블Delectable 같은 스마트폰 애플리케이션의 영향력을 보면 와인평론가의 권력도 끝이 보인다. 비비노에서는 20만 명이 넘는 유저들이 와인에 대해 평가하고 코멘트를 단다. 유저들이 달아주는 별 다섯 개가 와인평론가의 한마디 말보다 더 강력한 힘을 갖게 되었다. 평가되는 와인의 종류만 따져도 권위 있는 와인 평론지인 《와인 스펙테이터Wine Spectator》를 능가한다. 《와인 스펙테이터》가 1년에 평가하는 와인이 2만 종 정도인 반면 비비노는 하루에 10만 종의 와인에 대한 평가를 제공한다. 유명한 와인평론가 안토니오 갈로니 Antonio Galloni는 딜릭터블을 매수해 전문 와인평론가의 평을 소비자들의 평과 함께 제공하기 시작했다.* 맛의 권력이 움직이고 있다.

피에르 아덴스는 자신의 말은 음식에 관한 것이 아니라 권력을 갖기 위한 헛된 것이었음을 깨닫고 죽음의 문턱에 거의 다다랐을 때쯤 드디어 생애 최고의 맛을 기억해낸다. 그가 죽음에 이르러 스스로 쌓아온 헛된 말의 권력으로부터 맛을 해방시키고 진정한 맛을 경험하기 위해 선택한 음식이 무엇인지 궁금하지 않은가?

---

* 전문가와 일반 대중 간의 경계가 와해되는 현상은 이미 여러 분야에서 나타나고 있다. 소비자와 생산자의 경계를 허무는 '프로슈머' 등의 개념도 같은 맥락에서 이해할 수 있다.

신경외과 의사의
생선스튜 레시피

이언 매큐언Ian McEwan

토요일*Saturday*

이언 매큐언은 1975년 소설 《첫사랑, 마지막 의식*First Love, Last Rites*》으로 데뷔한 후 많은 비평가들의 주목을 받으며 영국을 대표하는 현대 작가로 부상했다. 1998년 《암스테르담*Amsterdam*》으로 부커상을 수상했고, 뒤이어 출간한 《속죄*Atonement*》로 영국 작가협회상, 로스앤젤레스 타임스상 등을 수상했다. 2005년에 발표한 《토요일》은 뉴욕의 9·11 사건을 환기시키는 소재로, 출판과 동시에 세계적인 관심을 받으며 매큐언의 소설가로서의 위치를 더욱 공고히 한 작품으로 평가받았다.

육수용 냄비에 물을 2리터쯤 붓고 센 불에 올려놓는다. 스튜용 냄비에는 올리브유를 넉넉히 두른 후 중불에 올려놓는다. 양파 세 개를 껍질을 벗겨낸 후 잘게 썰어서 올리브유를 넣은 냄비에 집어넣는다. 통통한 마늘 여덟 알을 껍질을 까고 잘게 썰어서 익고 있는 양파에 더한다. 마른 고추 몇 개를 두 손바닥 사이에 넣고 비벼 부순 후 고추씨와 함께 냄비에 넣고, 양파와 마늘이 익으면 사프란 한두 자밤*과 월계수 잎 서너 장, 오레가노 한 자밤, 안초비 필레 다섯 개를 넣는다. 오렌지 껍질을 강판에 갈아 넣고 캔에 든 껍질

---

* 양념이나 나물 같은 식재료를 손가락 끝으로 집을 만한 정도의 분량을 가리키는 단위로, 우리 고유어이다.

벗겨진 토마토 두 통을 넣는다. 그리고 불을 좀 줄인다.

처음에 불에 올려둔 육수용 냄비의 물이 끓는다. 생선 가게에서 얻어온 가오리 뼈와 머리를 흐르는 물에 씻어서 끓는 물에 넣는다. 머리는 뾰로통한 입술까지 그대로다. 눈알은 끓는 물에 닿으면서 뿌옇게 변한다. 녹색 망에 담겨 있는 홍합 꾸러미에서 홍합을 열두 개쯤 꺼내 씻은 후 끓고 있는 육수에 넣는다. 옆에서 뭉근히 끓고 있는 토마토 소스는 사프란의 황금빛 때문에 붉은 오렌지 빛으로 변했다.

육수가 끓는 동안 나머지 홍합들을 솔로 문지르며 흐르는 물에 깨끗하게 씻는다. 아주 희미한 녹색을 띤 대합들은 물에 간단히 씻기만 하면 된다. 육수를 슬쩍 보니 가오리 뼈가 휘어져 물 위로 올라온다. 나무 주걱으로 누르니 뼈가 부러지면서 물속으로 쑥 들어간다. 냉장고에서 4분의 1쯤 남아 있는 상세르 와인*을 꺼내 끓고 있는 토마토 소스에 붓는다.

묵직한 도마 위에 아귀 꼬리 살을 가지런히 놓은 후 큼지막하게 썰어 커다란 볼에 담아놓는다. 얼음에 담가두었던 대하를 씻어서 아귀와 같은 그릇에 담는다. 또 다른 그릇에는 씻어놓은 대합과 홍합을 담아놓는다. 도마를 흐르는 물에 씻어놓고 완성된 육수를 체에 걸러서 토마토 소스가 담겨 있는 냄비에 붓고 5분 정도 더 끓인다.

---

* 프랑스 루아르 지역에서 소비뇽 블랑 품종으로 만든 화이트와인

2.5리터 정도의 생선스튜 육수가 완성되었다. 저녁을 먹기 바로 전에 대합과 손질해 놓은 아귀, 홍합, 대하를 넣고 5분 정도만 더 끓이면 된다.

《토요일》[1]의 주인공인 런던의 유능한 신경외과 전문의 헨리 퍼론이 저녁에 있을 가족 모임에서 먹을 생선스튜를 준비하는 과정을 재구성해보았다. 사프란과 토마토가 들어가는 걸 보니 프랑스식 생선스튜인 부야베스를 그 나름대로 해석한 버전인 듯하다. 헨리는 여기에 통밀빵을 곁들여 낼 예정이다. 샐러드도 준비한다. 콘샐러드를 냉장고에서 꺼내 흐르는 물에 씻은 후 야채 탈수기에 넣어 물기를 빼고 샐러드 볼에 담는다. 먹을 때 오일과 소금, 후추, 레몬 즙으로 만든 드레싱을 끼얹을 것이다. 후식으로는 치즈와 과일을 준비한다. 저녁 준비가 끝났다.

이날 가족 모임은 특별하다. 프랑스에 머물고 있는 그의 딸 데이지와 역시 프랑스에 살고 있는 장인이 오기로 했고, 저녁시간에 좀처럼 얼굴 보기가 힘든 뮤지션인 아들도 오랜만에 함께하기로 했다. 데이지가 불과 스물세 살의 나이에 문학적인 재능을 인정받아 첫 시집을 출간하게 된 것을 축하하기 위해 온가족이 오랜만에 한자리에 모이기로 한 것이다. 더욱이 사이가 좀 소원해졌던 장인과 데이지가 화해할 수도 있는 자리다.

흠, 그런 자리라면 생선스튜 하나로는 좀 빈약하지 않을까? 특별한 전채 요리도 없고 후식으로 낼 직접 구운 케이크나 파이도 없다. 샐러드 드레싱도 가장 간단한 오일 드레싱이다. 상다리가 부러지게 차리지는 못할망정 우리나라로 치면 매운탕 하나 달랑 준비한 것이니 말이다.

하지만 요리에 들어간 재료들을 보면 생선스튜 하나라고 해서 그리 얕볼 게 아니다. 헨리는 생선을 사러 집 근처에 있는 마트가 아닌 패딩턴 근처에 있는 생선 가게까지 간다. 미리 토막 내서 포장해 놓은 생선과는 급이 다른 생선을 살 수 있는 곳이다. 이런 고급 생선 가게에서는 낚싯줄로 잡은 생선을 판다. 회로 먹어도 될 만큼 싱싱한 생선을 그 자리에서 손질해서 가져올 수 있다.

헨리는 대합과 홍합도 산다. 껍질 채로 이미 익혀 놓은 대하도 사고 아귀의 꼬리 살도 세 토막 사는데, 이건 그가 생애 처음으로 산 자동차보다 조금 더 비싸다. 그의 첫 차는 물론 고물이었지만 현재 헨리가 경제적, 사회적으로 어떤 위치에 있는지 알 수 있는 대목이다.

그는 또 육수를 만들 때 쓰기 위해 가오리 머리와 뼈도 두 마리 분량이나 얻는다. 생선 장수는 자신의 고객들을 마치 전통 사회에서 귀족을 대하듯 한다. 이곳 손님들은 계산대 뒤로 줄을 서서 컨베이어 벨트에 물건을 올려놓는 마트의 이용자들과는 다른 대접을 받는다. 헨리의 생선스튜는 만드는 데 많은 시간과 에너지를 소요하지 않아도 되는 메뉴다. 단, 질 좋은 생선을 살 돈이 있고, 그것을 어디에서 살 수 있는지 알아야 한다. 만든 이의 수고보다는 경제적, 문화적 자본이 빛을 발하는 요리다.

따지고 보면 생선스튜를 만드는 것도 그리 만만한 일이 아니다. 우선 홍합 씻기가 쉽지 않다. 홍합에는 수염같이 생긴 족사가 붙어 있는데, 이것을 손으로 일일이 뜯어내야 하고, 홍합 껍질에 붙어 있는 불순물은 솔이나 수세미로 빡빡 문질러 제거해줘야 한다. 홍합은 화이트와인과 양파와 방울토마토만 썰어 넣고 익혀도 충분히 맛이 있지만 손질할 생각을 하면 웬만큼 여유 있는 때가 아니면 엄두가 안 난다. 신선한 홍합과 시간적 여유, 이 두 가지가 맞아떨어지는 때는 더욱 드물다.

양파와 마늘을 잘게 써는 것도 얕볼 일이 아니다. 양파는 반 개만 썰어도 눈물이 쏟아지고, 마늘 여덟 알을 일일이 까는 것도 손에 익지 않고 요령이 없으면 속 터지는 일이다. 껍질을 까서 막 찧은 마늘은 이미 까놓은 마늘과는 비교할 수 없는 향과 단맛을 선사한다. 까놓은 것도 성에 안 차 다진 마늘을 사서 쓰는 나로서는 헨리가 존경스러울 뿐이다.

생선스튜에 오렌지 껍질을 넣는 것도 눈에 띄는 디테일이다. 오렌지 껍질은 매우 미묘한 향을 더해준다. 없으면 없는 대로 할 수 있지만 한번 오렌지 껍질이 들어간 생선스튜를 맛보고 나면 그게 빠진 생선스튜는 반드시 뭔가가 빠졌다고 느끼게 하는 미묘한 향과 맛을 내는 재료다. 그런데 오렌지 껍질을 넣을 때 주의할 것이 있다. 반드시 겉껍질만 넣어야 한다는 것이다. 껍질 안쪽의 흰 부분이 들어가면 떫고 쓴맛이 나기 때문이다. 오렌지를 강판에 갈 때 주황색 겉껍질만 갈리도록, 한 번 갈린 곳이 다시 갈리지 않게 빙 돌려가면서 갈아야 한다.

헨리는 또 갈아놓은 고춧가루를 쓰지 않고 마른 고추를 손바닥 사이에 넣고 적당한 굵기로 부수고 고추씨를 함께 넣어야 매콤하면서도 단맛이 난다는 것을 알고 있다. 거기다가 그는 인스턴트 피시 스톡*을 사용하지 않고 직접 가오리 뼈와 머리를 우려 육수를 만든다.

헨리는 저녁 식사에 곁들일 와인에도 신경을 쓴다. 그가 선택한 와인은 한 상자에 우리 돈으로 10만 원이 채 되지 않는 코트 뒤 루시옹 빌라주다. 집에 와인 창고가 따로 있는 걸로 봐서 와인에 대한 지식도 꽤 있고, 아무 와인이나 마실 것 같지도 않다. 냉장고에 있던 마시다 남겨놓은 상세르 와인도 싸구려일 것 같지는 않다. 그런데 생선스튜를 만들 때는 이 상세르 와인을 아낌없이 넣으면서도 함께 마실 와인으로는 가격이 저렴한 와인을 고른다. 자기가 만든 생선스튜에는 좀 투박한 지방색이 짙은 레드와인이 어울린다고 판단했기 때문이다. 무조건 비싼 것만을 고집하지 않고, 음식과 어울리는 와인을

---

* 육수나 소스를 만들 때 간편하게 사용하는 조미료의 일종으로, 분말이 아닌 무른 고체 형태의 큐브 모양으로 돼 있다.

감별하고 선택할 수 있는 미각과 지식을 가지고 있으며, 자신의 판단에 자신감을 갖고 있는 헨리의 모습을 볼 수 있다.

와인 셀러에서 가지고온 와인은 부엌에 미리 내놓아 먹기 좋은 온도로 만들고, 샴페인은 냉장고에 넣어두고, 치즈도 미리 내놓아 따뜻한 실내에서 부드러워지도록 하는 등 헨리는 모든 것에 세심한 주의를 기울인다. 비록 직접 요리한 건 생선스튜 하나지만 최고급 재료를 써서 육수부터 직접 만든 건강한 요리이고, 이런 생선스튜의 맛을 가장 돋보이게 할 상차림이다.

✦

헨리는 스스로 요리에 있어서는 완전 아마추어라고 말한다. 그냥 이것저것 되는 대로 집어넣는 스타일이라고. 생선스튜를 만드는 걸 보면 이 말이 딱히 사실은 아닌 것 같지만, 그가 요리하는 걸 좋아하는 이유는 요리는 좀 '대충'해도 되기 때문이란다. 그에게 요리는 고도의 집중력과 정확성, 세심함이 요구되는 수술실에서 자신을 해방시키는 일이다. 설령 요리가 잘못되더라도 그 결과가 그다지 심각하지 않다. 손님을 초대한 상황이라면 좀 창피하고 당황스러울 수 있지만 웬만하면 남의 집 음식을 갖고 흉보는 사람들은 별로 없기 때문에 괜찮다. 요리가 좀 잘못됐다고 사람이 죽지는 않으니 수술실에서의 실패와 비할 바가 아니다.

그래서 헨리는 이것저것 재료들을 '한 움큼' 넣고, '뿌리고', '대충 던져 넣으라'는 식의 말투를 쓰는 저자들이 쓴 요리책을 좋아한다. 한 가지 재료를 고집하지 않고 대신 넣을 수 있는 재료들을 알려주면서 이리저리 나름대로 실험해보라고 권하는 요리책도 좋아한다. 이러한 창의적 유연성은 수술실에서는 절대로 허용되지 않는다.

그는 요리책에 있는 레시피들을 곧이곧대로 따라 하기보다는 대충 큰 원칙만 지키고 자기 나름의 방법으로 요리를 한다. 그의 생선 스튜 레시피는 그래서 그만의 해석이 들어간 레시피다. 그가 요리의 재료와 과정을 온전히 통제한다.

요리는 헨리에게 예측불허의 사건들로 가득 차 있는 일상에서 평온함을 찾는 방법이기도 하다. 그는 요리를 하는 동안 음을 소거한 채 TV를 켜둔다. 이는 세상과의 단절이 아닌 세상 '속'에서 자신만의 시간과 공간을 갖는 행위이다.

헨리가 오렌지 껍질을 갈고 마늘을 까고 홍합을 손질하는 행위 하나하나에 집중하는 것은 마치 손끝이 향하는 방향까지 포함해 몸동작 하나하나에 집중하는 요가를 연상시킨다. 현재 자신의 몸이 하고 있는 일에 대해 절대적으로 각성하고 있는 것이다. 명상이나 요가처럼 요리는 헨리에게 정신적인 공간을 마련해준다. 그에게는 요리를 하는 공간이 혼돈의 세계 속에서 작은 오아시스가 된다. 요리는 치유의 행위다.

또 헨리가 만드는 생선스튜는 사적인 공간을 상징한다. 그의 주중 일정은 크고 작은 수술들로 꽉 차 있다. 병원에 출근한 날 그의 점심은 보통 병원의 카페에서 파는 참치·오이 샌드위치와 생수다. 마요네즈에 버무린 참치와 얇게 썬 오이를 식빵 사이에 넣고 대각선으로 잘라 삼각형 모양의 플라스틱 용기에 담아 파는, 보통 1.5파운드, 우리 돈으로 2, 3천 원 정도 하는 샌드위치다. 맛하고는 별로 상관이 없는 선택이다. 그야말로 끼니를 때우기 위한 목적밖에 없다.

병원에서 그의 일상은 오로지 일에만 집중돼 있다. 그가 생선스튜와 와인에 세심하게 신경을 쓰는 건 병원에서의 이런 일상에 대한 보상이기도 하다. 캔에 든 참치와 생수, 그리고 생선스튜와 와인은 헨리가 속한 두 세계를 상징한다. 한쪽은 그가 다른 사람을 치유해야 하는 곳이고, 다른 한쪽은 자신이 치유 받을 수 있는 곳이다.

생선스튜는 《토요일》에서 헨리의 사회적 정체성을 나타내는 상징물이기도 하다. 가족을 위해 생선스튜를 요리하는 모습은 현대의 전형적인 부르주아 계급에 속하는 남성으로서의 헨리의 이미지를 완성시켜준다.

헨리가 오렌지 껍질을 갈고 마늘을 까고
홍합을 손질하는 행위 하나하나에 집중하는 것은
마치 손끝이 향하는 방향까지 포함해
몸동작 하나하나에 집중하는 요가를 연상시킨다.
현재 자신의 몸이 하고 있는 일에 대해
절대적으로 각성하고 있는 것이다.
명상이나 요가처럼 요리는
헨리에게 정신적인 공간을 마련해준다.
그에게는 요리를 하는 공간이
혼돈의 세계 속에서 작은 오아시스가 된다.
요리는 치유의 행위다.

헨리는 부르디외가 말하는 현대사회에 형성된 전문직을 가진 계층에 속한다. 이들은 요리가 여자의 몫이었던 전통적인 가치 체계에 얽매이지 않는다. 이들의 음식에 대한 취향은 신흥부자들이 보이는 취향과 구별된다. 신흥부자들은 비싸고 기름진 음식들을 많이 먹는 경향이 있는 데 반해 전문 직업을 가진 사람들은 좀 더 세련된 입맛을 가지고 있고, 기름기가 많지 않아 가볍고, 준비하는 데 시간이 많이 걸리지 않는 음식을 선호한다. 부르디외는 이에 대해 직장 여성의 비율이 높은 전문직 계층에 속한 사람들은 현대적인 가치관을 가지고 있어서 전통적으로 여자의 몫이었던 요리 같은 가사노동을 축소하는 생활방식을 추구하기 때문이라고 설명한다.[2] 그뿐 아니라 요즘 요리하는 남자는 부르디외가 설명하는 새로운 가치관을 넘어 '쿨'한 중산층 남자의 대표적 이미지가 되었다.

생선스튜를 만드는 헨리의 가족은 그의 중산층으로서의 정체성을 확실히 보여준다. 가족 구성원은 모두 전문적인 지식이나 재능을 요구하는 직업을 가지고 있다. 아내는 변호사고, 아들은 천재성을 인정받은 블루스 뮤지션이며, 딸은 스물세 살의 나이에 첫 시집을 출간하게 된 시인이다. 돈만 많은 집안이 아니다. 경제적 자산과 문화적 자산을 고루 갖춘 상위 중산층이다.

생선스튜는 헨리가 속한 21세기의 런던을 상징하기도 한다. 헨리가 요양원에 있는 어머니를 방문했을 때 함께한 음식은 차와 비스킷이다. 요양보호사가 차와 초콜릿으로 코팅된 비스킷을 내오는데, 차와 비스킷은 피시 앤 칩스처럼 영국의 전통을 상징한다. 예로부터 영국에서는 누군가가 집에 오면 그 용건이 무엇이든 일단 차 한잔 하겠냐는 질문부터 했고, 차와 함께 비스킷을 내왔다. 영국인이 1인당 1년 동안 소비하는 비스킷이 8킬로그램에 달한다는 통계도 있다. 그런데 언제부턴가 차와 비스킷은 대부분 노인들의 문화가 되었다.

요양원에서 어머니와 함께한 차와 비스킷은 그와 어머니가 다른 시대를 살고 있다는 것을 보여준다. 치매에 걸린 어머니는 1970년대에 죽은 친정어머니를 걱정하며 그녀만의 시간에 머물러 있다. 그는 차를 마시는 어머니를 바라보며 "지금 어머니의 상태가 하나의 악몽"이라고 생각한다. 그리고 "어머니가 요양원의 작은 방을 떠나 런던 중심가에 있는 그의 집에 와서 손녀와 함께 그가 만든 생선스튜를 먹을 수 있다면" 하고 바란다.

차와 비스킷은 어머니가 갇혀 있는 과거의 상징이고, 영국적인 전통에 대한 망상적인 이미지다. 국적을 따질 수 없는 생선스튜는 현재의 상징이고, 세계화의 흐름 속에서 변하고 있는 영국의 이미지다. 어머니의 요양원이 있는, 옛 모습이 거의 그대로 남아 있는 고색창연한 옥스퍼드의 한적한 교외와, 헨리의 집이 있는, 하루가 다르게 변하는 글로벌 도시 런던이 대비되면서 그 상징적 갭은 더 강조된다.

사실 《토요일》에 나오는 음식만 보면 배경이 런던이라고 추측하기는 쉽지 않다. 국적이 애매한 생선스튜는 물론이고 아침, 점심, 저녁 모두 딱히 영국적이라고 할 만한 음식이 아니다. 아들 시오의 아침은 오트밀과 견과류, 블루베리, 로건베리, 건포도, 우유, 요구르트, 사과, 바나나를 섞은 것이다. 헨리는 커피를 마시고 전날 먹고 남은 닭고기와 삶은 감자를 먹는다. 영국의 전통적인 아침 메뉴인 베이컨, 달걀과 베이크트 빈즈는 없다. 런던의 상위 중산층에 속하는 전문직 종사자의 글로벌한 라이프 스타일이다.

영국과 유럽, 영국과 미국, 영국과 세계의 경계는 점점 느슨해지고 있다. 헨리는 미국인 동료 의사와 스쿼시를 치고, 함께 팀을 이뤄 수술을 한다. 그의 아들은 미국 공연을 앞두고 있고, 그의 장인과 딸은 프랑스에 머물고 있으며, 그의 딸은 이탈리아인 남자친구의 아이를 가졌다. 런던은 세계에서 가장 국제적인 도시가 되었다. 더 이상 빨간 2층 버스와 고풍스러운 옛 건물로 상징되는 도시가 아닌 세계화의 중심에 놓인 글로벌 도시다.

미국의 이라크 전쟁을 반대하는 데모가 벌어지고 있는 런던은 세계의 움직임에서 자유롭지 않고 헨리의 삶 또한 그렇다. 그가 가족과 함께 생선스튜와 와인을 즐기려 했던 토요일에도 사적인 영역으로서의 온전한 독립을 보장받을 수가 없다. 그가 계획한 지극히 개인적인 용무들은 끊임없이 공적인 사건에 의해 방해를 받는다. 그의 영국인으로서의 정체성은 세계인으로서의 정체성과 떼어서 생각할 수 없고, 개인의 사적인 삶과 공적이고 정치적인 사건들은 상호 침투가 불가피하다. 커피를 마시고 샤워를 하고 면도를 하고 소변을 보고 스쿼시를 치고 저녁에 먹을 생선을 사는 등 일상의 소소한 행위들이 테러나 전쟁 같은 전 지구적인 사건들과 무관하지 않은 것이다.

어떤 사적인 공간도 공적인 세계로부터 자유로울 수 없다. 우리의 삶은 우리가 보고 계획하고 대비할 수 없는 것들의 움직임에서 자유롭지 않다. 헨리는 이미 데카르트적 이성은 인간의 조건이 아니라는 걸 알고 있다. 우주의 거대한 네트워크의 한 점으로 존재하면서 시시각각 변하는 움직임에 어떻게 대처해야 하는가가 문제일 뿐이다.

헨리는 어릴 때부터 생선 장수가 생선을 종류별로 따로 여러 장의 신문지에 나눠 싸는 것을 보고 우주를 지배하는 우연의 법칙에 대해 생각한다.

> 대륙붕을 헤엄쳐 다니던 그 무리 가운데 하필 이 물고기가 〈데일리 미러〉 신문지, 아니 바로 이 날짜의 이 면에 싸이게 될 확률은 얼마일까? 거의 무한대 분의 1이겠지. 해변의 모래알들도 마찬가지 확률로 거기 모여 있는 것이리라.[3]

그는 운명이나 신의 섭리 같은 걸 믿지 않았고 미래를 정하는 누군가가 하늘에 있다는 생각도 하지 않았다. 모든 순간이 "수억, 수조

가지 가능한 미래"라고 믿었고 "순전한 우연과 물리적 법칙의 예측 불허성은 어떤 우울한 신의 음모로부터 벗어나 얻은 자유" 같다고 생각했다.

예측과 계획이 불가능한 삶에서 생선스튜는 헨리에게 기준점 같은 역할을 한다. 생선스튜는 소설 전체에 걸쳐 헨리가 보내는 어느 토요일 하루와 함께 천천히 완성된다.

2003년 2월 15일 토요일, 헨리는 그날 저녁에 있을 가족 모임을 위해 만들 생선스튜의 재료들을 머릿속으로 정리하며 하루를 시작한다. 불길에 휩싸인 비행기가 하늘을 가로지르는 것을 목격하고, 아내와 사랑을 나누고, 런던의 한가운데서 죽을 뻔하고, 동료와 친 스쿼시 게임에서 지고, 생선 가게에 들러 필요한 것들을 사고, 아들과 이라크 전쟁에 관해 토론하고, 옥스퍼드의 요양원에 있는 치매에 걸린 어머니를 방문하고, 생선스튜에 쓸 토마토 육수를 만들고, 다른 재료들을 손질해놓고, 침입자들에 의해 자신의 집에서 데이지가 강간을 당할 뻔하고, 가족이 끔찍한 폭력에 희생될 뻔한 긴긴 하루를 마치고 나서야 생선스튜는 완성된다.

다른 사람의 생명을 다루며 일주일을 꼬박 일하고 난 후 스웨터와 청바지를 입고 가족과 시간을 보내고, 수술용 칼 대신 부엌칼을 들고 여유롭게 보내려고 했던 토요일의 일상이 무너지는 와중에 일말의 질서와 일상의 유연성에 대한 희망을 갖게 하는 것이 생선스튜다. 헨리가 계획한 대로 이뤄진 유일한 일상이다.

요리는 헨리가 자신이 통제할 수 없는 삶의 범위에 대해 질문하고 고민하는 대신 택한, 삶을 통제하는 방법이다. 요리에 몰입함으로써 요리하는 행위가 그의 의식 자체가 되고, 그는 온전히 그의 삶의 통제자가 된다. 헨리가 부엌의 아일랜드 식탁 앞에 서서 생선스튜를 요리하는 순간, 독자들도 그와 함께 숨을 가다듬고 그의 손끝에서 손질되는 생선과 보글보글 끓고 있는 육수를 지켜본다. 예측불허의 가능성으로 가득 찬 내일에 대한 걱정을 접고 지금 이 순간에 모든 의식의 촉수를 집중하는 것이다.

요리가 주는 심리적 영향에 대해서는 이미 많이 알려져 있다. 한 심리학 저널에 실린 논문은 소박하고 창의적인 활동을 자주 하는 사람들이 일상생활에서 행복감을 더 많이 느낀다는 연구 결과를 내놓았다. 658명의 참여자들을 추적 관찰한 결과 요리나 베이킹 같은 소소한 활동을 하는 사람들이 더 열의를 가지고 다음 날을 기대하고 맞이한다는 것이다.[4]

최근 심리학계에서는 요리나 베이킹을 우울증이나 불안 장애 치료법으로 사용하기 위한 연구가 활발하게 진행 중이다. 스스로 무언가를 창조하는 주체가 될 수 있다는 사실이 일상에 대한 새로운 기대를 갖게 하는 것이다.

창조의 주체가 된다는 것은 자신이 하는 일에 대해 온전한 통제권을 갖는다는 것을 의미한다. 실제로 2012년에 영국의 인기 있는 리얼리티 TV 쇼 '그레이트 브리티시 베이크 오프The Great British Bake Off'에 참가해 우승을 차지한 존 웨이트는 인터뷰에서 베이킹이 조울증을 극복하는 데 도움이 되었다고 말했다. 그는 베이킹을 통해 자신의 삶을 통제할 수 있다는 자신감을 얻었는데, 밀가루, 설탕, 버터의 양을 재고 필요한 만큼의 달걀을 깨뜨리는 과정이 자기가 모든 과정을 통제하고 있다고 느끼게 해준다는 것이다.

내일 지구가 멸망한다면 한 그루의 사과나무를 심기보다 자신만의 생선스튜를 만들어 사랑하는 사람들과 나누어 먹는 것은 어떨까! 사프란이 없어도 되고 오렌지 껍질을 안 넣어도 상관없다.

이토록 맛있는
영국 음식

제인 오스틴 Jane Austen

엠마 *Emma*

1815년에 처음 출간된 소설이다. 제인 오스틴의 다른 소설들처럼 영국 지방 도시의 상류층 여성이 주인공이지만 다른 소설들과 달리 다양한 계층의 인물들이 등장하고, 그들의 삶에 대한 묘사도 풍부해 당시 사회상을 좀 더 충실히 보여준다는 평가를 받는 작품이다.

"영국에서 요리라고 하는 것들은 혐오스러워요. 물에 양배추를 집어넣고, 고기는 가죽처럼 질겨질 때까지 익히고, 야채의 맛있는 부분인 껍질은 모두 벗겨버리죠."[1]

영국 음식에 대한 이 신랄한 코멘트는 버지니아 울프의 소설 《등대로》에서 램지 부인이 손님들에게 저녁을 대접하면서 나누는 대화의 한 대목이다. 램지 부인이 준비한 음식은 물론 프랑스 음식으로, 프로방스식 비프 부르기뇽이라 할 수 있는 비프 앙 도브다. 그녀는 식탁에 둘러앉은 손님들에게 자기 할머니의 프랑스식 레시피로 음식을 만들었다고 강조한다. 옆에 있던 뱅크스 부인은 채소 각각의 맛과 풍미가 그대로 살아 있는 조리법이라며 램지 부인의 말을 거든다. 이렇듯 자국의 역사와 문화적 자부심이 대단한 영국 사람들도 음식에 관한 한 순순히 그 패배를 인정한다.

굴욕적인 농담도 서슴지 않는다. 영국 작가인 조지 마이크는 "유럽 사람들은 좋은 음식을 먹지만 영국 사람들은 좋은 식사 매너를 가지고 있다"고 조롱 섞인 말을 했다. 윈스턴 처칠도 "대영제국은 전 세계에 여러 가지 먹을거리를 공급하고 있다. 단지 조리 전 상태로 말이다"라고 말했다고 한다. 물론 베이컨, 달걀, 소시지, 버터와 함께 구운 버섯, 구운 토마토, 토스트와 베이크트 빈즈 등 푸짐하게 나오는 영국식 아침 식사는 유명하다. 그래서 서머셋 모옴Somerset Maugham은 "영국에서 잘 먹으려면 아침을 세 번 먹으면 된다"고 칭찬인지 조롱인지 모를 조언을 했다. 2001년 영국의 외무장관이었던 로빈 쿡은 인도식 요리인 치킨 티카 마살라가 진정한 영국의 국민 음식이라고 말하기도 했다.

영국 사람들조차도 '셀프 디스'를 마다하지 않는 영국 음식은 처음부터 이렇게 맛이 없었을까? 영국 사람들은 원래 음식에 별로 관심이 없었을까? 제인 오스틴의 《엠마》2)를 읽다 보면 놀랍게도 당시 영국 사람들은 거의 먹기 위해 살았나 싶을 정도로 음식이 삶에서 굉장히 중요한 부분을 차지했다는 것을 알 수 있다. 《엠마》에는 스물다섯 가지 이상의 음식이 나오고, 소설에서 벌어지는 크고 작은 사건과 일화의 중심에는 음식이 있다.

⁂

　제인 오스틴의 소설들은 자신이 살던 18세기 말 무렵 영국의 작은 지방 도시가 배경이다. 자신의 실제 경험들을 소설의 배경과 소재로 사용하면서 그녀의 소설에 나오는 음식들은 당시 영국 사람들의 식생활을 사실적으로 반영하고 있다. 제인 오스틴의 전기 등 그녀와 관련된 자료를 보면 당시 영국의 먹거리는 풍부하고 다양하며, 프랑스 요리 못지않은 까다로운 요리 과정을 거쳐야 하는 수준 높은 요리들이 많았다는 것을 알 수 있다.3)

　제인 오스틴의 아버지는 교구 목사로, 그의 가족은 아주 부유하지는 않았지만 모든 먹거리를 자급자족할 수 있었다. 그녀의 어머니는 채소밭을 가꾸고 닭, 칠면조, 거위, 오리 같은 가금류도 길렀다. 빵은 물론 버터나 치즈, 햄과 베이컨도 직접 만들고 맥주와 와인도 집에서 만들어 먹었다. 그리고 온갖 종류의 피클들이 늘 집에 있었다. 정원에는 여러 가지 유실수를 심어 길렀고 딸기밭도 있었다. 그 당시 상류층이 아닌 가정에서는 이렇게 모든 음식을 집에서 만들어 먹는 게 흔한 일이었다.

　제인 오스틴이 친척들이나 형제들에게 보낸 사적인 편지들을 보면 그녀가 음식을 먹고 즐기는 것을 매우 좋아했다는 것을 알 수 있다. 그녀가 집을 떠나 있을 때에는 언니 카산드라에게 늘 편지를 써 보냈는데 뭘 먹었는지, 맛이 어땠는지 등에 대한 내용이 빠지지 않았다. 또 친척집에서 맛본 음식들의 레시피를 모아 집에 가서 만들어보기도 하고 이것저것 실험을 해보기도 했다.

제인 오스틴이 언니 카산드라 다음으로 친하게 지낸 사람은 마사 로이드다. 제인의 집안과 마사의 집안은 집안 형편도 비슷했고 자주 왕래하며 가깝게 지냈다. 제인은 마사를 친자매처럼 여겼고, 마사는 그녀의 어머니가 세상을 떠난 후 제인의 가족과 평생을 같이 살았다.

마사는 제인의 가족과 함께하면서 집안일의 대부분을 책임졌다. 마사는 그녀가 하던 요리의 레시피며 청소하는 방법이며 살림살이에 관한 것들을 기록해 두었는데, 레시피의 종류가 백여 가지에 이르는 것으로 알려져 있다. 그때 지금처럼 미디어가 발달했더라면 마사 로이드는 '살림의 여왕' 마사 스튜어트를 능가할 정도로 성공을 거두었을지 모른다. 마사가 기록해놓은 레시피들은 후에 제인 오스틴을 연구한 학자에 의해 정리되어 《마사 로이드의 레시피와 함께 묶은 제인 오스틴의 살림살이 책》4)이라는 이름으로 출판되었다.

마사의 기록은 제인 오스틴의 사적인 생활뿐 아니라 그녀의 가족이 즐겨 먹었던 음식들에 대해 많은 것을 알려준다. 그 당시에 사용되었던 식재료나 조리 방법에 대해 알려주는 흥미롭고 귀한 자료다.

마사의 레시피들을 보면 적어도 조지 왕 시대의 영국 음식은 조롱과 비난을 받을 이유가 없어 보인다. 그녀의 책에는 수프에서부터 디저트까지 매우 다양한 요리의 레시피가 나와 있다.

예를 들면, 수프만 해도 여러 종류가 나온다. 마사의 완두콩 수프에는 열두 컵 정도의 완두콩 외에 셀러리, 양파, 후추, 소금, 민트, 파슬리, 시금치가 들어간다. 이때 시금치는 색감을 좋게 하기 위해 넣는 재료이기 때문에 딱 한 움큼 정도만 넣어야 한다. 그리고 안초비 필레 두 개와 설탕 반 스푼 정도가 들어간다. 색감과 미묘한 향에 신경 쓴 것이 눈에 띈다.

스위스식 수프인 메그레 수프는 영국 요리책에 빠지지 않고 나오는데, 레시피마다 조금씩 다르다. 마사의 레시피에는 양배추와 상추, 엔다이브, 소렐, 시금치, 처빌, 양파, 파슬리, 비트루트, 오이, 완두콩, 아스파라거스 등이 들어간다. 모든 채소를 잘게 잘라 버터와 밀가루를 넣고 함께 익히다가 뜨거운 물을 넣고 좀 더 끓인다. 그리고 달걀 노른자 세 개와 찻잔 하나 정도의 크림과 오렌지 즙이 들어간다.[5]

마사의 레시피를 보면 대부분 집 정원에서 나는 신선한 제철 재료들로 음식을 만들어 먹었다는 것을 알 수 있다. 그녀의 레시피는 전문 셰프가 쓴 것이 아니라 평소 자신이 하던 요리에 관한 기록이라는 점에서 정말 놀랍다. 이런 음식들을 오스틴 집안같이 가까스로 중산층에 속하는 가정에서도 즐겼던 것이다.

제인 오스틴이 경험한 풍부한 음식 문화는《엠마》에서 하이버리 사람들의 삶을 생생하게 묘사하는 데 중요한 요소가 된다. '하이버리 사람들이 먹고 살아가는 이야기'라고 부제를 붙여도 될 만큼 많은 음식이 등장하고, 음식은 그만큼 중요한 의미를 지닌다. 크든 작든 궂은일이든 좋은 일이든 하이버리에서 일어나는 모든 사건 사고에는 음식이 빠지지 않는다.

제인 오스틴은 음식을 이용해 하이버리를 구성원 하나하나가 끈끈하게 연결되어 있는 생동감 있는 공동체로 살아 움직이게 한다. 우리도 밥을 같이 먹어야 진짜 가족이고 진짜 친구가 된다고 생각한다. 같이 먹는다는 것은 진정한 관계를 맺을 준비가 되었다는 것이고, 그 자체가 삶을 함께하는 것이다.《엠마》에서 음식을 나눈다는 것은 인간관계의 상호 의존성을 나타내는 중요한 메타포다. 그뿐 아니라 인물들의 성격, 미덕, 인물들이 다른 인물들에 대해 갖는 생각, 인물들 간의 관계 등도 음식을 통해 드러난다.

소설에 맨 처음 등장하는 음식은 웨딩케이크다. 주인공 엠마의 가정교사였던 테일러 양의 결혼식으로 이야기가 시작되는데, 엠마의 아버지인 우드하우스 씨에게 웨딩케이크는 큰 걱정거리다. 그는 케이크처럼 건강에 좋지 않은 음식을 왜 꼭 만들어야 하는지가 불만이다. 케이크같이 지방이 많은 음식은 자기처럼 위가 안 좋은 사람은 도저히 받아들일 수 없을뿐더러 다른 사람들에게도 좋을 게 없다고 생각한다. 그래서 웨딩케이크는 생략했으면 하지만 결혼식에 웨딩케이크가 빠질 수는 없는 노릇이니 사람들이 웨딩케이크를 먹는 것만이라도 막고 싶었다. 건강에 좋지 않은 음식을 다른 사람이 먹는 걸 보는 것만으로도 그에게는 고역이다. 하지만 웨딩케이크는 결국 모두 없어졌다.

웨딩케이크는 여러 사람과 나눠 먹으면서 새로 가정을 이루는 두 사람과 그 가정의 행복을 기원하는 음식이다. 사람들도 이 달콤한 즐거움을 만끽할 기회를 놓칠 리 없다. 우드하우스 씨는 믿고 싶지 않겠지만 케이크가 건강에 좋지 않다는 그의 의견에 동의한 약사 페리 씨의 가족도 모두 케이크를 먹었다고 한다.

웨딩케이크는 맛보다 의미로 먹는 음식이다. 당시에도 웨딩케이크는 손님이든 하인이든 신분고하를 막론하고 모든 사람이 나눠 먹는 음식이었다. 웨딩케이크에 대한 영국의 공식적인 레시피는 1769년 엘리자베스 라팔드의 요리책[6]에 처음으로 나타난다. 웨딩케이크는 결혼식 날 아침에 먹고, 집안의 하인들에게도 나눠 주고, 결혼식에 참석하지 못한 친구와 친지 들에게도 보냈다고 한다. 당시 웨딩케이크는 크기는 컸지만 요즘 케이크와 달리 보통 1층이었다. 빅토리아 여왕의 웨딩케이크는 높이는 35센티미터 정도였지만 둘레가 무려

2.7미터가 넘었고 무게가 136킬로그램이나 나갔다고 전해진다.

웨딩케이크의 크기는 결혼이 지니는 공동체적 중요성을 의미한다. 새로운 가족과 새로운 세대의 탄생이 기대되고 공동체의 확장과 지속이 약속된다는 의미에서 결혼은 개인의 차원을 넘어서는 일이다. 웨딩케이크가 모두 없어진다는 것은 공동체의 강력한 유대감을 상징한다. 페리 씨도 케이크를 먹었다는 건 공동체의 법칙이 개인의 원칙을 앞선다는 것을 의미한다.

우드하우스 씨가 웨딩케이크를 거부하는 것은 그가 하이버리의 미래를 책임지는 세대가 아니라는 걸 보여준다. 그는 하이버리의 역사를 뒷받침해주는 세대다. 우드하우스 씨가 가장 즐겨 먹는 음식은 죽이다. 연로해서 뭘 먹어도 소화가 잘 안 되기 때문이기도 하다. 그가 좋아하는 음식이 죽이라는 사실은 그가 어떤 성격의 사람인지를 단번에 말해준다. 새로움과 변화를 더 이상 즐기지 않고, 먹는 것과 같은 쾌락을 추구하기에는 기력도 부족한, 인생의 후반부를 살고 있는 사람이다. 그는 이제 음식을 맛으로 먹지 않고 육체를 보전하기 위한 약으로 생각한다. 약사의 방문을 삶의 위안으로 삼는 사람이다.

그는 다른 사람에게도 죽을 권한다. 그러나 죽은 지금 인생의 여러 가지 맛을 한창 즐기고 있는 사람들을 위한 음식은 아니다. 우드하우스 씨에게는 안된 일이지만 하이버리는 그후로도 몇 번의 결혼식을 더 치르게 된다.

하이버리 사교계의 중심에 있는 엠마네는 손님들을 디너에 자주 초대한다. 이 당시의 디너는 10시쯤 하는 아침 식사 후 오후에 하는 정찬을 말한다. 이때만 해도 전기가 없었기 때문에 해가 진 후 볼일을 보러 다니는 것이 어려웠다. 특히 영국의 겨울은 오후 4시만 넘어도 해가 저버려서 해가 있는 동안에 할 일들을 부지런히 해야 했다.

사람들은 보통 아침 7시경에 일어나 일을 하다가 10시경부터 1시간에 걸쳐 아침 식사를 했다. 그리고는 일과를 마친 후 오후 서너 시쯤 디너를 먹었다. 2시간 정도 걸리는 디너는 종종 손님들을 초대해 같이했는데, 디너 후 여름에는 주로 산책을 하고, 겨울에는 응접실에 모여 카드놀이를 하거나 음악회 등으로 시간을 보냈다. 8시쯤 차를 마시면서 케이크나 가벼운 스낵을 곁들이고, 11시쯤 와인과 차가운 음식으로 구성된 저녁을 먹는다.

그런데 이 당시 디너를 점점 늦게 먹는 게 유행이 되면서 디너 시간이 5시경까지 늦어졌다.[7] 다른 사람들에게 어떻게 보이는가를 중요하게 생각하는 엠마가 유행에 뒤처질 리 없다. 그러니 손님들을 초대한 디너는 적어도 오후 다섯 시쯤에나 시작되었을 것이다.

아침을 먹고 중간에 간단히 간식을 먹었다 하더라도 제법 출출할 시간이고, 엠마네 집에 초대 받았으니 손님들은 꽤나 기대를 했을 것이다. 그런데 우드하우스 씨는 손님 한 사람 한 사람에게 그 사람의 건강을 고려한 특정한 음식을 권한다.

베이츠 부인에게는 아주 부드럽게 익힌 반숙 달걀은 건강에 나쁘지 않다며 반숙 달걀을 권한다. 베이츠 양에게는 타르트를 권했는데, 자기네 집에서는 저장 사과가 아닌 햇사과로 만든 사과 타르트만 먹는다고 하면서 먹더라도 아주 조금만 먹으라고 당부한다. 그러면서 커스터드는 권하지 않는다고 덧붙인다.

마사 로이드의 커스터드 레시피를 보면 뜨겁게 데운 우유에 젤라틴과 달걀노른자 다섯 개, 설탕을 넣고 불 위에서 천천히 저으면서 끓기 전의 걸쭉한 상태로 만든 후 디저트 용기에 담아 식히라고 나와 있다. 사과 타르트 등과 곁들여 먹기 위해 소스처럼 묽게 할 경우에는 젤라틴을 빼면 된다고 부연설명이 돼 있다. 콜레스테롤이 많은 달걀노른자와 크림과 설탕을 듬뿍 넣고 만드는 것이니 우드하우스 씨가 절대 피하고 싶은 음식일 것이다.

교사인 고다드 부인에게는 딱 와인 반 잔을 권하며, 그 정도가 그녀의 건강에 좋을 거라고 말한다. 우드하우스 씨는 디너를 요양원의 급식시간으로 만들고 있다.

물론 이웃들을 초대한 저녁 식사에 엠마가 반숙 달걀과 사과 타르트와 와인만 준비했을 리 없다. 엠마는 그녀의 아버지가 별로 달가워하지 않을 음식들을 준비했는데, 버터와 크림이 거침없이 들어간 요

제인 오스틴은 음식을 이용해
하이버리를 구성원 하나하나가 끈끈하게 연결되어 있는
생동감 있는 공동체로 살아 움직이게 한다.
우리도 밥을 같이 먹어야 진짜 가족이고 진짜 친구가 된다고 생각한다.
같이 먹는다는 것은 진정한 관계를 맺을 준비가 되었다는 것이고,
그 자체가 삶을 함께하는 것이다.

리들이다. 그중에는 다진 닭고기 요리와 굴 요리가 포함된다. 특히 스캘럽트 오이스터라고 하는 굴 요리는 크래커와 빵가루를 버터와 섞어 베이킹 접시에 얇게 깐 후 굴을 올리고, 그 위에 소금, 후추 등으로 간을 한 크림을 올리고, 또 그 위에 버터와 크래커 섞은 것을 뿌린 후 오븐에 구운 요리다. 굴에 함유된 것보다 몇 배나 많은 열량을 섭취하게 되지만 크래커의 바삭함이나 버터와 크림의 고소함과 대조를 이루며 터지는 부드러운 굴 살과 육즙을 즐길 수 있는 요리다.

우드하우스 씨는 사람들이 이런 음식을 먹는다는 생각만 해도 우울할 수 있겠지만 엠마의 가장 중요한 임무는 손님들이 모두 만족스러운 식사를 하고 행복한 기분으로 집으로 돌아가게 하는 것이다. 지방이 혈압이나 콜레스테롤이 높은 사람에게는 나쁘지만 도파민과 엔도르핀 생성을 촉진시킨다는 연구 결과가 있다. 그래서 다량의 지방을 섭취하면 뇌에 마약이나 술을 마셨을 때와 비슷한 영향을 미친다고 한다. 최음 효과가 있는 음식이라고 알려진 굴과 지방이 합쳐졌으니 엠마가 준비한 굴 요리는 손님들의 즐거움과 흥분감을 고조시키는 최고의 음식이었을 듯싶다.

우드하우스 씨는 못마땅해했지만 엠마는 손님들에게 머핀도 두 번씩이나 권한다. 양 내장 프리카세와 아스파라거스 요리도 준비했다. 프리카세는 버터에 볶은 고기를 육수로 만든 화이트 소스에 익히는 요리법이다. 1800년대 베스트셀러였던 마리아 런델의《새로운 가정식 요리법》에 아스파라거스가 들어간 양 내장 프리카세 레시피가 나온다.[8] 양 내장을 데친 후 찬물에 담갔다가 뺀다. 팬에 육수 한 국자, 양파, 메이스*를 넣고 양 내장을 넣어 익히다가 버터와 밀가루를 넣고 뭉근하게 끓인다. 삶은 아스파라거스를 넣고, 달걀 두 개를 크림과 함께 섞고 파슬리와 너트맥을 더한 것을 넣어 덩어리지지 않게 저어준다. 베이츠 부인이 가장 좋아하는 음식이다.

　손님을 배려하는 방식은 다르지만 사실 우드하우스 씨와 엠마는 모두 자기중심적이다. 우드하우스 씨는 자신의 생각에만 사로잡혀 다른 사람이 진정으로 원하는 것이 무엇인지에 대해서는 관심이 없다. 나중에 베이츠 양의 말을 들으니 우드하우스 씨가 아스파라거스가 덜 익었다는 이유로 양 내장 요리를 주방으로 돌려보내자 베이츠 부인이 몹시 실망했다고 한다. 반면 엠마는 손님들이 만족하고 즐거운 식사를 하도록 무척 신경 쓴다. 그런데 이는 다른 사람들에게 자신을 과시하고 인정받고자 하는 의도가 다분한 행동이다.

　엠마가 차린 음식은 하이버리의 구성원이라고 누구나 다 먹을 수

---

* 너트맥을 싸고 있는 붉은빛이 나는 껍질로, 너트맥과 비슷하지만 좀 더 섬세한 향이 난다.

있는 음식이 아니다. 만드는 사람과 먹는 사람의 계층이 다른 음식이다. 굴 요리와 양 내장 요리는 엠마네 하인들이 만들었을 테지만 그들의 저녁 식사는 아니었을 것이다. 엠마와 엘튼 부인이 그토록 가고싶어 하는 피크닉도 준비하는 사람과 즐기는 사람이 다르다.

피크닉 음식으로는 비둘기 파이와 차가운 양고기가 거론된다. 비둘기 파이는 여름 피크닉에 많이 가져가는 음식이다. 파이 접시에 소고기 스테이크, 삶은 달걀, 샬롯, 버섯, 햄, 비둘기 가슴살을 겹겹이 쌓은 후 비둘기 뼈와 채소와 향신료로 만든 육수를 붓고 파이 크러스트로 덮어 오븐에 구워내는 요리다. 마리아 런델의 《새로운 가정식 요리법》에 따르면 파이의 가운데를 파서 비둘기의 위와 날개와 발을 놓아 무슨 파이인지 알 수 있도록 하라는 설명이 있다. 파이 크러스트 안에 내용물을 담고 식혀서 차갑게 먹는 음식이니 피크닉 가서 한 조각씩 잘라 먹기에 좋을 듯하다. 그러나 이 음식은 상류층 사람들만이 즐길 수 있는 음식이다. 상류층 사람들의 음식은 과시적이고, 다른 계층의 사람들과 두루 즐기기도 힘들다.

하이버리 사람들이 평등하게 나누고 배려 속에서 서로를 연결해주는 음식은 사과다. 모든 사람들이 좋아하는 구운 사과는 엠마가 준비한 음식들과 달리 하이버리의 모든 계층이 즐길 수 있는 음식이다. 구운 사과는 만드는 방법도 간단하다. 사과를 씨 있는 가운데 부분의 심만 제거하고 오븐용 그릇에 놓은 후 황설탕을 뿌리고 정향과 레몬 껍질을 넣는다. 거기에 와인 한 잔을 붓고 1시간 정도 오븐에서 구워 내면 된다.

이 소박한 구운 사과가 베이츠 양이 가장 좋아하는 음식이라는 사실에서 그녀의 성품이 드러난다. 그녀가 하이버리에서의 사회적 위치뿐 아니라 자신에게 주어진 상황에서 즐거움과 만족을 찾는 미덕을 지니고 있음을 알 수 있다.

나이틀리 씨는 아무도 모르게 베이츠 가족에게 매년 사과 한 자루씩을 보낸다. 그가 다른 사람에게 사과를 준다는 것은 자신이 봄 동안 사과 타르트를 먹지 못한다는 것을 의미한다. 자신의 이익을 희생하고 어려운 이웃을 도운 것이다. 엠마는 자신이 소비하고 남을 만큼 충분히 가지고 있는 음식을 나눈다. 나이틀리 씨의 행위가 나눔이라면 엠마의 행위는 자선이다. 엠마가 형편이 어려운 집에 육수를 보내고 베이츠네 집에 돼지고기를 보내는 것은 그녀의 사회적 우월함을 공고히 하기 위해서이고, 자신의 그러한 행동이 남들에게 어떻게 보일지 알고 있기 때문이다.

빵집을 하는 월리스 부인은 집에 오븐이 없는 베이츠 가족을 위해 베이츠네 집 사과를 자기의 오븐에 구워서 보낸다. 베이츠네는 빵을 별로 많이 사지 않아 중요한 고객이 아님에도 그렇게 한다.

엠마가 눈치 없고 수다스럽다고 무시하는 베이츠 양의 수다는 사실 다른 사람에 대한 칭찬이 대부분이다. 그녀는 이웃들이 구운 사과를 먹을 수 있도록 배려해주는 데 대한 고마움을 잊지 않는다. 나이 틀리 씨가 베이츠 가족에게 사과를 보내는 것도 베이츠 양이 말해서 알려진 것이다. 구운 사과는 하이버리의 공동체적 생명력은 상류층이 아니라 평범한 사람들의 견고한 도덕성과 이타성에 기인한다는 것을 상징한다.

엠마가 베이츠 부인의 집을 방문했을 때 베이츠 양은 집에 있던 사과 케이크 한 조각을 권하며 엠마가 먹어주면 영광이겠다고 말한다. 사회적으로 자신보다 지위가 낮은 사람이 권하는 소박한 음식을 먹는 것은 그들에게 음식을 베푸는 것보다 더 큰 의미가 있다. 그런데 엠마가 그 케이크를 먹는 이유는 자신의 평판 때문이다. 케이크를 먹지 않는다면 엠마 자신의 사회적 평판뿐 아니라 베이츠 부인과의 관계에 치명적일 수 있다. 자신의 평판에만 신경 쓰는 엠마는 하이버리의 성숙한 구성원으로서 아직 자격이 부족하다.

───※───

어디나 잘난 체하는 사람이 있고 꼴불견인 사람이 있다. 하이버리도 예외는 아니다. 엘튼 부부는 소설에서 다른 사람들에게 음식을 베풀지 않는 거의 유일한 인물들이다. 그리고 엘튼 부인은 다른 사람들이 준비한 음식에 대해 부정적인 코멘트를 하는 유일한 인물이기도 하다. 엘튼 부부가 음식에 대해 말할 때는 자신을 과시하기 위한 경우이다.

엘튼 씨와 해리엣의 대화는 그가 전날 파티에서 먹었던 음식에 관한 자랑으로 끝난다. 그는 스틸턴 치즈, 북 윌트셔 지방 치즈 등 치즈의 종류 하나하나, 버터, 셀러리, 온갖 디저트 등 해리엣은 먹어보지도 못했을 음식에 대해 시시콜콜 말한다. 해리엣이 말할 틈은 없다. 엘튼 씨의 상대방을 배려하지 않는 자기중심적인 성격과 과시욕이 드러난다.

엘튼 부인도 마땅치 않다. 그녀는 엘튼 씨와 결혼해서 하이버리로 온 후 거의 매일 여기저기서 초대를 받는다. 그런데 그녀는 사람들이 자신을 하이버리의 새로운 구성원으로 환대하며 받아들이는 데 대해 감사하기보다는 흠을 잡기에 바쁘다. 그녀는 하이버리에서 열린 카드놀이 파티에 갔을 때 얼음이 없다는 사실에 충격을 받았다고 말한다. 얼음은 당시 아주 부잣집에서나 마련할 수 있을 정도로 귀했다. 얼음이 없다고 불평하는 모습에서 그녀의 허영심과 천박한 우월 의식을 볼 수 있다.

그녀는 또 라우트 케이크가 맛없다고 흠을 본다. 라우트 케이크는 18, 19세기 소설에 등장하는 케이크로, 저녁 식사나 카드놀이같이 사람들이 많이 모이는 사교 파티에 내놓는, 케이크라기보다는 쿠키에 더 가까운 음식이다. 마리아 런델의 레시피에 따르면 밀가루, 버터, 설탕, 달걀이 주재료이고, 여기에 오렌지 주스와 장미수, 단맛 나는 화이트와인이나 셰리주와 브랜디를 넣고 건포도를 넣어 만든 반죽을 베이킹 접시에 조금씩 떨어뜨려 오븐에 짧게 구워낸다.

건포도와 술을 빼고 여기에 초콜릿 칩을 넣으면 요즘 흔한 초콜릿 칩 쿠키와 비슷한 레시피다. 모든 재료를 섞기만 하면 되기 때문에 누가 만들더라도 비슷한 맛이 나올 법한 간단한 레시피다. 이런 흔하고 간단한 케이크에 대해 엘튼 부인은 "형편없는 시도"라고 표현한다. 자신을 과시하기 위한 몸부림이 필사적이다.

그러나 엘튼 부부 같은 사람들로 인해 흔들릴 하이버리가 아니다. 하이버리를 이끌어나가는 것은 소수의 상류층이 아닌 각자 자신의 자리에서 일상을 꾸려가는 다양한 계층의 사람들이다. 소박한 음식과 정을 나누는 사람들이다. 소설에는 엠마가 시내에서 쇼핑을 마친 후 거리를 둘러보는 장면이 나오는데, 그녀의 눈에는 그냥 오가는 사람들이 아니라 먹을 것들과 관련된 사람들이 보인다. 고기를 진열하고 있는 정육점 주인, 장본 물건으로 가득 찬 장바구니를 가지고 가는 노부인, 가게의 유리창을 통해 진저브레드를 쳐다보고 있는 아이들. 심지어 개들도 흙 묻은 뼈다귀를 놓고 실랑이를 하고 있다.

이웃에 관한 소문에도 음식 이야기가 빠지지 않는다. 해리엇은 엠마에게 마틴의 어머니가 고다드 부인에게 보낸 거위에 관한 이야기를 전한다. 마틴 부인이 고다드 부인에게 아주 좋은 거위 한 마리를 보냈는데, 고다드 부인이 지금껏 본 거위 중에서 가장 좋은 거위였다는 이야기다. 고다드 부인은 일요일에 이 거위를 요리해서 세 명의 교사들을 초대해 저녁을 함께했다는 훈훈한 소문이다. 음식을 나누고 베풀며 모든 사회 구성원들이 부족함 없이 먹고사는 하이버리의 도덕적 풍요로움과 생동감을 느낄 수 있다.

⚜

　음식이 이렇듯 중요한 위치를 차지했던 것을 보면 영국 음식이 본래부터 맛이 없었던 것은 아닌 것 같다. 작가 콜린 스펜서는 영국 음식의 역사적 변천에 대해 쓴 그의 책에서 영국 음식이 몰락한 이유를 몇 가지 들었다.[9] 농업혁명으로 농민의 삶이 피폐해지면서 국가 음식의 밑거름이 되는 농가 음식이 쇠락한 것도 그가 제시한 이유 중 하나다. 농업의 공업화로 거대자본에 의해 움직이는 대농장경영 체제가 확립되면서 중소 농가가 몰락하고, 농민들이 일일 노동자로 전락하면서 풍요로운 식문화가 쇠락했다는 것이다.
　프랑스 문화를 우대하고 영국 문화를 경시하던 빅토리아 시대의 풍조도 영국 음식의 발전을 저해했다. 요리사들은 이름을 얻기 위해 영국 전통 음식보다는 프랑스 음식에 집중했다. 그뿐만 아니라 빅토리아 시대의 금욕적인 도덕성으로 인해 사람들은 즐거움과 쾌락을 표현하는 것을 저속한 것이라고 여기고 금기시했다. 그 때문에 호화로운 요리는 당연히 배척되었고, 허기를 채우는 목적 이외에 쾌락을 추구하기 위해 음식을 취하는 것이 용납되지 않았다.

또 산업혁명 이후 중산층이 급격하게 증가하면서 가정부의 수요가 늘어나자 많은 중산층 가정에서 요리에 문외한인 사람들까지 가정부로 고용하게 되었다. 그러면서 요리 경험이 거의 없는 사람들이 부엌살림을 도맡게 되었다. 이들은 형편없는 음식을 만들었지만 일할 사람을 구하기 힘들었던 주인들은 맛없는 음식도 참고 먹어야 했다. 그 결과 음식 수준이 전반적으로 낮아졌다. 버지니아 울프의《등대로》에서 램지 부인이 말한 '물에 담긴 양배추', '가죽처럼 질겨진 고기', '맛없는 채소 요리'는 빅토리아 시대의 산물이다.

고급 요리의 발전에 기여하던 궁중 문화가 사라지고 자본가 계층이 음식 문화를 이끌어가는 역할을 하게 됐지만 문화적 자본이 풍부하지 않았던 자본가 계층은 그 역할을 제대로 수행하지 못했다. 그리고 연이은 전쟁으로 인해 이전 시대의 풍부한 음식 문화를 회복할 기회를 놓친 게 아닌가 싶다.

그렇다고 영국에 먹을 게 없는 건 아니다. 자국의 음식 문화에 대해 남들 눈치 보지 않고 스스로 비판을 쏟아붓는 나라답게 세계 각국의 미식 문화가 유입되는 것을 적극적으로 환영했고, 그러다 보니 영국에는 온 세상 맛있는 음식들이 다 모이게 되었다. 그리고 영국 전통 음식들도 고든 램지Gordon Ramsay나 헤스턴 블루먼솔Heston Blumenthal 같은 요리사들에 의해 다시 태어나고 있다.

마사 로이드의 레시피를 따라해볼 엄두가 안 난다면 제인 오스틴이 즐겼다는 실러버브를 만들어보자. 빅토리아 시대의 근엄함으로 망가지기 전 영국 음식이 가지고 있었던 유쾌함과 방만함을 맛볼 수 있을 것이다.

와인에 설탕과 레몬 주스와 오렌지 껍질을 넣어 하룻밤 정도 둔다. 다음 날 크림을 넣어 소프트아이스크림처럼 될 때까지 젓는다.* 그대로 먹어도 좋고 과일 위에 얹어 먹어도 맛있다. 실러버브는 튜더 시대까지 그 기원이 거슬러 올라가는 영국의 전통적인 디저트다. 엠마도 우드하우스 씨 몰래 많이 먹었을 게 분명하다.

---

* 보다 전통적인 레시피는 1747년에 처음 출간된 *Hannah Glasse, The Art of Cookery Made Plain and Easy* (Bedford, MA: Applewood Books, 1997)에 나와 있다.

요리가 아닌
먹이를 선택한 여자

무라타 사야카

편의점 인간

무라타 사야카 자신이 18년 동안 편의점에서 아르바이트를 했던 경험을 바탕으로 쓴 소설로, 일본에서 신인 작가에게 주는 순수 문학상 중 최고의 권위를 가진 아쿠타가와상을 수상했다.

"이게 뭡니까?"

"무와 숙주나물과 감자와 밥이에요."

"언제나 이런 걸 먹나요?"

"이런 거라뇨?"

"요리는 아니잖아요?"

"나는 식재료를 익혀 먹어요. 특별히 맛은 필요 없지만, 염분이
필요하면 간장을 끼얹어요."[1]

    후루쿠라 게이코에게 필요한 건 음식이지 요리가 아니다. 음식은
생존을 위한 것이지만 요리는 문화다. 뮤지션 브라이언 이노는 문화

란 우리가 해야 할 필요가 없는데도 하는 모든 것이라고 정의한 바 있다.[2] 생존을 위해서라면 뭐든 먹기만 하면 그만이지 불고기덮밥을 먹을지 빅맥을 먹을지 고민할 필요는 없다. 추위를 피하기 위해서라면 무언가를 걸치면 그만이지 꼭 노스페이스 점퍼를 입을 필요는 없는 것이다.

문화는 사회라는 하드웨어에 맞춰 다양한 방법으로 구동하는 소프트웨어다. 소프트웨어 없는 하드웨어는 쓸모가 없듯이 문화가 없는 사회는 존재할 수 없다. 그런데 《편의점 인간》의 주인공 후루쿠라 게이코는 생존 그 이상을 위한 사회 참여를 거부한다. 이런 게이코를 두고 사람들은 반사회적이라고 한다.

게이코는 어릴 때부터 모든 사람들에게 불편한 존재였다. 어디선가 날아와 죽어 있는 작은 새를 보고 무덤을 만들어줄까 하고 묻는 엄마에게 그녀는 아빠가 좋아하는 꼬치구이를 만들어 먹자고 해 엄마와 주변 사람들을 경악케 한다. 울고 있는 조카를 조용히 시킬 방법을 생각하면서 탁자 위에 놓인 작은 칼을 보는 장면은 섬뜩하기까지 하다. 그녀를 보고 소시오패스라고 하는 사람들도 있다.

갑자기 뜨끔하다. 나무와 잔디 향기에 절로 기분이 좋아지는 공원을 걷다가 호수 위를 평화롭게 떠다니고 있는 오리들을 보면서 나는 친구와 함께 그날 저녁 메뉴를 북경오리로 정한 적이 있다. 비행기옆 좌석에 앉아 있던 인자한 얼굴의 영국인 할아버지가 뒤쪽에서 끝없이 들려오는 아기 울음소리에 지쳐 아기들도 좌석 위 수납장에 넣어버렸으면 좋겠다고 구시렁댈 때 맞장구를 친 적도 있다. 하지만 나와 게이코의 다른 점은 나는 나의 생각에 공감할 수 있는 또 다른 사람이 있을 때 그 생각을 공식화한다는 것이다. 나는 공감을 얻지 못하는 생각은 지극히 사적인 공간에 가둬두어야 한다는 걸 안다.

게이코는 '비정상', '이물질'로 낙인찍히고 삭제되지 않기 위해 다른 사람들을 관찰하고 따라하며 그들 중 하나처럼 보이기 위해 노력한다. 그러던 중 아르바이트로 일하게 된 편의점은 게이코가 정상적인 사람으로 기능할 수 있는 완벽한 곳이었다. 그녀는 동료들을 관찰하면서 말씨와 행동과 옷차림을 모방한다. 그다지 어려운 일은 아니다. 모든 것이 매뉴얼에 따라 기계처럼 움직이도록 되어 있는 곳이기 때문이다. 때에 따라, 상황에 따라 해야 하는 말과 행동 방식이 명확하다. 편의점은 사회 참여를 최소한으로 하면서 살아갈 수 있는 곳이다.

그녀는 삼시 세끼를 모두 편의점 음식으로 때울 때가 많다. 그녀는 "내 몸 대부분이 이 편의점 식료품으로 이루어져 있다고 생각하면, 나 자신이 잡화 선반이나 커피머신과 마찬가지로 이 가게의 일부처럼 느껴진다"고 말한다. 물에 삶은 채소에 비하면 호화로운 음식이지만 그녀에게는 의미가 없다. 그저 '먹이'일 뿐이다.

　　　　　　　　⚜

　후루쿠라 게이코의 '먹이'는 사실 매우 특별하다. 일본 편의점 음식의 위상은 결코 무시할 게 아니다. 일본 여행에 관한 블로그나 웹사이트, 정보지 등에는 일본에 가면 꼭 먹어봐야 할 먹거리 리스트에 편의점 음식들이 한자리를 차지하고 있다. 일본 편의점 음식만을 주제로 포스팅을 한 블로그 글도 수없이 많다. SNS 덕에 부풀려진 헛소문만은 아닌 것이 확실하다.

　CNN의 한 여행 프로그램에서 미국의 유명 셰프인 앤서니 보데인 Anthony Bourdain은 일본 편의점 로손에서 판매하는 음식에 대한 감탄과 애정을 표현했다. 그는 도쿄가 세상에서 가장 놀라운 식도락의 도시인 것 같다면서 로손에서는 중독성이 있는 에그 샌드위치를 먹을 수 있는데, 믿을 수 없을 만큼 폭신하고 맛있었다고 증언했다. 속이 겹겹이 채워진 그 샌드위치를 매우 사랑한다고 서슴지 않고 말한 것이다. 보데인의 아내도 덩달아 편의점 음식에 대한 애정을 마음껏 드러낸다. 에그 샌드위치와 더불어 치킨 너깃도 좋아한다면서 치킨 너깃은 정말이지 특별한 음식이라고 극찬했다.

　로손의 '우치 카페' 라인의 디저트는 '우리 집(우치)이 카페가 된다'라는 콘셉트의 디저트 시리즈다. 프리미엄 롤케이크는 2011년 몽드 셀렉션*의 초콜릿 · 제과 · 비스킷 부문에서 금상을 수상했다. 이

145

런 소식까지 접하고 보니 편의점 음식 맛보기가 일본 여행에서 빼놓을 수 없는 필수 코스가 되었다는 말이 수긍이 간다.

일본 편의점 대표 음식은 뭐니 뭐니 해도 일본식 주먹밥인 오니기리다. 오니기리는 전통적으로 엄마나 아내의 손맛을 상징하는 컴포트 푸드다. 만드는 사람에 따라 그 맛이 조금씩 다른데, 어떤 과학자들은 만드는 사람의 손에서 나오는 염분과 기름기에 따라 밥맛이 미묘하게 변하기 때문에 집집마다 맛이 다르다고 주장하기도 한다.

이런 오니기리를 공장에서 대량생산하기 시작한 건 세븐일레븐이다. 미국에서 들어온 편의점이 일본적인 정체성을 갖게 된 데는 오니기리의 역할이 컸다. 일본에 들어온 세븐일레븐은 미국 세븐일레븐의 대표 음식인 핫도그와 슬러피**를 대체하고 남녀노소 누구에게나 어필할 수 있는 상품이 필요했는데, 오니기리는 의심할 여지가 없는 선택이었다. 처음에는 반응이 신통치 않았지만 세븐일레븐은 지속적으로 맛과 편의성을 개선하는 데 심혈을 기울였다. 밥을 감싸고 있는 김이 시간이 지나도 눅눅해지지 않도록 김과 밥 사이에 비닐을 넣는 포장법을 개발했다. 먹을 때 포장을 벗기면 김이 자동적으로 밥을 감싼다.

* Monde Selection. 벨기에 브뤼셀에 본부를 둔 품질기관으로 1961년에 만들어졌다. 매년 전 세계 70명의 전문가들이 평가를 통해 식음료, 건강 및 미용 분야에서 품질이 뛰어난 상품들을 골라 상을 수여한다.
** 슬러시와 비슷한 세븐일레븐 고유의 음료

맛을 향상시킨 또 하나의 획기적인 개발은 속 재료를 넣는 방법에 대한 것이었다. 특별 제작된 열기구로 밥을 뭉친 후 그 안에 연어 등의 속 재료를 넣는데, 속 재료를 넣기 전에 재료를 넣기 위해 움푹하게 만든 곳에 따뜻한 열기를 재빠르게 쏘여주는 것이다. 이렇게 하면 따뜻한 바람이 밥 알갱이들이 서로 달라붙지 않도록 하면서 부드러움을 유지하게 하고, 동시에 속 재료의 풍미를 잘 살려줘 엄마의 손에서 방금 만들어진 오니기리와 같은 맛을 낸다는 것이다.[3] 엄마의 손맛을 대신하겠다는 세븐일레븐의 포부와 노력은 성공을 거두었다.

로손은 '오니기리야'라는 고급화된 '고메' 라인도 선보였다. 오니기리야 라인의 오니기리는 유명 산지의 재료들을 사용한다. 니가타 현산 고시히카리 쌀, 규슈 지방의 장어, 와카야마의 우메보시, 홋카이도의 생선 알 등이다. 오니기리는 엄마의 손맛을 넘어, 가고 싶은 곳 가보았던 곳에 대한 동경과 향수까지 선사함으로써 혼자 사는 사람뿐 아니라 일상에서 벗어나 낯선 곳으로의 여행을 꿈꾸는 이들의 마음을 어루만지는 음식이 되었다. 혼자여도, 많은 돈이 없어도, 시간에 쫓겨도 길모퉁이에 있는 편의점에만 가면 따뜻한 오니기리를 먹으며 허한 마음을 채울 수 있게 된 것이다.

편의점은 오늘날 자본주의 사회에서 일종의 제도가 되었고, 오니기리는 전통과는 반대되는 개념과 가치로 규정되는 편의점이라는 공간을 통해 오히려 그 위상을 굳혀가고 있다. 일본에서 가장 오래된

패스트푸드이면서 일본 궁극의 국민 음식으로 자리를 굳건히 지키며 만인의 도시락 메뉴로, 마을 행사에서 빠지지 않는 음식으로, 재난 시의 구호식량으로 이용되고 있다. 간편하면서도 건강한 음식이라는 오니기리의 이미지는 변하지 않았지만 집에서 엄마가 만들어 줘야 제맛이라는 믿음은 힘을 잃었다. 이제 오니기리는 편의점들이 저마다의 '손맛'을 뽐내는 음식이 되었다.

우리나라 편의점 음식도 심상치 않은 주목을 받고 있다. 최근 방영되는 드라마에는 주인공들이 편의점에서 무언가를 사 먹는 장면이 빠지지 않고 등장한다. 스낵을 함께 사 먹는 연인들, 퇴근 후 맥주나 소주를 즐기는 회사원들, 끼니를 해결하는 독신 남녀 등 다양한 형태의 삶을 사는 주인공들이 편의점을 찾는다.

편의점은 요즘 도시인들의 식생활이 이뤄지는 주요 공간 중 하나가 되었다. 얼마 전까지만 해도 동네에 새로 생기는 가게는 거의 카페였는데, 요즘은 단연 편의점이 많다. 새로 생긴 아파트나 사무실 밀집 지역 상가에 가장 먼저 문을 여는 것도 편의점이다. 한 상가에 편의점이 두세 개씩 있는 경우도 흔하다.

편의점은 식당처럼 앉아서 식사를 할 수 있는 공간이 아니기 때문에 어디에서 어떻게 먹는가는 각자의 선택에 달렸다. 편의점 내부나 외부에 마련된 간이 테이블에서 먹거나 근처의 공원이나 사무실, 아니면 집에 가져가서 먹을 수도 있다. 집에서 먹을 땐 개성을 살려 좀 더 근사하게 '업그레이드'해서 즐길 수도 있다.

이렇게 외식도, 집에서 해 먹는 음식도 아닌 중간 단계의 식사를 일본에서는 '나카쇼쿠中食'라고 한다. 한국의 '간편가정식'에 해당한다. 편의점에서 산 음식을 간단한 조리 과정을 거쳐 만들어 먹는 경우만이 아니라 편의점 도시락이나 삼각김밥, 샌드위치 등을 사다가 사무실이나 집에서 먹는 경우도 나카쇼쿠에 해당한다. 편의점뿐 아니라 백화점 식품관에서 바로 먹을 수 있는 상태로 팔거나 간단하게 데우기만 하면 완성되는 음식, 반조리 상태의 음식도 모두 나카쇼쿠에 해당한다.

일본 편의점은 나카쇼쿠 사업과 문화의 선두에 있다. 편의점의 성장과 성공에는 고령 인구뿐 아니라 '혼밥족'인 게이코 같은 후리타의 기여도가 높다.

'후리타'는 '후리아루바이타free arbeiter/フリーアルバイター'라는 일본식 영어의 줄임말이다. 자유노동자라는 뜻으로, 정규직을 갖지 않고 각종 아르바이트로 생계를 유지하는 사람을 일컫는다. 현재 노동 인구의 약 4분의 1을 차지하는 후리타는 원래 취업 전 일시적으로 아르바이트를 하는 20대 젊은이들을 뜻하는 말이었다. 하지만 2000년

도 이후로는 정규직 구직을 단념하고 전업 후리타가 된 사람들이 증가하면서 현재 일본 내의 후리타는 약 200만 명에 이른다.* 현실을 직시하고 구직에 대한 열망을 버리고 주어진 환경에 맞춰 자유롭게 사는 편이 낫겠다고 생각하는 젊은이들이 점차 늘고 있는 것이다. 포기하는 심정이 없지 않은 이런 태도로의 전환은 자발성과 능동성을 띤 선택처럼 보이기도 한다. 후리타가 새로운 삶의 방식처럼 받아들여지기도 하는 이유다.

이들은 편의점 같은 프랜차이즈 사업에 최적화된 저렴하고 편리한 노동 인력인 동시에 중요한 고객이다. 이들은 대부분 원룸 같은 좁은 공간에서 혼자 산다. 마트에서 장을 보더라도 식재료를 보관해 둘 냉장고나 수납장이 없을뿐더러 제대로 된 주방도 없는 경우가 많다. 그러니 전기밥솥이나 전자레인지를 이용하는 것 이상의 조리를 요구하는 요리는 하기도 힘들다. 혼자 먹기 위해 감수해야 하는 설거지의 수고로움은 또 어떤가? 날이 쌀쌀해 느끼한 것이 당기는 날이면 편의점에서 '치즈 함바그 카레 도리아 도시락'과 시원한 맥주를 사다가 나만의 작지만 아늑한 아지트에서 좋아하는 책이나 영화를

* 후리타는 일본에만 국한된 현상은 아니다. 1970~1980년대 유럽에서는 이미 정년이 보장된 안정된 직장 없이 계약직과 파트타임에 전적으로 의존해 생계를 꾸리는 경제적, 심리적으로 불안정한 상태에 있는 사람들의 지속적인 증가가 주목을 받았다. 사회학자들은 이들을 '프리캐리아트precariate'라고 칭한다. '불안정하다'는 뜻의 단어 '프리캐리어스precarious'와 '노동자 계급'을 뜻하는 '프롤레타리아트proletariate'가 합쳐진 용어다. 우리나라도 운이 좋으면 일정 기간 동안, 그렇지 않다면 기약 없이 프리캐리아트로 살아가는 20~30대가 늘고 있다.

오니기리는 엄마의 손맛을 넘어,
가고 싶은 곳 가보았던 곳에 대한
동경과 향수까지 선사함으로써
혼자 사는 사람뿐 아니라
일상에서 벗어나 낯선 곳으로의 여행을
꿈꾸는 이들의 마음을 어루만지는 음식이 되었다.
혼자여도, 많은 돈이 없어도, 시간에 쫓겨도
길모퉁이에 있는 편의점에만 가면
따뜻한 오니기리를 먹으며
허한 마음을 채울 수 있게 된 것이다.

보면서 저녁 식사를 할 수 있다. 설거지도 필요 없다. 밥 먹고 소화도 시킬 겸 좀 움직이고 싶을 때는 다시 편의점에 가서 차를 한잔 마시는 것도 좋다. 마음 내키면 디저트로 '후왓토로 티라미수 와라비'*를 먹을 수도 있다.

편의점은 도시의 원룸 생활자, 독신자, 후리타 들에 힘입어 성장했고, 또 그들이 삶을 영위할 수 있는 건 편의점 때문이다. 생활에 필요한 모든 것을 다 갖추고 있는 편의점은 누워서 잘 공간만 있으면 누구든 도시에서 웬만한 수준의 삶을 살 수 있게 해준다. 원룸의 증가는 후리타 같은 최소한의 생활비로 살아가는 독신자들이 증가한 결과이고, 원룸 라이프는 편의점 덕분에 구질구질한 삶을 면할 수 있게 되었다.

엄마의 손맛까지도 흡수한 편의점은 현대 일본 사회를 지탱해주는 가장 중요한 인프라다. 도시의 구석구석에 자리 잡고 있으면서 사람들이 일상을 ─ 그 내용이 아무리 부실하다 할지라도 ─ 꾸려갈 수 있게 해준다. 일상에서 필요한 것이 발견되면 편의점으로 가면 된다. 공과금을 내야 할 때, 마실 물이 떨어졌을 때, 치약이 없을 때, 갑자기 찾아온 두통으로 괴로울 때, 한밤중에 아이스크림이 먹고 싶을 때… 편의점으로 가면 모두 해결된다. 끊기고 무너질 뻔했던 일상이

* 녹아내리는 티라미수 모찌

차분하게 이어진다. 그리고 게이코 같은 사람에게 편의점은 존재하는 방식 그 자체가 된다.

───※───

편의점에서 일하면서 게이코는 세상이라는 기계의 한 부분이 된 것처럼 느낀다. 어떻게 보면 비사회적인 인간에서 가장 — 극단적으로 — 사회적인 인간으로 바뀐 것 같다. 사실 그녀가 바뀌었다기보다는 그녀의 개인성을 숨길 수 있는 완벽한 환경을 찾은 것이다. 그녀는 자신의 감정과 생각을 숨기고 주변 사람들의 행동과 말씨, 옷 입는 취향 등을 모방하면서 완벽하게 적응한다. 같은 30대 여성 동료인 이즈미 씨의 신발이나 코트에서 상표를 확인하고, 그녀의 파우치 속을 몰래 뒤져 그녀가 사용하는 화장품 이름과 브랜드를 확인한다. 똑같은 브랜드를 사기보다는 그 브랜드를 사용하는 사람을 인터넷에서 찾아 그 사람이 관심 있어 하는 다른 브랜드를 사는 치밀함도 보인다. 이렇게 하면 따라 하는 사람이 아니라 취향이 같은 사람으로 인정받을 수 있기 때문이다.

게이코가 편의점에서 얻은 것은 다른 사람과 같아지는 것이 아니라 다른 사람과 같아짐으로써 누릴 수 있는 자유다. 다른 사람들과 비슷한 옷을 입고 비슷한 말씨를 쓰고 특정한 상황에 비슷한 반응을 하면 다른 사람에게 설명을 할 필요가 없다.

"아, 그거 오모테산도에 있는 가게 신발이네. 나도 거기 구두 좋
아해. 부츠를 갖고 있지."

"그거 오모테산도의 가게에서 파는 스커트 맞지? 나도 색깔만
다른 그 스커트를 입어봤어. 귀여워."[4]

어디서 샀냐, 왜 그런 색을 좋아하냐는 둥의 질문을 받을 필요도
없고, 나이에 어울리지 않게 입었다는 둥 뒷담화의 주인공이 될 일도
없다. 여기까지만 하면 정상 세계에서 '삭제'되지 않고 살아갈 수 있
다. 더 이상의 친밀한 관계는 필요치 않다. 편의점은 딱 이만큼의 세
계를 제공한다. 게이코는 이렇게 자신이 속한 사회와 세계와 우주를
편의점으로 한정한다.

사리곰탕 컵라면의 포장을 뜯고 면과 분말 수프 반 정도를 넣는
다. 매콤한 맛 컵누들에 들어 있는 건더기 수프와 분말 수프 반 정도
를 사리곰탕면 용기에 넣는다. 마늘 소시지를 잘라 넣고 물을 부은

후 전자레인지에 1분에서 1분 30초 정도 돌린다. 면이 익으면 반숙 달걀을 썰어 라면 위에 올린다.

한국의 한 케이블 채널에서 방송된 '편의점을 털어라'라는 프로그램에서 출연자들이 극찬을 아끼지 않았던 곰탕누들 레시피다. 프로그램 출연자들은 편의점에서 구할 수 있는 음식 재료를 이용해 정해진 시간 내에 편의점 음식 맛을 뛰어넘는 '요리'를 만들어내야 한다.

편리하다는 점 때문에 선택하는 편의점 음식을 굳이 이렇게까지 해서 먹어야 하는지 의문이 드는 레시피들도 많다. 그럼에도 불구하고 이 프로그램이 인기를 끌었던 것은 요리를 많은 시간과 노력을 희생하지 않아도 되는 창의적 놀이로 바꾸었기 때문이라고 생각한다. 적은 돈으로 허기를 채워야 하는 순간의 남루함을 창의성이라는 사치로 덮어주는 것이다. 편의점 음식으로 요리를 하는 것은 핸드폰이나 컴퓨터, 운동화, 자동차 등을 튜닝하는 것과 비슷한 기쁨을 준다. 대량생산과 소비문화의 풍토 속에서도 자신만의 맛과 개성을 찾아가는 행위인 것이다.

라면을 끓일 때 냉장고를 뒤져 크게 손 안 대고 넣을 수 있는 것을 찾는다. 씻어놓은 파가 있으면 다행이고, 호박이나 버섯이라도 있으면 금상첨화다. 애매하게 남은 샤브샤브용 고기가 냉동실에 있다면 그보다 더 좋을 수 없다. 왠지 라면을 수프만 넣고 포장지에 쓰인 설명을 곧이곧대로 따라 끓이면 지는 것 같다. 즉석 카레를 데워서 그대로 먹는 건 자존심 상한다. 가람 마살라*를 넣어 인도의 풍미를 더한다거나 구운 가지나 컬리플라워라도 올려야 뿌듯하다. 내가 먹는 라면과 카레는 남들의 그것과는 달라야 한다. 욕망까지도 대량생산 해내는 자본주의 시대에 내 입맛만은 나의 것으로 남겨두고 싶다는 소심한 저항이기도 하다. 그러나 나의 입맛은 어디에서 왔을까? 남들과 똑같이는 먹기 싫다는 욕망의 근원은 무엇일까?

자본주의 사회는 무형의 가치를 상품화하고, 또 상품을 통해 새로운 욕망을 만들어낸다. 엄마의 손맛을 상품으로 실체화하고, 이를 통해 엄마의 손맛에 대한 향수를 보편적인 감정으로 만들어낸다. 엄마의 음식을 먹어보지 못한 사람들도 엄마의 손맛을 표방한 음식을 찾는 이유다. 편의점 음식을 사 먹으면서도 자신만의 맛을 만들려는 욕망을 갖게 된 건 어쩌면 남들과 달라야 쿨하다는 어느 핸드폰 광고 카피에 설득을 당해서인지도 모른다. 우리가 원하는 것은 반드시 돈을 주고 살 수 있는 재화의 형태로 어딘가에 존재한다. 나의 욕망이 먼저인지 그 욕망을 알아서 채워주는 상품이 먼저인지는 닭과 달걀의 관계와 같다.

후루쿠라 게이코는 편의점에서 파는 음식을 그대로 먹는 데 아무런 불만이 없다. 아침에는 편의점 빵을 먹고, 점심은 주먹밥과 즉석

---

* 인도 음식에 쓰이는 향신료로 보통 후추, 정향, 계피, 너트맥, 소두구(카더몬), 월계수 잎, 큐민, 고수를 혼합하여 볶은 후 가루로 만든 것

식품으로 때우고, 밤에도 편의점에서 파는 음식을 사서 집으로 돌아갈 때가 많다. 2리터짜리 물 한 병을 사서 편의점에서 마시다가 집에 가지고 가서 마신다. 앤서니 보데인이 극찬한 에그 샌드위치든 치킨 마요네즈 오니기리든 노리벤토든 아무래도 상관없다. 생존을 위해 먹을 뿐이다. 욕망의 논리에 따르지 않는 후루쿠라 게이코의 편의점 인생은 편의점을 존재의 중심으로 만들어버린 세상에 대한 가장 위협적인 반항일지 모른다.

치즈 토스트만으로도
충분해

도나 타트Donna Tartt

황금방울새 *The Goldfinch*

미국 소설가 도나 타트의 세 번째 소설로 2013년에 출간되었다. 11년 만에 내놓은 신작으로 비평계의
지대한 관심을 받았으며, 2014년에 플리처상을 수상했다.

2014년 10월 말부터 석 달 동안 뉴욕 맨해튼의 프릭 미술관에서 열린 네덜란드 거장전은 20만 명이 넘는 관람객으로 성황을 이루었다. 뉴욕의 차가운 겨울바람 속에서도 미술관 앞의 줄은 끝이 보이지 않았다. 17세기 네덜란드 화가 카렐 파브리티위스 Carel Fabritius가 그린 '황금방울새The goldfinch'라는 작품을 보기 위해 모여든 사람들이었다. 이 작품이 이렇게 많은 사람들의 관심을 받은 것은 도나 타트가 쓴 동명의 소설《황금방울새》[1] 때문이었다.

파브리티위스는 렘브란트의 제자였다. 그는 암스테르담에서 델프트로 옮겨 델프트 스쿨의 멤버가 되어 작업을 하던 중 1654년 델프트시의 4분의 1을 날려버린 화약고 폭발 사고로 서른두 살의 나이에 숨겼다. 그의 작품은 열두 점 정도만 남아 있는데, 그중 하나가 '황금방울새'다. A4 용지보다 조금 더 큰 크기의 이 작품은 현재 네덜란드 헤이그에 있는 마우리츠하위스 미술관에 소장되어 있다.

파브리티위스의 '황금방울새'는 도나 타트의 소설에서 또 한 번 폭발에서 살아남는다. 엄마와 둘이 맨해튼에 살고 있는 열세 살 시오는 어느 날 엄마와 비를 피하기 위해 들어간 뉴욕 메트로폴리탄 미술관에서 '황금방울새'를 만난다. 시오의 엄마가 가장 좋아하는 작품이다. 시오는 같은 전시실에 있던 빨간 머리의 소녀 피파를 보고 한눈에 사랑에 빠진다. 그런데 그 순간 미술관에서 폭탄 테러가 발생한다. 기적적으로 미술관을 빠져나온 시오의 손에는 폭발사고로 죽은 엄마가 가장 좋아했던 '황금방울새'가 들려 있었다.

사고 후 친구 집에 얹혀살면서 감당하기 힘든 상실감에 빠져 지내던 시오는 어느 날 미술관에서 빠져나오기 전 죽어가던 노인에게서 들은 '호바트 앤 블랙웰'이라는 이름을 전화번호부에서 찾는다. 그리고 그리니치빌리지에 있는 그 주소지로 찾아간 시오는 호비라는 사람을 만난다.

호비는 골동품상을 하면서 골동품 복원하는 일을 한다. 죽은 노인은 호비의 파트너 웰티였다. 호비는 시오가 미술관 폭발에서 살아남은 소년이라는 걸 알게 된다. 그는 시오에게 대뜸 밥은 먹었냐고 물어본다. 그리고는 어색함 때문에 배가 고프지 않다고 퉁명하게 대답

하는 시오를 부엌으로 데리고가서 먹을 것을 만들어준다. 그때 시오
는 엄마가 죽은 후 처음으로 식욕을 느낀다.

호비가 시오 앞에 내놓은 음식은 보기에는 별로 맛있어 보이지 않
았다. 토스트 위에 노란색의 무언가가 부풀어 올라 있는데, 냄새는 좋
았다. 맛을 보니 그 노란색의 무언가는 치즈였다. 잘게 썬 토마토도
들어 있고 고춧가루도 들어간 듯했다. 또 다른 재료들도 들어간 것
같았는데 맛있었다. 입맛이 하나도 없던 시오는 호비가 만들어준 치
즈 토스트를 맛있게 먹었다. 호비에게 음식 이름을 물어보니 딱히 이
름이 있는 건 아니라고 했다. 시오는 토스트를 한입 가득 베어물고는
사실은 자신이 얼마나 배가 고팠었는지를 깨닫고 놀란다.

시오의 묘사에 따르면 호비가 만들어준 치즈 토스트의 이름은 '웰
시 래빗Welsh rabbit'이다. 웰시 래빗은 기본적으로 치즈, 버터, 우스터
소스, 겨잣가루, 맥주를 섞어 중불에서 저어가며 만든 부드러운 소스
를 토스트에 바른 것이다. 체더치즈와 스타우트 맥주를 써야 진정한
웰시 래빗이라고 주장하는 사람들도 있다. 에드거 앨런 포의 〈미라
와의 대담〉이라는 단편소설은 웰시 래빗에 대한 예찬으로 시작하는
데, 그 화자는 스타우트가 들어가지 않은 웰시 래빗은 웰시 래빗으로

쳐주지 않는다.[2] 하지만 사람마다 각자의 취향에 맞는 버전이 있다.

나는 일부 웰시 래빗 추종자들이 가장 죄악시하는 밀가루를 쓰는 버전을 선호한다. 소스의 농도를 조절하기가 훨씬 쉽기 때문이다. 또 겨잣가루 대신 디종 겨자*를 넣을 수 있기 때문이기도 하다. 이 버전 은 화이트 소스의 기본이 되는 루roux로 시작한다. 루는 소스를 걸쭉 하게 만드는 역할을 하는데, 녹인 버터에 밀가루를 섞어서 만든다.** 나는 루에 맥주 대신 화이트와인과 치즈, 우스터 소스, 디종 겨자를 넣고 만든 소스를 토스트 위에 얹은 후 그릴에 치즈 소스가 보글거 릴 때까지 굽는다. 고춧가루와 파프리카 가루 등을 넣어 풍미를 더하 기도 한다.

넣는 치즈의 종류, 더하는 재료에 따라 다양한 플레이버flavour의 웰시 래빗을 만들 수 있다. 치즈 소스 위에 수란을 얹기도 하는데, 이 때는 '웰시 벅 래빗Welsh buck rabbit'이라고 부른다. 프랑스식 치즈 토 스트인 크로크무슈에 달걀 프라이를 더하면 크로크마담이 되는 것 만큼 재미있다. 그리고 보면 웰시 래빗은 피자와 비슷하기도 하다. 영국에서 피자를 처음 만들어 팔던 회사에서는 피자를 이탈리아식 웰시 래빗이라고 설명하기도 했다.

---

* 프랑스 부르고뉴 지방의 대표 도시인 디종에서 유래한 방법으로 만들어진 마요네즈와 비슷한 제형의 겨자로, 갈색이 나는 겨자씨 가루와 백포도주, 소금을 주재료로 한다.
** 여기에 우유를 넣으면 프랑스 요리에서 베이스로 가장 많이 사용되는 베샤멜 소스가 된다.

웰시 래빗은 '웨일스의 토끼'라는 뜻이지만, 보시다시피 재료에 토끼 고기는 안 들어간다. 웰시 래빗이 웨일스 지방에서 유래했다는 증거도 없다. 그럼에도 웰시 래빗이라는 이름이 붙게 된 이유는 무엇일까?

이 음식이 처음 등장한 18세기 즈음에 '웰시'라는 단어가 가졌던 의미와 연관이 있을 것이라는 게 가장 유력한 추측이다. 당시에 '웰시'는 '허접한 물건', '가짜'라는 의미로 흔히 쓰였다. 예를 들면, '웰시 진주'는 질이 떨어지는 진주이거나 가짜 진주를 일컫는 말이었다. 이런 의미는 '웰시 빗질Welsh comb'이라는 단어에서도 알 수 있는데, 진짜 빗이 아니라 손가락을 빗 삼아 머리를 빗는 것을 말한다. 그러니 웰시 래빗은 가짜 토끼 고기를 의미한다고 볼 수 있다. 가난한 웰시 사람들은 고기 대신 치즈를 먹었는데, 이를 가리켜 영국인들이 조롱하듯 붙인 명칭이라는 설이 가장 유력하다. 그런가 하면 웰시 사람들은 치즈를 토끼 고기라고 해도 믿을 만큼 귀가 얇다는 의미가 담긴 표현이라는 설도 있다.[3]

웰시 래빗과 함께 '웰시 레어빗Welsh rarebit'이라는 말이 함께 쓰이고 있는데 어떤 게 맞는지, '레어빗'은 어디에서 유래했는지 의견이 분분할 뿐 정확한 설명은 없다. 대부분의 사전들도 두 가지 명칭을 모두 기재하고 있다. 웰시 사람들에 대한 조롱의 뉘앙스를 없애기 위해 후에 래빗이 레어빗으로 변했다는 설도 있다. 웰시 래빗이 18세기의 요리책에도 기록되어 있다고 하는 걸 보면 웰시 래빗이라는 말이 먼저 생긴 것 같다.

　내가 처음 웰시 래빗이라는 음식 이름을 들어본 건 대학 1학년 때 샬럿 브론테의 소설 《제인 에어》 원서를 읽으면서였다. 제인의 외숙부네 집 하녀들이 저녁 메뉴를 정하는 장면에서 웰시 래빗이 등장한다.[4] 《제인 에어》가 처음 출판된 것은 1847년인데, 그때도 웰시 래빗이라는 명칭이 흔하게 쓰인 것으로 보인다. 또 앞에서 언급한 에드거 앨런 포의 〈미라와의 대담〉이 1845년 미국의 《아메리칸 리뷰》라는 잡지에 처음 실렸다는 사실을 놓고보면 웰시 래빗은 당시에 이미 영국과 미국에서 흔하게 즐겨 먹은 음식이었던 것 같다. 지금도 웰시 래빗은 영미권에서 많은 사람들이 간식으로, 아침 식사로, 브런치로, 또 저녁 식사로 흔하게 선택하는 소박한 음식이다.

　태생부터 소박하기 그지없는 웰시 래빗이지만 유명 셰프들도 저마다의 레시피를 내놓을 정도로 인기가 많은 음식이다. 세계적으로 명성이 자자한 영국인 셰프 헤스턴 블루먼솔도 웰시 래빗 레시피를 내놓았다. 놀랍게도 그도 루를 사용한다. 그의 레시피에는 스타우트 대신에 에일이 들어가고 체더치즈와 달걀노른자도 들어간다. 치즈는 함께 넣어 녹이지 않고 중탕으로 따로 녹인 후에 섞는다. 다 만들어진 소스는 일단 냉장고에 넣어 굳힌 후 필요한 양만큼 팬에 다시 녹여 사용하는데, 빵의 양면에 버터를 발라 구운 다음 녹인 소스를 붓는다. 하지만 이 정도 레시피에 헤스턴 블루먼솔이라는 이름을 내걸 수는 없다. 마늘과 타임, 로즈마리, 타라곤 등의 허브를 넣고 끓인 화이트와인에 화이트와인 비니거를 섞어 만든 소스를 곁들여야 한다. 기름기 많은 치즈와 마늘과 허브 향이 짙은 화이트와인 비니거 소스의 조합을 상상해보라.

이렇게 호사스러운 버전도 있지만 웰시 래빗은 대체로 많은 사람들의 컴포트 푸드다. 추운 날 몸은 고단하고 머릿속도 복잡하고, 냉장고를 열어보니 마땅히 요리할 재료는 떨어졌고 나가기도 싫을 때 먹다 남은 빵과 치즈, 그리고 맥주나 와인이 있다면 만들 수 있는 음식이다. 따뜻한 치즈의 약간 느끼하면서도 고소한 맛과 지방이 허한 영혼을 달래주고, 바삭한 빵이 과하지 않은 유쾌함을 선사한다. 설거지감도 소스 팬 하나, 나무 스푼 하나, 접시 하나가 전부다.

호비가 만들어준 웰시 래빗은 시오에게 컴포트 푸드다. 호비의 웰시 래빗이 시오의 입맛을 일깨워준 건 엄마가 해주었던 음식들을 떠올리게 하기 때문이다. 겨울이면 일요일 저녁에 엄마가 가끔 만들어주었던 치즈 토스트와 맛이 비슷하다. 호비의 토스트는 시오에겐 엄마표 집밥 같은 맛인 것이다.

호비가 만들어 준 웰시 래빗을 먹으며 시오는 자신이 엄마가 죽은 후 정상적인 식사를 한 번도 하지 않았다는 것을 깨닫는다.

> 난 엄마가 죽은 이후 정상적인 식사를 거의 하지 않은 것 같다.
> 적어도 우리에게 정상적이었던 식사는 아니었다. 부엌의 사다
> 리 의자에 앉아 나의 하루에 대해 얘기하면서 먹었던 중국식
> 볶음요리, 스크램블 에그, 즉석 마카로니앤치즈…[5]

시오가 엄마와 함께 떠올리는 음식들은 사실 집밥이라고 하기에는 수준 미달인 경우가 많다. 중국식 볶음요리는 중국 식당의 포장 메뉴인 볶음국수, 볶음야채, 볶음밥 등이다. 즉석 마카로니앤치즈는 미국인들의 대표적인 간식이다. 상자 안에 마카로니와 치즈 소스가 들어 있는데, 팬에 우유와 버터, 치즈 소스를 넣고 삶은 마카로니를 섞으면 완성된다. 미국판 라면이나 짜장 라면이라고 할 수 있다. 이 요리들만 보면 시오의 엄마는 집에서 밥도 제대로 해주지 않은 것처럼 보인다. 우리나라로 치면 배달된 짜장면과 달걀 프라이, 라면을 엄마가 해준 음식이라고 그리워하는 격이니 말이다.

하지만 시오에게 중요한 것은 음식 자체가 아니라 그 음식들을 엄마와 같이 먹었다는 사실이다. 엄마와 함께한 음식은 맛보다 엄마와 나누었던 친밀함으로 기억된다. 음식은 그들이 함께한 시간에 대한 증거물 같은 것이다. 그래서 시오가 간직한 엄마에 대한 기억은 엄마

와 함께한 음식을 통해 이어진다.

전직 모델이었던 엄마는 아버지가 어느 날 갑자기 집을 나가버리
자 광고회사에 다니면서 시오를 키웠다. 시오는 엄마와 함께 카페에
서 아침을 먹은 적이 있다. 시오는 오믈렛과 감자튀김과 베이컨을 먹
고 엄마는 수란을 얹은 호밀빵과 블랙커피를 먹었다. 그들이 살던 아
파트 근처에는 프랑스 식당이 있었는데, 여유가 있었을 때 엄마가 자
주 가던 곳이다. 시오는 그곳에서 처음으로 달팽이 요리를 맛보았고
엄마가 마시던 부르고뉴 와인도 한 모금 맛보았다.

미술관 폭탄 테러가 발생한 날 사고 현장에서 빠져나와 집으로
돌아온 시오는 냉장고에서 그 전날 엄마와 함께 먹다가 남긴 테이
크아웃 중국 음식을 꺼내 먹는다. 그는 중국식 볶음국수인 로멘을
먹고 에그 푸 영*과 밥은 엄마를 위해 남겨둔다.

시오는 미술관 폭발 사건 직후 엄마를 잃은 충격에서 벗어나지 못
하고, 3일 전까지도 함께했던 엄마와의 일상을 되새겨본다. 이때 시
오가 엄마와 먹었던 음식들을 되짚어보는 행위는 하루아침에 사라
져버린 엄마와의 일상을 기억하는 방법이다. 마지막으로 같이 갔던
그리스 식당과 슌리 팰리스라는 중국 식당, 엄마가 마지막 저녁으로
만들어준 카르보나라 스파게티와 그 전에 만들어준 저녁, 할머니에

---

* 콩나물, 양파, 다진 돼지고기, 새우 등을 넣어 만든 오믈렛과 비슷한 중국식 달걀 요리

게 배운 레시피로 만든 인도풍의 치킨 요리. 음식들을 떠올리는 것은 더 이상 존재하지 않는 엄마에게 실체를 부여하는 시오만의 방식이다.

호비의 웰시 래빗은 엄마와 같이했던 마지막 식사 이후 멈춰버렸던 일상으로 시오를 다시 불러들인다. 호비의 웰시 래빗으로 인해 시오는 엄마가 죽은 후 처음으로 다른 사람에게 마음을 열고 따뜻함을 느끼게 된다. 어느 사회학자는 화남, 불안, 보살핌, 실망, 역겨움, 당황, 좌절, 죄책감, 행복, 증오, 사랑, 향수, 분노, 혐오, 안도감, 위안의 감정이 모두 음식과 관련돼 있다고 주장한다. 인간이 음식과 맺는 관계는 감정적으로 가장 강력한 경험이며, 식욕은 "감정의 플레이버가 들어간 허기"라는 것이다.[6] 시오의 허기는 엄마에 대한 그리움에서 오는 허기였다. 호비가 만들어준 웰시 래빗에 식욕이 되살아난 것은 시오가 그 음식에서 엄마를 느꼈기 때문이다.

───※───

《황금방울새》에는 많은 음식이 등장한다. 그 음식들은 시오에게 위안을 주는 음식과 그렇지 않은 음식으로 분명하게 나뉜다. 엄마를 잃은 후 시오의 삶에 많은 사람들이 들어오고 시오는 그들과 음식을 나누지만 그가 맛있게 먹은 음식은 호비가 만들어준 음식뿐이다.

우리는 매일매일 음식으로부터 많은 위안을 받으며 살아간다.

아침에 무거운 눈꺼풀을 밀어 올리고

나의 존재 여부도 불분명한 상황에서 마시는 커피 한잔은

또 하루를 살아갈 용기를 준다.

갑자기 삶의 무게가 너무 버겁게 느껴질 때는

달콤하고 푸짐한 탕수육 한 접시가,

때로는 소름끼치게 단 케이크가

우울한 마음을 달래주기도 한다.

　시오는 사고 후 친구인 앤디 바버의 집에서 살게 된다. 앤디네는 상당한 부자로 맨해튼에서도 손꼽히는 부촌인 파크 애비뉴에 있는 우아하게 꾸며진 아파트에 산다. 앤디의 부모는 뉴욕 사교계의 주요 인사로, 집에서 종종 성대한 파티를 연다. 앤디의 집에 먹을 것이 부족할 리 없고, 음식도 좋은 재료로 만든 제대로 된 음식들이었을 것이다. 그러나 시오는 음식을 거의 먹지 않는다. 칵테일 새우와 아티초크 카나페 같은 특별한 파티 음식도 먹지 않는다. 시오가 음식을 잘 먹지 않자 앤디의 어머니는 아이스크림과 케이크 같은 달콤한 것들을 권하지만 그의 입에는 그런 것들도 당기지 않았다.

　엄마가 죽은 후 시오의 삶에 다시 나타난 아버지는 어느 날 시오에게 고급 이탈리아 식당에서 엄청난 저녁을 사준다. 샬롯 비니거 소스를 곁들인 아스파라거스 파이, 훈제 연어, 훈제 흑담비회, 카르둔*과 송로버섯이 들어간 페르차텔리 파스타, 사프란이 들어간 바삭하게 구운 흑농어와 파바 콩, 바비큐 스테이크, 삶은 소갈비, 이탈리안 디저트 판나코타**, 호박 케이크, 무화과 아이스크림…. 아버지를 따라 라스베이거스로 온 후 늘 집에 혼자 남겨진 채 감자 칩 같은 것으로 저녁을 때우던 시오에겐 몇 달 만에 맛보는 맛있는 음식이었다.

* 남유럽이 원산지인 국화과의 식물
** 이탈리아식 디저트로 생크림과 설탕을 같이 끓이다가 바닐라나 커피 등을 넣어 향을 추가하고
　젤라틴을 넣어 차갑게 굳힌 푸딩

하지만 그 저녁은 아버지와 함께한 마지막 식사이기도 했다. 저녁을 사준 후 아버지는 시오에게 뉴욕에 있는 변호사에게 전화를 해 엄마가 시오의 교육비로 남겨놓은 돈을 당장 사용할 수 있도록 요구할 것을 종용한다. 자신이 진 도박 빚을 갚기 위해서다. 아버지는 처음부터 돈을 노리고 시오를 데려온 것이다. 시오가 아버지가 사준 저녁을 그리워할 일은 없을 것이다.

시오와 앤디의 여동생 킷시의 약혼 파티는 화려했다. 장갑을 낀 웨이터들이 얼음 깔린 기다란 식탁에 올려진 굴을 깠다. 캐비아는 떨어지기가 무섭게 새로 채워졌고 게도 있었다. 그러나 시오는 아무것도 입에 대지 않았다. 킷시와의 약혼은 비즈니스상의 계약보다 나을 게 없다. 킷시는 시오의 동창인 톰 게이블과 사랑하는 사이였지만 집안의 평화를 위해 비밀로 하고 싶어 했다. 시오는 피파를 여전히 사랑하지만 피파의 사랑은 다른 사람에게 향해 있다. 어차피 어긋난 사랑이지만 시오와 킷시의 결합은 집안의 평화와 사회적 네트워크의 안정감을 보장하는 선택이라는 킷시의 제안을 받아들인 것이다. 그러니 약혼 파티에 나온 음식이 당길 리 없다.

킷시가 어느 날 카레가 먹고 싶다며 전에 시오가 데려간 적이 있는 인도 식당에 가자고 하자 시오는 비꼬는 듯한 말투로 "그렇게 후진 곳에는 왜 가냐"고 말한다. 그곳은 시오가 엄마와 영화를 보고 나서 사모사와 망고 아이스크림을 먹으러 종종 들렀던 곳이다. 잘마할이라는 이름의 그 식당은 그때나 지금이나 하나도 변하지 않았다. 가격도, 맛도, 창가에서 떨어지는 물로 색이 바랜 카페트도 변한 게 없다. 킷시가 톰 게이블과 함께 있는 모습을 목격한 후이니 엄마와의 어릴 적 추억이 고스란히 배어 있는 식당에 킷시와 같이 가고 싶지는 않았을 것이다. 그곳을 킷시에게 소개해준 것마저 후회할 판이다.

시오의 허기를 채워주는 유일한 음식은 호비의 음식이다. 아버지가 사준 음식은 일시적인 쾌락을 제공하고 대가를 바라는 음식이다. 바버가家의 음식, 약혼 파티의 음식들은 화려하고 과시적이다. 시오와 이들의 관계도 계산적이고 피상적이다. 호비의 음식은 다르다. 호비는 집에서 요리하기를 좋아한다. 그가 하는 요리는 종류도 다양하고 창의적이다. 호비는 누군가에게 과시하기 위해서가 아니라 누군가와 나누기 위해, 그리고 누군가를 위로하기 위해 요리를 한다. 그래서 그가 만든 요리의 이름이 무엇인지는 중요하지 않다.

호비를 두 번째로 찾아간 날 시오는 무화과로 만든 디저트를 두 그릇이나 먹는다. 그 디저트는 언뜻 보면 "화분의 검은 흙덩이처럼 보이지만 사실은 생강과 무화과를 섞은 것에 휘핑 크림을 얹고 쌉쌀한 오렌지 껍질을 잘게 썰어 올린 것"이다. 이름도 딱히 나오지 않는다. 아마도 무화과를 생강과 오렌지 주스와 꿀을 섞은 소스에 버무려 오븐에 구운 후 휘핑 크림과 오렌지 껍질을 올린 간단한 디저트일 것이다. 웰시 래빗처럼 보기에는 화려하지 않지만 시오의 식욕을 돋운다. 구운 과일에 휘핑 크림을 올린 음식이라면 맛이 없을 수 없다. 더구나 부엌 식탁에 앉아 오랜 친구처럼 대화를 하며 먹는 호비의 디저트에서 시오는 엄마와의 일상에서 느꼈던 편안함과 친밀감을 느꼈을 것이다. 호비의 요리에 담긴 예술적 감각과 따뜻함은 '황금방울새'를 사랑하고 아파트 경비원의 아들을 위해 컴퓨터 값을 지불했던 엄마를 그리워하는 시오의 마음을 어루만진다.

호비는 시오를 위해 음식을 만들어주는 유일한 인물이고 시오에게 항상 밥은 먹었냐고 묻는다. 시오와 킷시의 약혼 파티에서도 호비는 시오에게 뭘 좀 먹었냐고 묻고, 굴과 캐비아가 맛있다며 권한다. 그리고 그 호화로운 음식들을 앞에 두고 호비는 시오에게 왜 점심을 먹으러 오지 않았냐며, 그를 위해 집에 비프스튜와 그린빈즈와 샐러드를 남겨두었다고 말한다.

엄마를 잃은 시오에게 진정한 마음의 위로를 전하는 사람은 호비뿐이다. 원래의 형상을 잃어버릴 정도로 손상된 가구들을 처음 모습 그대로 복원하는 일을 하는 호비는 끝까지 망가지기 전의 시오를 보는 유일한 인물이다.

⁂

컴포트 푸드에 대한 관심은 세계적인 추세다. 얼마 전까지만 해도 우리나라에서도 '컴포트 푸드'라는 용어가 영어 그대로 쓰이고 유행했는데, 지금은 '집밥'이라는 단어가 '컴포트 푸드'라는 말을 대신한다.

생각해보면 우리는 매일매일 음식으로부터 많은 위안을 받으며 살아간다. 아침에 무거운 눈꺼풀을 밀어 올리고 나의 존재 여부도 불분명한 상황에서 마시는 커피 한잔은 또 하루를 살아갈 용기를 준다. 갑자기 삶의 무게가 너무 버겁게 느껴질 때는 달콤하고 푸짐한 탕수육 한 접시가, 때로는 소름끼치게 단 케이크가 우울한 마음을 달래주기도 한다. 지난겨울 휴가차 떠났던 따뜻한 치앙마이가 그리워지면 집 앞 태국 식당에 가서 팟타이를 시킨다. 며칠 동안 고기도 안 먹고 12시간 금식 후 건강검진을 마치고 난 후엔 어떤 음식이든 입에 들어가는 순간 위안이 된다. 그러고 보면 세상의 모든 음식은 위안을 주는 음식과 그렇지 않은 음식으로 나뉘는 것 같다.

최근 들어 컴포트 푸드는 마케팅 키워드가 되었고, 음식을 구분하는 하나의 카테고리가 되었다. 누구에게나 위안이 절실하게 필요한 시대임이 분명하다. 집밥이라는 이름의 식당이 있고, 집밥 레시피가 유행한다.

영국의 요리연구가 제이미 올리버Jamie Oliver는 《제이미 올리버의 컴포트 푸드》라는 제목의 요리책도 출간했다. 그는 책에서 향수를 달래주는 음식, 기분을 좋게 해주는 음식, 정신을 맑게 해주는 음식, 제의적 평온함을 주는 음식, 죄책감이 들 만큼 쾌락을 주는 음식, 달콤한 방종의 만족을 주는 음식 등의 주제로 레시피를 분류했다. 얼마 전 뉴스에서는 제이미 올리버와 오프라 윈프리Oprah Winfrey, 크래프트 하인즈사가 함께 설립한 밀타임 스토리스Mealtime Stories에서 그 첫 상품으로 컴포트 푸드 라인을 선보일 것이라는 소식을 전했다.

그러나 시오의 허기가 제이미 올리버나 오프라 윈프리의 레시피로 채워질 수는 없을 것이다. 각자가 느끼는 그리움이라는 허기는 그 종류와 깊이가 다 다르다. 시오의 엄마에 대한 기억은 다른 누구의 기억과도 같을 수 없다. 그의 허기는 호비의 음식만이 채워줄 수 있다. 엄마의 죽음으로 깨져버린 시오의 일상은 호비와의 관계에서만 회복이 가능하기 때문이다.

카스테라,
우주를 품은 맛

박민규

카스테라

2003년부터 각종 문예지에 발표한 글들을 모아 엮은 단편집 〈카스테라〉의 표제작이다. 작가는 2005년
출간한 이 첫 소설집으로 신동엽창작상을 수상했다.

〈카스테라〉[1]는 화자와 냉장고의 각별한 관계에 대한 이야기로 시작한다. 주인공은 원룸에서 만만치 않은 소음으로 존재감을 드러내는 중고 냉장고를 가지고 있다. 그는 냉장고의 우렁찬 소음으로 볼 때 냉장고가 전생에 훌리건이었을 거라고 생각한다. 그 굉장한 소음으로 괴로워하고 그 따위 냉장고를 판 전파상을 저주하기도 하지만 그 소음은 이내 그의 외로움을 달래주는 유일한 것이 되고, 어느새 냉장고는 그의 '친구'가 된다.

　그 굉장한 소음이 있어서 나는 외롭지 않을 수 있었던 것이다.
　아무도 찾지 않는 그 〈언덕 위 원룸〉에서, 단둘이서 말이다. 세상의 여느 친구들처럼—냉장고도 알고 보니 좋은 놈이었다. 알고 보면 세상에 나쁜 인간은 없다.

드물게도, 이는 1926년 제너럴일렉트릭이 세계 최초의 현대식 냉장고를 생산해낸 이후, 인간과 냉장고가 친구가 된 최초의 사례였다.[2]

그는 강력한 선언을 한다.

냉장고는 인격人格이다.

이 냉장고는 강한 발언권發言權을 가지고 있다.[3]

이렇게 화자의 냉장고는 지위가 격상하게 되는데, 나는 이에 동의한다. 좁은 주방을 대형 냉장고에게, 그것도 부족해 거의 같은 크기의 김치냉장고에게까지 자리를 내준 사람들이라면 반드시 그럴 거라 믿는다.

냉장고는 우리의 삶을 완전히 바꿔놓았다. 각 가정의 주방은 식품 유통 체인의 맨 마지막 단계다. 내가 도시 한복판에서 신선한 채소와 과일과 생선과 고기를 먹을 수 있는 것은 생산지에서부터 나에게 이르는 냉장 체인, 그러니까 냉장시설을 갖춘 차량과 슈퍼마켓 그리고 우리 집 냉장고 덕분이다. 백신과 항생제, 시험관 아기 등 인류의 존속을 위해 끊임없이 개발되고 있는 현대의 과학기술 또한 냉장고가 없으면 존재할 수 없다. 냉동인간에 대한 실험과 꿈은 또 어떤가. 최근 유명 가전제품 회사에서 출시한 냉장고 모델명은 '패미리허브'다. 냉장고가 생활의 중심이라는 광고 문구가 식상하게 느껴지고 지루하다면 냉장고가 없는 삶을 상상해보라. 우리의 존재 자체가 위협받는 상황에 봉착하지 않겠는가!

나는 냉동실에 늘 비상식량을 비축해 놓는다. 카레나 볼로네즈 소스는 한 번에 많은 양을 만들어서 조금씩 덜어 얼려놓는다. 특히 만들 때 양이 충분해야 맛이 나는 음식들은 이렇게 한다. 매일 카레를 먹지 않아도 되고, 외식을 하면서 며칠 안에 먹어치워야 하는 음식들 때문에 걱정하지 않아도 된다. 밥도 한 번에 많이 해서 조금씩 덜어 냉동해둔다. 먹기 전에 해동을 시키면 밥통에서 오래 묵은 밥보다 더 맛이 있다. 또 밥을 냉동했다가 녹여 먹으면 열량이 줄어든다는 얘기도 있으니 금상첨화다.

힘들고 길었던 하루를 마치고 집으로 돌아오면 시원한 음료수와 과일을 먹고, 얼려두었던 카레와 밥을 데우고, 며칠 전 사두었던 채소들로 간단한 샐러드를 만든다. 냉장고가 없으면 이런 여유로운 일상을 누리는 것은 불가능하다. 바쁠 때는 오랫동안 상온 보관이 가능한 인스턴트 음식만 먹어야 할지도 모른다. 만족스럽지 못한 식사를 하고, 미지근한 물을 마시고, 어느 새 상해버린 과일들을 버리고, 다음 날 상쾌하지 못한 위와 장을 어루만지며 상하기 직전의 우유를 마셔야 할지도 모른다. 정상적으로 기능하는 인간으로서 나의 수행성은 내 삶이 냉장고와 결합되어 있기에 가능한 것이다. 이렇듯 냉장고는 나의 존재 상태에 지대한 영향을 미친다. 이쯤 되면 냉장고는 단순히 내가 사용하는 도구를 넘어 나와 같은 행위자로서의 지위를 인정받아야 한다.

⁎

아무리 냉장고의 가치를 인정한다 해도 '인격'으로까지 대우할 수는 없다면 프랑스의 철학자이자 사회학자인 브뤼노 라투르의 말을 들어보자.[4]

라투르는 기술의 발전은 인간의 필요에 의해 사회적으로 결정된다는 입장과 기술이 자율성을 가지고 인간을 지배한다는 입장을 모두 비판한다. 그런데 라투르의 입장은 이 둘에 대한 절충안이 아닌, 보다 더 급진적인 것으로 존재론적인 사유를 요한다. 라투르는 기술도 능동성을 가진 행위자로 인정한다. 이 말은 기술이 생명을 가지고 있다는 의미가 아니라 사람이 다른 사람의 행동에 영향을 미치듯 기술도 사람의 행동에 영향을 미치고 변화시킨다는 말이다.

안경은 시력이 나쁜 사람에게 지대한 영향을 미친다. 안경을 쓰면 안경을 쓰지 않고는 할 수 없는 일들을 할 수 있다. 눈이 나쁜 사람이 멀리 있는 도로 표지판을 읽을 수 있게 하고 자동차 운전을 할 수 있는 역량을 가진 행위자로 변화시키는 것은 안경이다. 그러니 안경 또한 사람과 동등한 행위자로 간주해야 한다.

또 안경이 시력을 보완하는 수행성을 취득하는 건 시력 나쁜 사람과 결합했기 때문이다. 시력이 나쁜 사람과 결합한 안경은 상점에 진열되어 있을 때와는 다른 존재가 된다. 인간 행위자는 비인간 행위자와 결합하면서 새로운 능력을 얻게 되고, 비인간 행위자도 인간 행위자와 결합하면서 새로운 능력과 의미를 얻는다. 안경을 쓴 사람이라는 새로운 행위자는 인간, 비인간 행위자들의 동맹으로 생겨난 결과다. 모든 기술의 발전은 인간, 비인간 행위자 간의 복잡한 결합의 과정이다. 기술과 사람은 연결되어 서로에게 영향을 미치며, 하나의 거대한 네트워크를 이룬다.

우리가 흔히 '인터넷'이라고 부르는 것 또한 대단히 복잡한 인간, 비인간 행위자들의 동맹으로 이루어진 기술의 한 예다. 쇼핑도 인터넷에서 하고 영화도 인터넷에서 본다. 많은 일을 인터넷에서 하고 인터넷으로 해결한다. 그런데 인터넷이라는 기술은 컴퓨터, 소프트웨어, 통신 기술뿐 아니라 콘텐츠를 제공하고 사용하는 모든 사람들이 연결되어 만들어지는 거대한 네트워크다. 또 이 각각의 요소들도 따지고보면 다른 요소들의 연결로 만들어진 네트워크다. 컴퓨터 하나만 놓고 봐도 각 부품을 만드는 사람들과 부품을 이루는 물질, 부품들의 조합이 특정한 방식으로 작동하도록 설계하는 엔지니어, 여러 나라에서 만든 부품을 운송하는 운송 시스템, 관련 법 등 수많은 인간, 비인간 요소가 결합되어 만들어진 결과다. 또 이 네트워크는 새로운 요소 — 새로운 기술의 발달, 통신과 관련된 법, 정치적 규제 등 — 들이 편입되면서 변한다.

기술이 사회에서 작동하는 과정은 여러 행위자들이 연결되어 네트워크가 형성되고, 그 네트워크가 다른 행위자들을 포섭하고 안정화되는 과정이다. 궁극적으로 구성요소들의 존재는 네트워크에 의존하고, 네트워크의 존재는 구성요소들의 결합에 의존하니 인간이든 비인간이든 네트워크를 구성하는 요소로서 모든 행위자는 동격이다. 그러니 기술과 인간은 동격이다. 인간과 비인간을 구분하는 이분법적인 사고에 반하는 것이다. 이런 라투르의 시각은 갈수록 중요해지는 인간과 기계의 관계에 대해 보다 미래지향적인 생각을 할 수 있게 한다.

우리 사회에 자리 잡은 기계와 인간의 관계에 대한 지배적인 시각은 200년 전 방적기계를 때려 부수던 방적공들의 분노를 유산처럼 안고 있다. 기계를 대항해서 이겨야할 적으로 인식한다. 인공지능에 대해 이야기할 때도 항상 '로봇이 인간을 완전히 대체할 수 있을 것인가'에 대한 질문을 전제로 하고, 한편으로는 결코 기계가 대체할수 없는 인간적인 능력을 찾는 데 집중한다. 산업혁명기의 기계와 기술의 발달은 인간성을 말살시켰으며, 인간성을 회복하는 길은 기계 문명을 멀리하고 자연으로 돌아가는 것이라는 명제가 통용된다. 컴퓨터 게임이 아이들의 창의력 발달을 저해한다는 생각, 스마트폰이 인간관계를 망친다는 우려도 같은 맥락에서 나오는 것이다.

그런데 라투르에 의하면 기계와 인간은 적대적인 관계가 아니라 동맹의 관계에 있다. 내가 무엇을 할 수 있는 능력, 즉 나의 수행성은 내가 비인간 행위자를 포함하여 어떤 다른 행위자들과 동맹을 맺는가에 달려 있다. 기계도 마찬가지다. 중고가전상에 진열돼 있던 중고 냉장고는 소설 속 화자의 방에서 새로운 수행성을 얻는다.

라투르의 이론은 인간의 의식을 주체성의 근원으로 여긴 데카르트적 인본주의에 대한 비판이기도 하다. 우리의 수행성이 우리가 관계 맺는 다른 요소들에 의해 결정되는 것이라면 우리의 주체성이라는 건 우리의 독창적인 의식에서 비롯된 것이 아니라 다른 요소들과 어떻게 관계를 맺는가에 따라 늘 변하는 것이 아니겠는가.

어릴 때부터 지겹도록 들었던 자아 정체성은 결국 내 안에서 만들어지는 것이 아니다. 자아 정체성은 내가 아니라 내가 다른 행위자들—그들이 인간이든 비인간이든—과 관계 맺으며 만들어가는 네트워크로부터 온다. 그리고 그 네트워크는 행위자들이 새로 편입되고 때로는 삭제되면서 늘 변한다. 그러므로 나도 늘 변할 수 있다는 가능성에 노출된다. 사회의 구성원으로 존재하는 한 네트워크를 벗어난 순수한 자아란 있을 수 없다. 나는 늘 다른 요소들과 결합되어 있는 혼종混種이고, 그때그때 발현되는 수행성으로 규정될 뿐이다.

안경을 끼지 않으면 한치 앞도 내 세상이 아니고, 차나 버스가 없으면 나의 존재는 거의 반경 1킬로미터 내로 한정된다. 심장박동기로 생명을 유지할 수도 있고, 인공 수족이 우리의 손발을 대신할 수도 있다. 인공 피부뿐 아니라 동물의 피부를 사람에게 이식하는 법도 연구, 실험 중이다. 돼지의 심장을 사람에게 이식하는 데 대한 연구와 논의도 진행되고 있다. 인간과 비인간의 결합은 갈수록 심오해지고 인간의 존재적 범주가 모호해지고 있다.

〈카스테라〉의 화자는 자신의 존재가 냉장고와 같은 비인간 존재와 불가분의 관계에 있다는 것을 깨닫는다. 그리고 냉장고를 자신과 동등한 행위자로 인정하고 자신의 존재를 냉장고와의 결합을 통해 새롭게 이해하게 된다.

그는 "한 줌의 프레온 가스처럼 지하 세계의 모세관 속을 온종일

해매 다녔고, 밤이 되면 눈부신 한 줌의 성에가 되어 지하의 벽 어딘
가에 들러붙어 얕은 잠을 청하고는 했다. 출구를 발견한 것은—올
라가서 알게 된 일이지만—가을이 거의 끝나갈 무렵이었다. 눈이
부셨다. 그리고 세상의 풍경은 완전히 달라져" 있었다. 냉장고와의
결합을 통해 그는 새로운 인식론을 얻는다. 세상을 인지하고 이해하
는 방식이 달라졌다. 새로운 존재가 된 것이다.

〈카스테라〉의 화자의 깨달음은 포스트휴먼적이다. 인본주의에
바탕을 둔 존재론적 구분을 허문다.

> 우리는 이 세상엔 늘 인간만이 살고 있다고 생각하기 마련이지
> 만 조금만 신경을 기울이면 우리 곁에 〈냉장고〉가 있음을 알 수
> 있다.[5]

냉장고는 그동안 인간으로 분류되지 않았던 모든 것을 대표한다
고 할 수 있다. 이런 반데카르트적 존재론은 《카스테라》에 실린 또 다
른 소설 〈몰라몰라, 개복치라니〉에 등장하는 문장에 압축되어 있다.

> 우리는 생각했다. 그리고, 존재했다.[6]

'고로'가 아니고 '그리고'다. '나는'이 아니고 '우리는'이다. 나의

잘 만들어진 카스테라는 혀로 맛을 느낄 수는 있으나
그 가벼움 때문에 포만감이 들지는 않는다.
우유에 적시면 우유를 재빨리 빨아들여 텍스처가 달라진다.
카스테라를 구성하고 있는 기포같이 생긴 무수히 많은 작은 구멍들은
직육면체의 각 잡힌 모양새 속에 내재하고 있는 유동성을 나타낸다.
어떤 것도 받아들이고 결합할 수 있는 유동성 말이다.

정신은 나의 존재를 규정짓는 근원이 아니라 '우리'라는 네트워크를 만들며 끝없이 결합되고 연결되는 한 부분으로서만 의미가 있다. 존재는 의식에 종속되지 않는다. 나의 존재는 나의 의식이 아닌 나와 연결된 무수히 많은 것들과의 관계에 의해 결정되기 때문이다.

이러한 존재론적 구분을 부정하는 사유는 《카스테라》에 실린 다른 단편들에서도 이어진다. 〈그렇습니까? 기린입니다〉에서 사라진 아버지를 찾던 작중 화자는 기린을 만나고 기린이 아버지임을 확신한다. 〈고마워, 과연 너구리야〉에서는 작중 화자가 "유기체처럼 느리고 무겁게 호흡을 하고" 있는 UFO를 목격하는데, 그 UFO가 사라진 자리에는 너구리가 한 마리 서 있다. 이 종잡을 수 없는 등장인물들, 아니 동물들은 냉장고처럼 인간과 연결된 행위자들이다. 인간과 기린과 너구리, 또 UFO는 서로 결합하여 혼종이 되어 존재의 범위를 공유한다.

〈카스테라〉의 화자는 자기가 소중하게 생각하는 것과 해악이라고 생각하는 것들을 모두 냉장고에 넣는다.

> 책을 넣은 후 아버지를 집어넣고 문을 열어보니 아버지가 책을 읽고 있었다.[7]

아버지와 책과 냉장고도 연결되면서 새로운 존재적 수행성을 갖게 되는 것이다. 그는 미국, 중국, 아버지, 어머니, 일곱 개의 대기업, 다섯 명의 경찰간부, 낙도초등학교 어린이, 한 마리의 비둘기, 병아리 감별사, 67명의 국회의원, 36만 명의 노숙자, 대통령 등 이것저것을 냉장고에 집어넣는다. 그리고 냉장고는 하나의 세계가 된다. 그러나 그 세계를 확인한 다음 날 냉장고 안은 텅 비게 되고, 안에는 보드라운 직육면체의 카스테라가 있다.

카스테라의 생명은 보드라움과 폭신함에 있다. 이 보드라움과 폭신함의 비결은 달걀흰자로 만드는 머랭 때문이다. 흰자를 거품기로 저어 더 이상 액체처럼 흐르지 않을 정도로 만드는 게 관건이다. 너무 과하게 저어도 안 되고 약간의 부드러움을 간직하면서 흐르지 않을 정도의 단단한 상태로 만들어야 한다. 그리고 마치 구름 같기도 한 머랭의 숨이 죽지 않도록 나머지 반죽과 섞어줘야 한다.

잘 만들어진 카스테라는 혀로 맛을 느낄 수는 있으나 그 가벼움 때문에 포만감이 들지는 않는다. 우유에 적시면 우유를 재빨리 빨아들여 텍스처가 달라진다. 카스테라를 구성하고 있는 기포같이 생긴 무수히 많은 작은 구멍들은 직육면체의 각 잡힌 모양새 속에 내재하고 있는 유동성을 나타낸다. 어떤 것도 받아들이고 결합할 수 있는 유동성 말이다.

자신의 존재감보다 다른 것들과의 결합을 통해 빛을 내는 음식들
이 있다. 밥과 빵은 물론이고 두부, 모차렐라 치즈, 무 같은 것들이 그
렇다. 맛있는 게장을 흔히 밥도둑이라고 하는데, 사실 여기서 도둑은
게장이 아니라 밥이다. 밥은 게장의 맛을 흡수해 우리의 입에 전달하
고, 우리가 그 맛을 음미할 수 있도록 혀에 지속적으로 남아 있게 해
준다. 밥이 아니라면 게장은 우리가 그 맛을 음미하기 전에 혀를 지
나쳐 목구멍으로 넘어가버릴 것이다. 밥은 게장과 결합함으로써 우
리의 미각이 경험할 수 있는 가장 알맞은 상태의 게장으로 변신한다.
밥이 게장의 맛을 훔친 것이다.

생선찌개나 생선조림에 들어간 무는 주인공인 생선보다 훨씬 맛
있다. 생선과 모든 양념의 맛을 흡수함으로써 생선보다 더 훌륭한 맛
을 내는 것이다. 모차렐라 치즈가 아니라면 올리브 오일과 레몬 즙만
으로 만든 묽은 샐러드 드레싱 맛을 보기는 힘들 것이다.

올리브 오일 소스 파스타는 파스타 따로 소스 따로 먹게 되기 십
상이다. 이때 빵가루를 넣어보자. 부슬부슬한 빵가루가 허브나 마늘
맛이 밴 올리브 오일을 흡수해 파스타에 달라붙어 소스와 파스타가
온전히 결합된 맛을 내준다. 각각의 재료가 결합될 때 각각의 존재의
범위가 확장되는 것이다.

화자는 냉장고 속에서 발견한 카스테라를 먹으며 달콤함을 느끼

고, 모든 것을 용서할 수 있는 맛이라고 생각한다. 카스테라는 세상의 모든 것들이 존재론적 카테고리에서 벗어나 평등한 관계를 맺음으로써 공동 세계의 일원이 된 맛이기 때문이다. 그리고 그는 눈물을 흘린다. 그 눈물은 혼자였다고 생각했는데 우주의 모든 것과 연결되어 있는 것을 깨달았기 때문에 흘린 것일 수도 있고, 존재의 유동성에 대한 깨달음에서 오는 해방감 때문에 흘린 것일 수도 있다. 그의 존재는 언덕 위의 원룸에 고정되어 있는 것이 아니라 세상 모든 것들과 연결되어 변화하는 과정에 있는 것이다.

> 죽은 인간들의 영혼은 어디로 가는 걸까.
> 아마도 우주로 올라가겠지. 무엇보다 영혼은
> 성층권이라는 이름의 냉장고에서 신선하게 보존되는 것이니까.
> 그러다 때가 되면 다시금 우리 곁으로 돌아오는 거야.
> 어쨌거나 그런 이유로
> 다음 세기에는 이 세계를 찾아온 모든 인간들을
> 따뜻하게 대해줘야지, 라고 나는 생각했다.
> 추웠을 테니까.
> 많이 추웠을 테니까 말이다.[8]

직육면체의 카스테라는 모든 것을 받아들인 냉장고의 다른 모습

이고, 이를 먹은 주인공은 또 다른 냉장고이며, 이 존재론적 구분을
넘나드는 진화는 그의 원룸을 우주로 확장한다.

헤밍웨이의
이유 있는 파리 탐식

어니스트 헤밍웨이 Ernest Hemingway

파리는 날마다 축제 *A Moveable Feast*

《파리는 날마다 축제》는 어니스트 헤밍웨이가 1920년대에 파리에서 작가로서의 정체성을 찾기 위해
고군분투하던 시절을 회고하며 쓴 글들을 모아 놓은 에세이집으로, 헤밍웨이 사후에 출간되었다.

나는 아주 뜻밖의 상황에서 헤밍웨이의 이름을 만
난 적이 있다. '해롤드와 쿠마'라는 미국 코미디 영화 시리즈에서였
다. 이 영화는 두 명의 아시아계 미국인이 벌이는 황당무계한 이야기
를 소재로 하는데, 이 영화의 두 번째 시리즈인 '관타나모 탈출' 편에
는 '헤밍웨이 젖가슴'이라는 별명을 가진 창녀가 나온다. 그녀는 자신
이 커다란 젖가슴을 가지고 있고, 또 그녀가 가장 좋아하는 책이 헤밍
웨이의 《파리는 날마다 축제》[1]라서 이름을 그렇게 지었다고 설명한
다. 실리콘으로 거대해진 젖가슴과 고급 문학의 부조화를 통해 두 주
인공이 당면한 현실의 부조리함을 나타내고자 하는 것인데, 어쩐지
아주 황당한 조합이라는 느낌은 들지 않는다.

《파리는 날마다 축제》에는 B급 영화에나 나올 법한 인물들과 이야기들이 심심찮게 등장한다. 헤밍웨이는 와인과 함께 체리 타르트를 먹으면서 F. 스콧 피츠제럴드F. Scott Fitzgerald의 성기의 크기에 대해 말하고, 지붕에서 뛰어내리고 싶은 욕망을 억누르기 위해 끊임없이 아편을 먹어야 하는 시인에 대해서도 얘기한다. 겨울의 차가운 비를 피한다는 핑계로 형편없는 카페에 처박혀 온종일 술을 마셔대는 주정뱅이들도 등장한다. 시인인 어니스트 월시Ernest Walsh는 폐결핵을 치료하기 위해 굴을 먹고, 그런 월시를 보며 헤밍웨이는 폐결핵을 치료하기 위해 정액을 먹는다는 캔자스의 창녀들을 떠올린다.《파리는 날마다 축제》에 풀어놓은 그의 이야기는 이렇듯 노골적인 색을 띠고 있다. 어떤 이들은《파리는 날마다 축제》를 푸드포르노라고 규정하는데, 이런 거침없는 표현들을 보면 그렇게 볼 만도 하다.

성적 욕망이나 쾌감을 일으키는 이미지나 행위에 대한 묘사를 '포르노'라 한다. '푸드포르노'는 먹고 싶은 욕망을 불러일으키거나 보는 것만으로도 그 욕망을 충족시킬 만큼 자극적이고 유혹적인 음식의 이미지 또는 먹거나 요리하는 행위를 의미한다. 그런데 요즘은 그 의미가 점차 확장되어 음식이 어떤 식으로든 성적인 요소들을 연상시키는 이미지를 푸드포르노라고 부르기도 한다. 더 넓게는 인스타그램, 페이스북 등 각종 SNS 공간을 가득 채우고 있는 수많은 음식 사진들을 두고 푸드포르노라고 말하기도 한다.

사실 여기에는 음식을 그 본연의 기능인 생존과 음식이 만들어지기까지의 노동 과정을 배제하고 일종의 페티시즘*의 대상으로 만드는 데 대한 비판적 시각도 담겨 있다. 어떤 의미로든《파리는 날마다 축제》에서 만나는 헤밍웨이의 글은 그게 음식과 관련된 일화든, 음식에 대한 표현이든, 음식 먹는 행위에 관한 묘사든 푸드포르노라고 불려도 틀렸다고 할 수 없다. 그의 글은 사진 못지않게 감각적이고 생생하다.

어느날 어니스트 월시는 파리의 생미셸 거리에서 가장 좋은 레스토랑으로 헤밍웨이를 초대해 근사한 식사를 대접한다. 월시는 먼저 굴과 부르고뉴산 백포도주 푸이이퓌세를 주문한다. 그가 주문한 굴은 헤밍웨이가 평소에 먹는 저렴한 포르투갈산이 아닌 프랑스 마렌느산이었다. 마렌느산 굴은 마렌느 지방에서 특별한 방식으로 양식되는 굴로, 맛과 품질이 뛰어나 세계적으로 유명하다. 마렌느 굴은 강 하구에서만 양식되는데, 거기에 서식하는 특정한 규조류와 조류로 인해 헤밍웨이가 묘사한 것처럼 희미한 구릿빛을 띤다. 헤밍웨이는 월시가 굴을 한 접시 더 먹겠느냐고 물었을 때 망설임 없이 그러겠다고 답한다.

* 정신분석학에서 신체의 일부 또는 특정한 사물에 대하여 성적 애착을 느끼는 심리를 의미하고 종교학에서는 물신숭배를 말하지만, 물건에 대한 과도한 집착을 뜻하는 말로 흔히 쓰인다. 마르크스는 자본주의 사회에서 노동의 생산물인 상품을 마치 그 본연의 가치를 가진 것으로 여기는 것을 페티시즘이라고 칭했다.

헤밍웨이가 굴을 먹은 경험을 묘사한 글을 읽다보면 마치 굴들이 글자로 환생하는 듯하다.

잘게 부순 얼음이 깔린 은쟁반 위에 놓인 납작한 굴을 들어 레몬 즙을 뿌릴 때마다 믿을 수 없을 만큼 섬세한 살의 갈색 가장자리가 놀란 듯이 움츠러드는 것을 보며 그것을 껍질로부터 떼어내 조심스럽게 먹었다.[2]

혼자 저렴한 포르투갈산 굴을 먹었던 때를 묘사하는 문장들도 대단히 관능적이고 유혹적이다.

굴의 강한 바다 맛과 희미한 금속성 맛이 차가운 백포도주에 씻기고 입안에서 바다의 풍미와 부드럽고 즙 가득한 육질만이 느껴질 때, 그리고 굴 껍데기에 남아 있는 차가운 즙을 마시고 상큼한 와인으로 씻어 넘길 때 나는 공허함을 잊고 기분이 좋아져 무엇을 할지 계획을 세우기 시작했다.[3]

《파리는 날마다 축제》의 거의 모든 페이지에 음식과 술이 등장한다. 헤밍웨이가 파리에서 혼자 거리를 걷거나 생각을 하거나 글을 쓰던 시간, 아내인 해들리와 함께했던 시간, 또는 지인들과 함께

했던 모든 시간과 장소는 음식과 술로 풍성하다. 그래서《파리는 날마다 축제》는 헤밍웨이의 '먹방', '먹북'이라고 해도 과언이 아니다. 어느 프로 미식가에게도 뒤지지 않을 전문 지식과 뛰어난 글솜씨로 그는 자신이 파리에서 맛본 여러 음식들에 대한 이야기를 독자들에게 끊임없이 제공한다. 그의 글을 읽고 있노라면 낯선 음식일지라도 입안에 침이 고이고, 언젠가는 꼭 먹어봐야겠다는 다짐을 하게 된다.

헤밍웨이가 탐식가이자 미식가임은 틀림없는 사실이다. 피츠제럴드는 헤밍웨이에게 보낸 편지에서 "소중한 파파, 투우사, 미식가 등등에게"라는 표현으로 헤밍웨이를 칭한 적이 있다.[4]

헤밍웨이의 미식가로서의 자질은 어린 시절부터 그 기초가 탄탄하게 다져졌다. 그의 아버지 클라렌스 헤밍웨이는 의사이면서 동시에 훌륭한 요리사이기도 했다. 그는 피클과 잼을 직접 담갔을 뿐 아니라 온갖 종류의 생선과 해산물을 구해 요리했고 사슴 고기, 거북 고기와 알, 개구리 뒷다리 등 평범하지 않은 식재료들도 즐겨 사용했다. 캠프파이어를 할 때 야생벌집에서 직접 채취한 꿀과 산에서 따온 블랙베리로 파이를 굽기도 했다. 새로운 레시피를 시험해보는 걸 즐겼고, 자녀들이 다양한 음식의 맛에 익숙해지도록 교육했다.[5] 덕분에 헤밍웨이 집안의 아이들은 거위 간 파테 같은 진기한 음식의 맛에도 어릴 때부터 길들여졌다.

이렇듯 특별한 미식 교육을 받으며 자란 헤밍웨이가 《파리는 날마다 축제》에 쏟아낸 음식과 식재료에 대한 지식은 참으로 해박하다. 이 책을 프랑스 요리에 관한 참고서적으로 이용해도 좋을 정도다. 그는 술에 대한 지식도 상당한데, 이 책에서는 서른 가지가 넘는 술에 대해 언급하고 있고, 와인 종류만 해도 열여섯 가지 정도가 나온다. 또 어떤 와인이 어떤 음식과 어울리는지도 알려준다. 누구든 파리에서 보낸 시간을 회상한다면 음식 이야기를 빼놓을 수 없겠지만 헤밍웨이의 음식에 대한 코멘트는 보통 수준을 넘어선다.

온갖 종류의 음식을 먹고 즐길 수 있도록 훈련된 헤밍웨이에게 파리에서 만나는 음식들은 그게 평범한 음식이든 진귀한 음식이든 낯설기보다 흥분과 무한한 즐거움을 준다. 센 강변의 퐁네프 다리 아래에서 낚시꾼들이 잡아 올린 구종Goujong이라는 작은 생선을 보면서 헤밍웨이는 그 생선을 어떻게 요리하는 게 맛있는지, 어디에 가면 먹을 수 있는지에 대해 한바탕 이야기를 쏟아놓는다. 구종은 우리나라의 뱅어와 가장 가까운데, 보통 달걀과 빵가루를 입혀 통째로 튀긴다.

헤밍웨이는 구종튀김은 맛이 좋아서 한번에 몇 접시나 먹어 치울 수 있다고 말한다. 통째로 튀긴 구종은 살이 많고 단맛이 나서 정어리보다 훨씬 맛이 있고 전혀 느끼하지 않아 뼈까지 모두 먹을 수 있다는 것이다. 또 그는 맛있는 구종튀김을 먹을 수 있는 곳으로 파리의 남서쪽 교외에 위치한 바 뫼동 지역 강변에 있는 노천식당을 추천한다. 그곳에서는 맛 좋은 구종튀김뿐 아니라 기가 막히게 훌륭한 뮈스카데 백포도주를 곁들일 수 있기 때문이라고 덧붙인다. 또 굳이 거기까지 가지 않더라도 파리 시내의 생루이 섬에도 구종튀김을 잘하는 곳이 여러 군데 있다고 일러준다.

생소한 이름의 음식도 꽤 많이 등장하는데, 그중 하나가 세르벨라다. 세르벨라는 보통 돼지의 살코기와 비계 외에 돼지 뇌가 들어간 짧고 굵은 소시지를 말하는데, 헤밍웨이가 파리의 생제르맹에 있는 리프*라는 레스토랑에서 배고픈 참에 먹었던 점심에 대해 이야기할 때 등장한다. 헤밍웨이는 리프에서 차가운 생맥주, 올리브 오일과 식초 드레싱에 버무린 삶은 감자 샐러드, 그리고 세르벨라를 주문한다. 그의 표현에 의하면 세르벨라는 묵직하고 넓적한 프랑크푸르트 소시지 같은데, 반으로 갈라 그 위에 특별한 머스터드 소스를 뿌려서 낸

* 파리 생제르맹 대로에 위치한 브라세리(술과 음식을 즐길 수 있는 캐주얼한 레스토랑 또는 바). 헤밍웨이뿐 아니라 폴 베를렌Paul Verlaine, 기욤 아폴리네르Guillaume Apollinaire 같은 문인들도 자주 드나들었던 곳으로 파리의 전설 같은 장소 중 하나다. 지금은 현지인들뿐 아니라 관광객들도 많이 찾아와 늘 붐빈다. 1935년에 당시 주인이었던 마르셀랭 카제Marcellin Cazes가 '카제상'이라는 문학상을 만들어 매년 다른 문학상을 받지 못한 작가 중 한 명을 뽑아 상을 수여하기 시작했고, 이 상은 지금도 유지되고 있다.

다. 그는 세르벨라 한 접시를 더 주문한다. 그리고 빵으로 올리브 오일 드레싱과 머스터드 소스를 남김없이 닦아서 먹고 맥주가 미지근해질 때까지 천천히 마신 후 맥주 반 잔을 더 주문한다.

헤밍웨이의 문장을 읽고 있으면 세르벨라를 맛보고 싶다는 생각이 간절해진다. 아니나 다를까 세르벨라는 헤밍웨이 덕분에 이 식당에서 가장 유명한 요리가 되었고, 지금까지도 메뉴에 포함되어 있다. 전채 요리인 오르되브르 섹션의 첫 번째 메뉴가 바로 세르벨라 레뮬라드다. 헤밍웨이가 특별한 머스터드 소스라고 말한 것은 바로 레뮬라드를 두고 한 말인데, 이 소스는 마요네즈에 마늘, 겨자 등을 넣어 만든 소스다.

집과 작업실을 오가는 평범한 일상에 대해 회상할 때도 먹을 것이 빠지지 않는다. 집에서 작업실로 가는 길에 그는 군밤과 만다린을 샀다. 또 작업실에는 체리를 발효시켜 만든 브랜디의 일종인 키르슈라는 술을 두고 글이 완성될 때쯤이나 하루 일과를 마칠 때쯤 한잔씩 마시곤 했다.

아내 해들리와 함께한 일상에 대한 기억도 맛있는 음식으로 가득하다. 어느 날 헤밍웨이가 카페에서 작업하면서 카페크렘* 한 잔밖

* 프랑스 카페에서는 아직도 "커피 한 잔 주세요"라는 간단한 주문이 통한다. 이때의 커피는 보통 에스프레소를 말한다. 헤밍웨이가 말하는 카페크렘은 에스프레소에 우유와 우유 거품을 넣은 것이다. 약간의 우유나 크림을 넣은 것은 카페누아제트라고 하고 주문할 때는 "누아제트 한 잔"이라고 하면 된다. 우유만 풍부하게 넣은 카페오레, 아메리카노처럼 연한 카페알롱제도 있다.

굴의 강한 바다 맛과 희미한 금속성 맛이
차가운 백포도주에 씻기고
입안에서 바다의 풍미와
부드럽고 즙 가득한 육질만이 느껴질 때,
그리고 굴 껍데기에 남아 있는 차가운 즙을 마시고
상큼한 와인으로 씻어 넘길 때
나는 공허함을 잊고 기분이 좋아져
무엇을 할지 계획을 세우기 시작했다.

에 마시지 않아 허기진 상태로 집에 돌아왔을 때 해들리는 점심 메뉴를 알려준다. 그는 그날의 점심 메뉴를 전채 요리부터 후식까지 무엇 하나 빠뜨리지 않고 기록한다. 작은 래디시와 으깬 감자를 곁들인 송아지 간 요리와 앙디브* 샐러드, 그리고 사과 타르트.

해밍웨이는 경마장에 가는 걸 좋아했는데, 돈에 쪼들리다 보니 자주 갈 형편은 못되었지만 가끔 가서 돈을 따면 맛있는 음식을 먹는 데 아낌없이 썼다. 어느 날 해들리와 여행에서 돌아오던 길에 들른 경마장에서 운 좋게도 돈을 땄을 때 그들은 레스토랑에 들러 굴과 멕시코 게 요리를 상세르 와인과 함께 먹는다. 그리고 저녁에는 미쇼라는 레스토랑에서 식사를 한다. 미쇼는 투르네도스 스테이크**를 파는 고급 식당일 뿐 아니라 해밍웨이에게 특별한 의미가 있는 곳이다. 이곳은 제임스 조이스James Joyce가 그의 가족과 식사를 하던 단골 레스토랑이었다. 초보 작가인 해밍웨이에게 미쇼에서 식사를 한다는 것은 비싸고 근사한 음식을 먹는 것 이상의 의미가 있었다. 즉, 작가로서의 성공과 명성을 상징하는 것이었다.

---

* 작은 배추같이 생긴 치커리과의 채소다. 프랑스에서 많이 먹는다. 요즘에는 우리나라 마트에서도 종종 볼 수 있다.
** 투르네도스는 소 안심 중에서도 가장 두툼한 부분에서 잘라낸 가장 비싼 부위이다. 투르네도스 스테이크라 하면 보통 투르네도스 로시니를 말하는 경우가 많다. 두툼한 투르네도스 스테이크 위에 버터에 살짝 구운 푸아그라를 올리고 그 사이에 저민 송로버섯을 넣고 마데이라 소스를 끼얹는다. 소문난 미식가였던 작곡가 조아키노 로시니를 위해 사보이호텔 셰프였던 오귀스트 에스코피에가 만들었다는 설이 있다.

《파리는 날마다 축제》는 헤밍웨이가 작가로서의 정체성을 찾기 위해 고군분투했던 자신의 젊은 시절을 회상하면서 쓴 자서전적 글이다. 작가로서의 정체성을 찾고 성공에 이르기까지 그가 파리에서 보낸 시간은 매우 중요했다. 《파리는 날마다 축제》의 음식 이야기를 좀 더 곱씹어보면, 헤밍웨이에게 음식에 대한 탐닉은 단순한 미각적 쾌락의 추구나 생리적 욕구의 만족뿐만이 아니라 자신의 욕망에 대한 날카로운 자각과 자기 절제가 함께하는 과정이었다는 것을 알 수 있다.

헤밍웨이는 늘 배가 고팠다고 말한다. 그도 그럴 것이 그 시절의 헤밍웨이는 파리에 막 도착한 스물두 살의 가난한 작가 지망생이었다. 파리에서 보낸 시간은 그가 작가로서 생계를 꾸리며 살아갈 수 있을지에 대해 고민하던 시간이었고, 배고픔은 이런 고민을 몸으로 느끼게 해주었다. 특히 거리마다 카페와 빵집이 넘쳐나는 파리에서 느끼는 허기는 견디기 힘들었을 것이다. 그래서인지 그는 집에서 작업실로 갈 때 카페나 빵집이 있는 골목들을 일부러 피해 다니기도 했다고 회상한다.

그러나 헤밍웨이는 배고픔을 창작의 원천으로 삼았다. 가끔 그는 식사를 거르고, 신 룩상부르그 미술관에 가서 폴 세잔의 그림을 보거

나 셰익스피어 앤 컴퍼니*라는 서점에 들러 서점 벽에 걸려 있는 사
진들을 보곤 했다. 허기는 그의 지각을 예리하게 일깨워주고 새로움
에 눈뜨게 해주었다고 회상한다.

　또 헤밍웨이는 배고픔을 참는 것을 작가가 되기 위한 자기훈련의
과정으로 여겼다. 그래서 하나의 글을 완성했다는 것, 또 그 글로 돈
을 벌었다는 것은 음식에 대한 유혹을 물리치고 이뤄낸 뿌듯한 성과
였다. 이때 그는 어떤 음식을 먹든 자신의 모든 감각을 사용해 그 음
식을 음미한다. 음식은 자기 절제에 성공하고 배고픔을 더욱 예리한
경험으로 만들어주는 도구가 된다. 그래서 《파리는 날마다 축제》에서
배고픔은 음식을 먹는 것 못지않은 중요한 경험이고 삶에 대한 열망
으로 가득 찬 헤밍웨이의 젊은 날에 대한 회고에서 핵심 은유다.

　헤밍웨이가 《파리는 날마다 축제》에서 펼치는 '먹방'의 중요한

---

* 실비아 비치Sylvia Beach라는 미국인이 1919년 파리 뒤퓌트렌가에 문을 연 영어로 된 책을 취급
했던 서점으로, 1922년에 오데옹가로 옮겼다. 셰익스피어 앤 컴퍼니는 1920년대에 파리에 거주
하던 많은 영·미 문인들의 모임 장소가 되었고, 특히 미국 문인들에게는 파리에서 찾은 고향 같
은 곳이기도 했다. 실비아 비치는 제임스 조이스의 《율리시즈Ulysses》를 출판하기도 했다. 비치
의 서점은 1941년 독일군이 파리를 점령했을 때 문을 닫았다. 그 후 1952년 미국인 조지 위트만
Goerge Whitman이 부셰리가에 르 미스트랄이라는 서점을 열었는데, 후에 실비아 비치에 대한
경의의 표시로 서점 이름을 셰익스피어 앤 컴퍼니로 바꾸었고 아직도 운영 중이다.

의미는 장소가 파리라는 점이다. 그의 음식에 대한 탐닉은 그가 있었던 장소와 시간과 필연적 관계를 맺고 있다. 헤밍웨이가 작가의 꿈을 안고 1921년 겨울 파리로 간 것은 헤밍웨이 개인의 선택을 넘어선 일이었다.

1920년대는 경제 호황과 함께 문화적, 예술적 역동성을 주요 특징으로 들 수 있다. '포효하는 20년대'라고 하기도 하고 '재즈시대'라고 하기도 한다. 이때 파리를 선택한 작가는 헤밍웨이만이 아니었다. 그 무렵 파리는 이미 세계 각지에서 작가의 꿈을 안고 모여든 젊은이들로 북적였고, 미국의 많은 젊은 작가들도 파리로 모여들었다.*

제1차 세계대전 이후 미국은 경제적, 문화적으로 생기가 넘쳤다. 특히 1920년대의 미국은 사회적, 정치적으로 엄청난 변화를 겪었다. 자동차와 비행기 등의 기술이 발전해 이동이 자유로워지면서 처음으로 도시에 거주하는 인구수가 지방 인구수를 넘어섰다. 전화, 영화 등의 발전은 거대한 미국을 동일한 하나의 문화권으로 만드는 데 기여했다. 여성들의 투표권 획득과 자유분방한 생활, 또 흑인 문화의 발전 등으로 미국은 활기가 넘쳤다. 그러나 한편으로는 엄청난 수의 이민자들이 유입되면서 외국인의 비율이 높아지고 다양한 문화가

* 헤밍웨이보다 먼저 와 있던 거트루드 스타인을 비롯해 셔우드 앤더슨Sherwood Anderson, F. 스콧 피츠제럴드, 존 도스 패소스John Dos Passos, 케이 보일Kay Boyle, 듀나 반즈Djuna Barnes 등의 작가들도 모두 비슷한 시기에 파리에 머문 미국 작가들이다.

혼재하게 되었다.

이러한 다양성과 자유분방함은 많은 미국인들로 하여금 미국적인 정체성에 대한 위기의식을 느끼게 했고, 다양성과 자유에 대해 규제를 가하기 시작했다. 예를 들면 1920년 1월부터 금주법이 본격적으로 시행되었다. 이는 이탈리아 이민자들이 주력하고 있던 주류 사업을 규제하려는 목적과 음주로 인한 가정폭력을 줄이고자 했던 기독교 여성단체들의 목소리가 맞아떨어진 결과물이었다. 그러나 금주법은 오히려 밀주 사업을 키웠고, 마피아 같은 갱단이 급성장하는 결과를 초래했다. 알 카포네라는 유명한 갱단 두목이 활동한 것도 바로 이 시기이다. 알 카포네는 마피아 조직을 이끌고 시카고를 중심으로 전국적으로 세력을 확장하며 막대한 부를 축적했다. 갱단과 경찰의 마찰로 인해 수백 명이 목숨을 잃었는가 하면 부정부패가 만연하던 시기였다. 이민자들에 대한 반감이 커지면서 인종차별도 심화되었다. KKK단의 세력이 극에 달한 것도 이때다.

한편, 미국은 이때를 기점으로 대량소비사회로 전환하면서 물질주의에 젖어들고 있었다. 사람들은 현란한 광고가 만들어내는 물질적 욕구를 자신의 욕망이라고 여겼다. '아메리칸 드림'은 물질적 화려함을 추구하는 것으로 변질돼가고 있었다. 그뿐 아니라 미국은 자국의 안위와 이익 보호를 위해 다른 나라들로부터 스스로를 고립시켰다. 젊은 지식인들, 특히 참전 경험이 있는 이들에게 이런 미국은 전쟁으로 피폐해진 정신을 위로해줄 고향이 아닌 낯선 곳이었다. 그들이 믿고 있던 가치들은 더 이상 쓸모없는 것들이 되었다.

물질주의가 팽배해진 미국 사회에서 가난한 젊은 작가들은 소외감을 느꼈다. 그들은 파리가 자유와 정신적인 풍요로움을 줄 수 있다고 믿었고, 많은 작가들과 예술가들이 파리로 떠났다. 스스로 떠났지만 그들의 파리행은 미국이 더 이상 그들이 사랑하는 조국의 모습이 아니고 그들의 작가정신을 실현시킬 만한 곳이 아니라는 판단하에 내린 어쩔 수 없는 선택이기도 했다. 때문에 어떤 이는 이를 두고 '자발적인 망명'이라고 불렀다.

일찌감치 파리에 자리를 잡고 있었던 거트루드 스타인Gertrude Stein은 당시 파리로 건너온 작가들을 포함해 전쟁을 겪으며 성년이 된 젊은 세대를 가리켜 "잃어버린 세대"라고 불렀다. 헤밍웨이는 후에 "여러분은 모두 잃어버린 세대다"라고 한 스타인의 말을 그대로 자신의 소설 《태양은 다시 떠오른다The Sun Also Rises》의 서문에 인용한다.

모국을 떠나 망명자로 산다는 것은 매우 특별한 경험이다. 에드워드 사이드에 의하면 조국을 떠나 타국에서 산다는 것은 자기성찰을 할 수 있게 해주고, 좀 더 독립적인 마인드를 갖게 하고, 비판적인 시각과 창의적 비전을 가질 수 있게 한다. 그뿐 아니라 하나 이상의 문화를 접하면서 동시다발적으로 존재하는 현실의 여러 면에 대해 포괄적으로 이해할 수 있다.[6] 헤밍웨이 역시 식물이 때에 따라 옮겨 심어줘야 잘 자라는 것처럼 사람도 다른 곳으로 옮겨갔을 때 있던 곳에 대해 더 잘 이해하고 쓸 수 있다고 말한다. 자신의 고향인 미시간에 대해 더 잘 쓸 수 있었던 것도 고향을 떠나 있었기 때문이라는 것이다.

헤밍웨이는 파리는 작가들이 글을 쓰기에 가장 좋은 곳이라고 회상한다. 프랑스, 특히 파리는 미국보다 자유로운 곳이었다. 술이든 성적 쾌락이든 다른 무엇이든 욕망할 수 있는 자유가 허용되고, 그 욕망들을 표출할 수 있었다. 무엇보다 중요한 것은 그 욕망들에 대해 자유롭게 쓸 수 있었다는 것이다.

파리는 전 세계에서 모여든 예술가들과 작가들을 모두 품은 국제적인 도시였다. 그곳에선 지적이고 예술적인 것에 대한 개방적인 사고와 전통에서 벗어난 실험적인 시도들이 환영받았다. 동시에 오랜 역사와 전통에서 나오는 삶에 대한 철학적 관조와 긴 시간을 두고 일상에 켜켜이 스며든, 쉽게 무너지지 않는 삶의 방식이 있었다. 여기에는 세련된 취향과 거리를 걸으며 다른 사람들의 삶에 눈길을 줄 수 있는 여유와 수준 높은 음식이 포함된다.[7] 즉 프랑스 음식은 프랑스의 삶의 방식 자체이기도 하다.

헤밍웨이에게 파리의 음식은 그 도시의 맛과 냄새와 촉감이 된다. 음식에 대한 탐닉은 파리라는 도시를 온몸으로 받아들이는 방법이다. 그리고 그 도시에서의 경험은 글쓰기를 통해 작가로서의 정체성을 만들어가는 데 있어서 중요한 자양분이 된다. 그는 음식을 통해 문화적 혼종을 이루어 그만의 글쓰기를 위한 떼루아*를 만들어낸 것이다.

헤밍웨이의 파리는 글쓰기를 통해 지리적인 장소를 넘어 신화적인 곳으로 변한다. "조국을 떠난 사람에게는 글쓰기가 그의 조국이 된다"는 테오도어 아도르노Theodor W. Adorno의 말처럼 헤밍웨이는 미국을 떠나 파리에서 작가로서의 인생 여정을 시작함으로써 글쓰기를 그의 확실한 조국으로 만들었다. 그래서 그의 음식에 대한 태도는 미식가의 열정을 넘어서는 것이고, 음식에 관한 그의 문장들은 단순히 푸드 포르노라고 부를 수만은 없는 것이다.

---

* 와인의 원료가 되는 포도를 생산하는 데 영향을 미치는 토양이나 기후 따위의 조건을 통틀어 이르는 말

소심한 영국 남자의 선택,
파스타

줄리언 반스Julian Barnes

예감은 틀리지 않는다 *The Sense of an Ending*

줄리언 반스는 영국의 대표적인 현대 작가로, 대중성과 작품성을 인정받으며 활발한 작품 활동을 하고 있다. 이언 매큐언, 가즈오 이시구로, 마틴 에이미스 등과 함께 '골든 제너레이션' 작가로 불린다. 여러 작품이 부커상 후보에 올랐고, 2011년에 출간한 열한 번째 소설 《예감은 틀리지 않는다》로 부커상을 수상했다.

루꼴라와 토마토 샐러드, 과일 쿨리를 곁들인 판나코타, 그릴에 구운 대구 요리와 핸드 컷 감자튀김, 칠레산 소비뇽블랑 화이트와인, 고르곤졸라 치즈와 호두 소스 펜네. 판나코타는 이탈리안 디저트고, 쿨리는 과일을 설탕과 함께 조린 후 퓨레로 만들어 체에 거른 소스를 말하는 프랑스 용어다.

　　음식 이름만 들었을 때 어떤 종류의 식당이 떠오르는가? 세련된 현대식 퓨전 이탈리안 레스토랑이 떠오르지 않는가? 놀랍게도 이 음식들은《예감은 틀리지 않는다》[1]의 주인공 토니 웹스터가 음식 맛없기로 소문난 영국 런던에 있는 평범한 식당들에서 먹는 음식들이다.

　　토니 웹스터는 1960년대에 사춘기를 보내고 브리스틀대학에서 역사를 공부했고 이혼을 했고 딸이 하나 있는, 지루할 만큼 평범한 프로필을 가진 60대 영국 남자다. 특별히 모험적인 성격도 아니고 문자보다 전화가 더 편한 세대다. 딸과도 전 부인과도 그럭저럭 잘 지내는 편이다. 그리고 자신은 모든 면에서 중간 정도의 삶을 살아온 것 같다고 생각한다. 이런 남자가 선택한 메뉴가 세련된 이탈리안 레스토랑을 떠올리게 하는 음식들이라니.

알고 보면 이탈리아 음식은 영국에서 가장 대중적인 음식이다. 최고급 식당부터 저렴한 피자나 파스타를 파는 프랜차이즈 레스토랑까지 영국에는 모든 종류의 이탈리아 식당이 있다.

영국에서 이탈리아 음식의 역사는 서기 43년 로마제국이 영국을 침공했을 때로 거슬러 올라간다. 이 전쟁을 통해 양파, 샬롯, 대파, 양배추, 완두콩, 셀러리, 무, 아스파라거스 등의 채소가 영국 음식 문화의 일부가 되었다. 체리, 사과, 포도 같은 과일도 그때 영국에 들어왔고, 식용 공작새나 기니 새도 영국의 식탁에 오르기 시작했다. 중세시대에는 라비올리 같은 파스타 요리가 영국 상류계층에서 유행했다. 1390년에 영국에서 최초로 출간된 요리책 《요리의 방법》*에는 라자냐, 라비올리, 마카로니에 대한 레시피가 실렸다.

---

* *The Forme of Cury.* 중세 영국 요리의 레시피들을 모아 놓은 책으로, 원래는 두루마리 형식으로 만들어졌다. 저자는 '리처드 2세의 셰프들'이라고 적혀 있다. 올리브유와 너트맥, 정향 같은 향신료들이 처음으로 등장한 요리책이다.

영국에 이탈리아 음식을 전문으로 하는 레스토랑이 본격적으로 생기기 시작한 것은 1960년대이고, 그전에는 이탈리아 이민자들이 운영하는 카페에서 음식을 함께 팔았다. 처음 생긴 이탈리안 레스토랑들은 트라토리아* 형식의 식당들이었는데, 송아지 고기 커틀릿, 카르보나라 소스 파스타, 볼로네즈 소스 스파게티, 라자냐, 오징어 튀김, 자발리오네** 등이 대표적인 메뉴였다.[2]

1970년대에는 인기가 좀 식었지만 피자와 파스타는 영국 음식 문화에서 중요한 위치를 차지하게 되었고, 전문 프랜차이즈 레스토랑들이 지속적으로 생겨났다. 그뿐 아니라 파스타는 영국 가정이나 학생 식당에서 쉽게 먹을 수 있는 메뉴로 자리 잡아갔다. 1990년대에 고급 이탈리안 레스토랑들에서는 소박한 이탈리아 농가의 음식들을 메뉴로 선보였다. 그리고 2000년대에는 좀 더 현대적인 맛으로 업그레이드된 메뉴들을 선보이는 레스토랑들이 많이 생겨났고, 이즈음 이탈리아 음식은 영국에서 가장 인기 있는 외식 메뉴 중 하나가 되었다.

사실 피자와 파스타는 세계에서 가장 대중적인 음식이라고 해도 과언이 아니다. 피자와 파스타를 먹을 수 없는 도시는 전 세계적으로 거의 없을 듯하다. 국제 파스타 협회의 통계에 따르면 파스타를 가장

---

* 레스토랑보다는 대중적이고, 바 형태의 오스테리아보다는 식당으로서의 격식을 갖춘 형태의 음식점
** 달걀노른자와 설탕, 마살라 와인으로 만든 이탈리안 커스터드다. 그대로 먹거나 과일을 곁들여 먹기도 한다.

많이 소비하는 나라는 이탈리아 다음으로 베네수엘라라고 한다. 영국 사람들은 자신들보다도 남미 사람들이 파스타를 더 많이 먹는다는 사실이 놀라울 따름이다.

아닌 게 아니라 피자와 파스타는 이탈리안 레스토랑에서뿐만 아니라 거의 모든 종류의 식당과 카페의 메뉴에 등장한다. 그뿐 아니라 나라를 막론하고 집에서 가장 많이 하는 요리 중 하나가 파스타라고 한다. 우리나라도 요즘 라면 다음으로 인기 있는 간편 요리가 파스타가 아닐까 싶다. 어떤 주꾸미 전문점의 메뉴에 고르곤졸라 피자가 있는 것도 보았다. 한 학자는 파스타의 인기를 문화 현상으로 이해한다. 사람들이 이탈리아인들의 라이프 스타일과 그들의 심플한 음식을 좋아한다는 것이다.

이유야 어떻든 이탈리아 음식은 영국 음식 문화의 일부가 되었다. 이탈리아 음식점이 아니더라도 가벼운 식사를 할 수 있는 카페 같은 곳에서도 한두 가지 종류의 파스타는 늘 메뉴에 포함되어 있다.

《예감은 틀리지 않는다》는 토니 웹스터의 과거로의 탐험을 그리고 있다. 소설 속에서 토니는 자신의 고등학교 시절, 대학 시절, 대학 졸업 후, 그리고 현재를 오간다. 여기에서 시간의 기준점 역할을 하는 것은 음식이다. 이탈리아 음식은 그의 현재를 의미한다. 토니가 어디에서 누구와 무엇을 먹든 이탈리아 음식이 빠지지 않는다.

토니는 대학 시절 여자친구였던 베로니카의 어머니가 죽으면서 자신에게 500파운드의 현금과 오래전 자살한 친구 에이드리언의 일기장을 남겼다는 사실을 알고 혼란에 빠진다. 전 여자친구의 어머니가 왜 자신에게 돈을 남겼는지도 도무지 알 수 없었지만 에이드리언의 일기장을 베로니카가 가져가버렸다는 사실이 더 황당하다. 그는 전 부인 마거릿에게 자초지종을 설명하며 그녀를 자신의 과거로의 탐험에 일종의 상담사로 초대한다.

토니가 마거릿과 만나 먹는 음식들에는 이탈리아 음식이 빠지지 않는다. 전 부인과 만나 이런저런 사는 얘기를 나누며 먹는 가벼운 점심이니 로맨틱한 분위기이거나 고급스러운 레스토랑은 아닐 것이다. 먹는 음식들을 보면 현대적인 유럽풍 퓨전 음식들을 파는 캐주얼한 카페인 것 같다. 그들이 여기에서 먹은 음식에는 루꼴라와 토마토 샐러드, 과일 쿨리를 곁들인 판나코타 같은 이탈리아 음식이 포함되어 있다.

토니가 대학 시절 사귀었던 베로니카를 몇 십 년 만에 만나 점심을 같이한 곳은 존 루이스 백화점이다. 1800년대에 생긴 이 백화점은 패션이나 화장품보다는 가전, 생활용품, 주방용품 등 집안 살림과 관련된 상품에 주력하는 백화점이다. 실용적인 면에 중점을 둔 곳이라 인테리어도 전혀 특별할 게 없다. 쇼핑을 하는 것 외에 특별히 시간을 보내고 싶은 분위기는 아니다. 40년 만에 옛 여자친구를 만나는 장소로 이런 백화점 내에 있는 식당은 적절해 보인다.

그들은 백화점 내에 있는 브라세리에서 만난다. 브라세리는 레스토랑보다 편안하고 캐주얼한 분위기의 프랑스식 식당으로, 간단한 식사와 커피, 와인 등을 주문할 수 있는 곳이다. 이곳에서 베로니카가 선택한 메뉴 역시 파스타다. 어떤 종류의 파스타인지는 언급되지 않았지만 가장 로맨틱하지 않은 곳에서 가장 평범하고 편한 음식을 먹은 것이다.

토니는 자기가 베로니카의 아들이라고 추정한 에이드리언을 만나기 위해 금요일마다 런던의 북쪽 동네에 있는 한 펍을 찾아간다. '윌리엄 4세'라는 지극히 전통적인 이름을 가지고 있는 펍이다. 그런데 그곳에서도 그는 피시 앤 칩스가 아니라 파스타를 먹는다. 고르곤졸라 치즈와 호두 소스 펜네!

토니가 과거로의 여행을 하는 한 지점에서는 인도 음식이 이정표 역할을 한다. 2000년대 이전에는 인도 음식이 이탈리아 음식보다 더 많은 사랑을 받았다. 토니가 에이드리언이 자살한 지 1주년 되는 날

친구들과 만나서 간 곳도 인도 음식점이었다. 대학을 졸업하고 몇 년 후이니 1970년대 초반이었을 것이다. 1970년대에는 이탈리아 음식점의 인기가 약간 시들했을 때다.

영국인들의 인도 음식 사랑은 아주 오래전으로 거슬러 올라간다. 1747에 출간된 한나 글라스Hannah Glasse의 《요리의 기술The Art of Cookery》에 이미 카레와 필라우 레시피가 실렸다. 1809년에는 런던에 처음으로 인도 식당이 문을 열었다. 물론 그전에도 카페에서 카레를 팔았다. 19세기에는 중산층 가정에서도 즐겼을 만큼 카레는 영국인들의 사랑을 듬뿍 받았다. 빅토리아 여왕은 인도 하인을 두고 매일 인도 요리를 하게 했다고도 하고, 1852년에 출판된 어떤 요리책에는 카레가 없는 디너는 제대로 된 만찬이라고 할 수 없다고 쓰여 있다고도 한다.

인도 음식의 인기는 20세기에 들어서면서 사그라들었다. 카레 냄새는 품위 있는 집안에 어울리지 않는다고 여겼다.[3] 영국 사람들은 고기와 영국에서 나는 채소들을 즐겨 먹었다. 그러다가 1970년대에 인도 식당이 늘고 인도 음식이 다시 전성기를 누렸는데, 내전을 피해 영국으로 건너온 방글라데시인들이 런던 동부 지역에 자리를 잡고 식당을 내면서부터였다. 현재 영국에서 영업하는 인도 식당 중 70퍼센트 이상은 방글라데시 사람들이 운영하고 있다.

우리나라에 동네마다 중국 음식점이 있는 것처럼 런던에는 동네마다 인도 음식점이 있다. 학교 근처에 있는 인도 음식점들은 푸짐하고 저렴한 메뉴를 갖춰 대학생들이 즐겨 찾는 밥집이 되었다. 물론 하얀색 두툼한 고급 천으로 된 테이블보와 긴 와인 리스트를 구비하고 있는 고급 인도 음식점들도 있다. 최근 이탈리아 음식이 일등 자리를 차지하기 전까지는 인도 음식이 가장 대중적인 외식 메뉴였다.

토니의 과거 타임라인에는 인도 음식보다 앞선 음식이 있다. 바로 선데이 로스트다. 선데이 로스트는 영국의 오래된 전통 음식으로, 커다란 고기를 덩어리째로 익혀 썰어서 가족과 함께 먹는 일요일 점심 메뉴다. 토니가 대학에 다닐 때만 해도 많은 가정에서 선데이 로스트 전통을 지켰다.

선데이 로스트의 전통은 헨리 7세 시대인 1485년 즈음에 유행하기 시작했다는 설이 있다. 1871년에 《요리사의 신탁The Cook's Oracle》의 저자 윌리엄 키치너William Kitchiner는 그의 책에서 "매주 3킬로그램의 고기를 먹어야 건강에 좋다"고 했다.* 또 그는 15파운드(약 6.8킬로그램)의 등심 덩어리를 꼬챙이에 끼워 4시간 동안 불 앞에서 익

---

* 요즘 영국인 1인 평균 일주일 고기 섭취량은 1.5킬로그램 정도이고, 이 중 200그램만이 소고기인 것으로 나타났다. 이것도 과도한 양이라는 의견이 있다.

혀야 한다고 했다. 그런데 보통 서민들은 집에 이 정도의 고기를 구울 만한 큰 화덕을 갖추고 있지 않았기 때문에 일요일에 교회 가는 길에 빵집의 오븐에 고기를 넣어놓고 갔다가 집에 돌아오는 길에 찾아 가지고 왔다고 한다. 일요일에는 빵집이 빵을 굽지 않기 때문에 빵을 굽던 오븐에 남아 있는 열기로 고기를 구웠던 것이다. 일요일에는 이렇게 모든 사람들이 고기를 먹을 수 있게 되면서 선데이 로스트 전통이 생겨났다고 한다.

선데이 로스트는 가족과 함께하는 시간, 가족의 건재함 등을 상징하고, 아직도 영국을 대표하는 전통 음식으로 꼽힌다. 영국 식당에서 어렵지 않게 먹을 수 있고, 일요일 점심에는 동네 펍에서 팔기도 한다. 현대화되고 고급화된 선데이 로스트도 있다. 런던 최고의 선데이 로스트를 맛볼 수 있는 곳 등에 관한 기사도 매년 끊이지 않고 올라온다. 그러나 지금은 일상의 일부로 자리 잡은 전통이 아닌, 상품화된 문화로서 그 명맥을 유지하고 있는 듯하다. 한 설문조사 결과에 의하면 요즘은 58퍼센트의 가정에서만 선데이 로스트 전통을 지키고 있는 것으로 나타났다.

토니는 대학 시절 베로니카의 집에서 그녀의 가족과 주말을 보낸 적이 있다. 그는 일요일 아침 베로니카의 어머니가 아침 식사로 달걀 프라이와 베이컨 요리를 만들어준 것을 기억한다. 베로니카의 어머니가 터진 달걀을 쓰레기통에 버렸던 것, 뜨거운 프라이팬을 싱크

대에 담그자 프라이팬이 지글거리며 김이 확 올라왔던 것, 그리고 그녀가 소리 내어 웃었던 것을 기억한다. 그리고 선데이 로스트로 나온 양고기에 큰 로즈마리 가지가 꽂혀 있었던 것도 기억한다. 그러나 이 기억들 사이에서 정확히 무슨 일이 있었는지는 알 수 없다. 그가 기억 못하는 것인지 기억하고 싶지 않은 것인지 알 수 없다. 그러나 선데이 로스트는 토니가 기억해야 할 과거의 한 지점을 정확히 가리키는 이정표 역할을 한다.

⚜

　몇 십 년 만에 만난 베로니카는 계속 "넌 아직도 감을 못 잡는구나"라며 토니를 비난한다. 토니가 감이 느린 것은 사실이다. 그는 펍에서 '핸드 컷 감자튀김'을 주문하면서 감자를 프렌치프라이처럼 가늘게 해달라고 바텐더에게 요구한다. 바텐더는 '핸드 컷이란, 두꺼운 감자튀김을 의미한다'고 설명하지만 그는 이해하지 못한다.

"그렇지만 여기 메뉴에는 감자는 핸드 컷이라고 적혀 있잖아요?"
"네, 그렇죠."
"그렇다면 더 가늘게도 썰 수 있는 것 아닌가요?"

"핸드 컷 감자튀김은 두꺼운 감자튀김을 말하는 겁니다."

"하지만 핸드 컷이라면 더 가늘게 썰면 되는 거 아니오?"

"우리가 써는 게 아니에요. 이미 그렇게 썰어진 모양으로 우리

한테 배달되는 거죠."

"이 식당에서 써는 게 아니라고요?"

"그렇다니까요."4)

영국의 펍에서 음식에 곁들일 감자를 주문하면 '감자potato'를 원하는지 '칩스chips'를 원하는지 물어본다. 둘 다 감자지만 그냥 '감자'는 삶은 감자를 말하고 '칩스'는 우리가 알고 있는 길쭉하게 썰어 튀긴 감자튀김을 말한다. '웨지스wedges'를 원하는지 '칩스'를 원하는지 묻는 곳도 있다. 웨지스는 감자를 크게 쐐기wedge 모양으로 잘라튀긴 것을 말한다. 관용적인 표현이다. 주문하는 사람이나 주문 받는 사람이나 감자 요리법을 알고 있기 때문에 감자와 웨지스와 칩스의차이를 이해한다.

바텐더가 핸드 컷은 그냥 두꺼운 칩스라고 말했을 때 토니는 핸드 컷이 진짜 손으로 직접 썰었다는 뜻이 아니라 핸드 컷 '스타일'을 의미한다는 것을 알아차렸어야 한다. 홈메이드 스타일 잼이 진짜 집에서 만든 잼이 아닌 것처럼 말이다.

토니는 자신의 과거에 대해서도 이렇게 융통성 없는 태도를 보인

다. 그가 기억하는 과거는 작은 파편들이다. 그 파편들은 분명히 훨씬 더 커다란 사건의 일부분일 것이고, 어쩌면 그 작은 파편들도 그의 기억이 만들어낸 거짓된 기억일 수 있다. 그런데 그는 파편을 보고 진실을 알아낼 수 있다고 믿는다.

밀란 쿤데라는 "기억은 망각의 반대가 아니라 망각의 한 방식"이라고 했다. 우리가 과거의 어떤 사건을 기억한다는 것은 우리가 기억하는 파편적인 정보를 가지고 그 사건을 재구성한다는 것을 의미한다. 그리고 재구성된 사건은 우리의 기억 속에서 원래의 사건을 대체한다. 우리의 과거는 늘 현재 시점에서 재구성되면서 왜곡되기 때문에 재현이 불가능하고, 우리의 기억은 본질적으로 허구다. 그래서 우리가 믿고 있었던 사실들의 끝에는 종종 반전의 순간이 기다리고 있다. 물론 그 반전 또한 꼭 진실을 드러내는 것은 아니지만.

토니의 과거로의 탐험은 바로 재구성과 반전의 연속이다. 그는 자신의 과거를 기억해가는 과정에서 특정한 계기들을 만나면서 끊임없이 기억을 수정하게 되고, 자신이 '기억'한다는 사실에 대한 생각조차 의심하고 수정해야 하는 순간을 만난다. 매번 자신이 기억하고 이해하고 있는 것이 사실과 다르다는 것이 밝혀지면서 당황하고 혼란스러워하면서도 끝없이 자신의 과거로 돌아가고, 또 매번 자신의 기억과 판단에 의존해 상황을 이해한다.

토니는 자신과 사귀다가 헤어진 베로니카와 사귀는 것에 대해 양해를 구하는 에이드리언의 편지에 자신이 기억하고 있는 것과 달리 끔찍한 저주를 퍼붓는 답장을 보냈다는 사실을 알고 죄책감을 느낀다. 그리고 에이드리언과 베로니카의 비극적 결말에 대해 도덕적 책임감을 느낀다. 그러나 이 또한 너무 자의식에 파묻힌 행동이다. 그가 보낸 편지는 과거에 일어난 사건의 일부분일 뿐이다. 과거는 끊임없이 재구성될 것이고 그가 사건의 끝이라고 믿는 진실도 언제 반전될지 모른다. 그의 편지가 비극의 원인이었다고 단정 짓고 죄책감을 느끼는 것 자체가 또 한 번 감을 잡지 못하는 토니의 '오버' 일 수 있다.

선데이 로스트에서 인도 음식으로, 그리고 이탈리아 음식으로의 변화는 시간의 흐름뿐 아니라 사회적, 문화적 변화를 상징한다. 변화의 내용보다는 변화 그 자체가 중요하다. 영국 전통을 상징하는 펍에서 고르곤졸라 치즈와 호두 소스 파스타를 먹는 토니의 모습이 어색해 보이는 것은 40여 년 동안 변하지 않은 자의식에 끝없이 빠져버리는 그의 고루함이 펍과 파스타라는 새로운 조합과 어울리지 않기 때문이다.

～⁂～

언젠가 한 모임에서 음식에 대한 대화가 오가던 중 평소에 먹는 걸 즐기고 요리하는 것도 좋아한다던 어떤 사람이 런던에 여행 갔을 때 너무 먹을 게 없어서 맥도널드에 갔었다고 했다. 아마도 영국 음식은 맛이 없다는 소문 때문에 너무 성급하게 결정을 내린 게 아닌가 싶다.

영국 음식이 맛이 없다고 하는 것과 영국에 먹을 것이 없다고 하는 건 다른 얘기다. 영국에는 먹을 것이 참 많다. 특히 런던에는 세계 각국의 음식점이 산재해 있다. 내가 딤섬을 가장 맛있게 먹은 것은 사실 런던에 있는 레스토랑에서였다. 홍콩의 유명한 딤섬 레스토랑보다 훨씬 맛있었다. 인도에 가보지 않은 나로서는 인도 본토의 음식에 대해 말할 수 없다. 그러나 내가 경험한 한도 내에서 파리, 뉴욕, 쿠알라룸푸르, 싱가포르 등에서 먹은 것보다 런던에서 먹은 인도 음식이 최고로 맛있었다. 프랑스만큼 자국의 음식에 대해 자부심이 없어서 그런지 다른 나라의 음식 문화를 받아들이는 데 있어서 파리보다 런던이 훨씬 적극적이다. 그래서 그런지 프랑스 음식을 제외한 다른 음식에 관한한 다양성과 수준에 있어서 런던이 파리보다 오히려 앞서 있다는 느낌이다.

이것은 나 개인만의 느낌은 아니다. 최근 들어 영국 요리가 다방면에서 프랑스 요리와 견줄 만한 수준으로 발전했다는 것이 공식적으로 인정되고 있다. 영국 셰프들의 음식에 대한 혁신적이고 창의적인 태도는 프랑스 요리계에서도 인정한다. 프랑스 보르도의 인터콘티넨탈호텔 내에 있는 고든 램지가 운영하는 레스토랑은 미쉐린 별점 두

토니는 자기가 베로니카의 아들이라고 추정한 에이드리언을 만나기 위해
금요일마다 런던의 북쪽 동네에 있는 한 펍을 찾아간다.
'윌리엄 4세'라는 지극히 전통적인 이름을 가지고 있는 펍이다.
그런데 그곳에서도 그는 피시 앤 칩스가 아니라 파스타를 먹는다.
고르곤졸라 치즈와 호두 소스 펜네!

개를 받았다. 고든 램지는 이 식당에서 영국과 프랑스식 요리 스타일을 접목한 메뉴를 선보이고 영국 와인을 판매한다. 그는 프랑스에서 레스토랑을 하면서 미쉐린 별점을 받은 최초의 영국 요리사다.

프랑스의 유명 셰프인 조엘 로부숑Joël Robuchon은 "런던이 아마도 세계 미식의 수도인 것 같다"고 말하면서, 그 이유는 "런던은 상상할 수 있는 모든 스타일의 요리를 경험할 수 있는 유일한 곳이고, 새롭고 혁신적인 요리가 태어나는 곳이기 때문"이라고 했다.

이렇게 미식의 중심지로 새롭게 주목받고 있는 런던에서 현재 가장 흔한 식당은 이탈리아 식당이다. 영국에서 이탈리아 음식에 대한 인기는 날이 갈수록 더해가는 것 같다. 시내 중심가에서 식당을 찾기 위해 눈을 돌리면 가장 먼저 눈에 들어오는 것이 피자나 파스타를 파는 식당일 정도다.

최근 몇 년 동안 생긴 이탈리아 식당들에는 공통점이 있다. 매우 현대적이고 세련된 분위기라는 것이다. 블랙과 화이트 위주의 색감, 유리와 대리석, 원목 등을 이용해 미니멀한 스타일을 연출했다. 그리고 검은 셔츠를 입은 날씬하고 잘생긴 젊은 이탈리안 웨이터들이 금방이라도 윙크를 날릴 듯한 얼굴로 커다란 후추 그라인더와 파마산 치즈 그라인더를 들고 날렵하게 테이블 사이를 오간다.

영국에서 유명한 이탈리아 출신의 셰프 안토니오 칼루치오Antonio Carluccio의 레스토랑에서는 이탈리아 시골 농가의 음식을 현대적이고 세련되게 재해석해 내놓는데, 이 레스토랑은 최근 2~3년 사이에 열 개 이상의 지점을 냈을 정도로 인기가 많다. 어떤 음식 비평가는 이탈리아에서 먹은 음식보다 런던에서 먹은 이탈리아 음식이 훨씬 훌륭했다고 평하기까지 했다.

현재 토니가 살고 있는 2000년대의 런던을 대표하는 이탈리아 음식들은 세월의 변화에 상응하는 통찰력 없이 기억의 불완전성에 기대어 과거를 재현하는 데 집착하는 토니를 박물관에 놓여 있는 증기 기관차 모형만큼 진부해 보이게 한다.

⚜

한 유명한 셰프는 신문 칼럼을 통해 "영국에서 이탈리아 음식이 인기가 많은 이유 중 하나는 가격에 따라 음식 맛의 차이가 많이 나지 않기 때문"[5]이라고 했다. 푸타네스카 파스타 같은 음식은 비싼 재료가 필요치 않을뿐더러 맛없게 만들기도 쉽지 않은 음식이라는 것이다. 맞는 말이기는 하다.

올리브 오일을 넉넉히 두르고 마늘과 안초비를 볶다가 케이퍼와 블랙 올리브를 넣고 토마토를 넣으면 기본적으로 맛이 난다. 신선한 바질이나 파슬리를 넣으면 금상첨화겠지만 없어도 그만이다. 여기에 파스타 면을 넣어 같이 섞어주면 된다. 생토마토가 없다면 캔에

든 토마토를 넣으면 된다. 신선한 채소나 고기가 없어도 맛있는 요리가 된다. 파스타 포장지에 쓰여 있는 시간만큼 면을 삶아내기만 하면 특별한 기술도 필요 없다. 그래서 레스토랑에서 푸타네스카 파스타를 시켜 먹는 건 좀 아깝다는 생각이 들 때도 있다.

그러나 레스토랑에 가는 게 꼭 배를 채우기 위한 것만은 아닐 때도 있다. 푸타네스카 파스타는 런던의 웬만한 이탈리안 레스토랑에서 보통 13~14파운드, 우리 돈으로 2만 원대면 먹을 수 있다. 런던 같은 도시의 레스토랑에서 고급스러우면서도 자유롭고 경쾌한 분위기를 즐기며 먹는 저녁 식사가 이 정도 가격이라면 이는 매우 훌륭한 선택일 것이다. 런던에 간다면 21세기의 런던을 기억할 이정표로 피시 앤 칩스 대신 맛있는 파스타를 선택해보면 어떨까?

육식공동체에
저항하는 법

한강

채식주의자

영어로 번역되어 2016년에 맨부커상 인터내셔널 부문에서 수상을 한 작품으로, 1부 〈채식주의자〉,
2부 〈몽고반점〉, 3부 〈나무 불꽃〉으로 구성된 연작소설이다.

육회가 세계에서 가장 보편적인 요리 중 하나라
는 사실을 아는가? 고기를 준비하는 방법과 들어가는 양념은 나라마
다 조금씩 다르지만 날것으로 먹는다는 점에서 모두 육회의 종류라
고 할 수 있다.

　우리나라 육회는 가늘고 길게 썬 소고기에 간장, 마늘, 참기름, 배
즙 등의 기본양념과 달걀노른자를 곁들인다. 프랑스에는 유명한 타
르타르 스테이크가 있다. 소고기를 다져 디종 겨자와 케이퍼, 안초
비, 달걀노른자 등을 섞어 만든 소스에 무쳐 햄버거 스테이크처럼 둥
그런 모양을 만든다. 달걀노른자를 위에 올리기도 하니 우리의 육회
와 그 모습이 상당히 비슷하다. 타르타르 스테이크와 함께 가장 잘

알려진 이탈리아식 육회인 비프 카르파초는 아주 얇고 동그랗게 저민 소고기에 레몬 즙, 올리브 오일, 소금, 식초로 만든 드레싱을 끼얹어 먹는다. 이와 모양이 비슷해 베트남식 비프 카르파초라고 불리는 베트남 육회 보 타이 찬은 소고기를 동그랗고 넓적하게 저며서 라임 즙에 담가 두었다가 고추, 양파, 땅콩, 허브를 곁들여 먹는다.

미국 텍사스의 파리사라는 요리는 다진 소고기를 체더치즈, 양파, 후추와 섞어서 만든다. 들소고기, 사슴고기를 쓰기도 한다. 네덜란드에는 오센부어스트라는 익히지 않은 소고기로 만든 소시지가 있다. 독일에는 메트라는 돼지고기 육회도 있다. 보통 양파와 곁들여 버터를 바른 빵에 올려 먹는다. 태국의 코이소이는 태국 요리답게 소고기를 피시 소스와 라임, 고추, 허브와 버무려 먹는다. 레바논을 비롯한 중동 지방에는 키베 나예라는 요리가 있다. 다진 소고기나 양고기를 다진 양파, 각종 향신료와 버무린 요리다. 에티오피아의 킷포도 이와 비슷한 요리로, 다진 소고기에 양념과 허브향이 밴 정제버터를 섞어 만든다. 그러고 보면 인류는 육식공동체임에 틀림없다.

《채식주의자》[1]의 주인공 영혜는 남편의 직장 상사들과 부부 동반으로 식사 자리를 갖는다. 그 자리에서 그녀가 고기를 먹지 않는다고 하자 남편 회사의 한 간부는 고기를 먹지 않는 것은 인간의 본능을 거스르는 것이라고 말한다. 오십만 년 전 인간의 미라에서도 수렵의 흔적이 발견되었다는 사실을 들먹이며, 육식은 인간의 본능이라고 역설한다. 날고기 요리가 이렇게 널리 퍼져 있는 것을 보면 그의 말이 틀린 것 같지는 않다.

하지만 고대 그리스 현자들의 말은 다르다. 플루타르크는 오히려 육식이 인간의 본성에 반하는 것이라고 했다. 그는 먹기 위해 죄 없는 생물들을 죽이는 데 대해 유감을 표시했다. 그에 따르면 인간의 몸은 다른 동물들을 잡아먹고 생존하도록 만들어진 존재들과는 다르게 창조되었다. 부리도 없고 날카로운 이빨도 없으며 고기를 소화시킬 만한 강한 위가 없는 것만 봐도 인간은 본래 육식동물이 아니다. 육식은 자연의 이치에 어긋나는 것이다.[2]

고대 그리스 철학자들은 영혼을 단련하고 돌보기 위해, 또는 인간이 아닌 다른 생물에 대한 도덕적 책임이라는 정신적 이유로 채식을 했다. 플라톤도 "신은 우리의 몸을 충족하기 위해 특정한 존재들을 만들었는데, 나무와 풀과 곡식이 그것"이라고 했다.[3] 피타고라스는 "동물의 살은 인간의 영혼을 망친다"고 했다. 소크라테스 역시 채식주의자였다. 플라톤의 《국가》 2권에는 소크라테스와 플라톤의 형인 글라우콘의 대화가 나오는데, 그 내용을 재구성해 보았다.

소크라테스: 우리가 고기를 먹으려면 우리와 같이 존재하는 동물들을 죽여야 하지 않나요? 우리가 식사하기 전에 바로 그들의 눈에서 우리 자신의 모습을 보지 않았나요?

글라우콘: 맞습니다.

소크라테스: 이런 점이 우리가 행복해지는 데 방해가 되지 않을까요?

글라우콘: 그럴 것 같습니다.

소크라테스: 그리고 우리가 계속 육식을 고집한다면 의사를 찾을 일이 점점 많아지겠죠?

글라우콘: 그렇겠네요.

소크라테스: 그리고 우리가 계속 고기를 먹어대면 우리 땅에 있는 가축으로는 모자랄 테니 우리 이웃의 땅에 있는 가축을 차지하기 위해 전쟁을 할 필요를 느낄 것이고, 우리 이웃도 같은 생각이겠죠?

글라우콘: 그래야만 하겠네요.

소크라테스: 그렇다면 우리가 행복한 삶을 누려야 정의로운 사회를 실현할 수 있는데, 우리의 육식에 대한 욕망은 그걸 방해하지 않을까요?

글라우콘: 예, 그렇습니다.

그럼 고기가 가지고 있는 동물성 영양소가 신체적 에너지를 내는

데 필수적인 요소라는 '과학적' 상식은 어떨까? 프린스턴대학의 생명윤리학 교수인 피터 싱어는 그의 저서 《동물 해방》에서 육식을 하지 않은 성공한 운동선수의 예를 들면서 신체적 에너지를 얻기 위해 꼭 고기를 먹어야 하는 건 아니라는 걸 증명했다.[4] 더불어 우리가 건강을 유지하는 데 고기가 꼭 필요한 것은 아니라는 걸 보여준다. 영양학자들도 더 이상 동물성 단백질이 우리 몸에 필수적인 요소라는 이론을 고집하지 않는다. 고기를 먹어야 힘이 난다는 믿음은 고기가 가지고 있는 상징적 의미에 관한 것이다. 수렵의 흔적은 육식이 인간의 본능이라는 증거가 아니라 고기와 힘과 남성성을 연결하는 '신화'의 기원을 보여주는 것일 뿐이다.

고대에는 많은 문화에서 남자들은 사냥에서 처음으로 동물을 죽인 후에 결혼할 준비가 된 것으로 간주되었다. 최고의 사냥 기술을 가진 자가 최고의 신부를 얻을 수 있었다. 아내와의 잠자리는 사냥을 해 질 좋은 고기를 집으로 가져온 데 대한 포상이었다. 동물에 대한 지배력을 얻음으로써 여자에 대한 지배력도 획득했다. 고기를 먹게 된 것은 남자들이 힘과 자연에 대한 지배력을 증명하기 위해 행했던 사냥 덕분이었다.[5]

근대사회에서 고기는 사냥으로 획득하는 것이 아니라 산업화된 농장에서 오는 것이다. 사냥은 일부 사람들의 취미로만 남아 있을 뿐이다. 그럼에도 불구하고 고기는 오랫동안 남자의 용기와 대담함 덕분에 얻어지는 것으로 여겨졌고, 고기를 다루는 일은 남자의 일로 여겨진다. 영미 유럽권에서 고기를 크게 덩어리째 오븐에 구워 식탁에서 잘라 내는 경우, 고기를 자르는 것은 남자의 몫이다. 18세기 유럽에서는 신사가 되는 교육 중에 고기를 잘 자르는 기술을 습득하는 것이 중요한 항목에 속했다.

바비큐를 할 때도 고기를 굽는 사람은 남자고, 고기 굽는 행위는 남자의 신성한 권리라고 주장하기도 한다. 남성들은 바비큐를 부엌에서 하는 가사 노동의 일부로 보지 않는다. 실외에서 불을 지펴 고기를 익히는 행위는 선사시대 사냥 후에 고기를 나눠 먹던 행위의 연장이다.

어떤 연구에서는 아내에게 폭력을 휘두르는 남자들이 폭력의 이유로 내세운 것이 아내가 고기 요리를 해주지 않았기 때문이라고 했다고 밝혔다. 고기 요리를 해주지 않는 것을 남성성에 대한 무시와 도전으로 받아들인다는 것이다.

남자는 고기를 먹음으로써 동물과 여성에 대한 지배력을 표현한다. 동물을 죽이고 요리해 먹는 것을 자신들을 제외한 모든 자연 만물에 대한 우월함을 증명하는 궁극적인 방법이라고 받아들인다. 그래서 더 맛있는 고기는 더 잔인한 방법으로 죽여서 얻은 고기이다. 게나 새우는 살아 있는 채로 굽거나 삶아야 더 맛있다. 장어의 껍질은 살아 있을 때 벗겨야 한다. 산낙지는 또 어떤가? 더 크고 맛있는 푸아그라를 얻기 위해 거위나 오리에게 강제로 먹이를 먹이기도 한다. 《채식주의자》에서 영혜의 아버지는 달리다 죽은 개의 고기가 더 부드럽다는 말을 듣고 개를 오토바이에 매달아 개가 죽을 때까지 달린다.

사회학자 부르디외도 고기는 남성의 음식이라고 말한 바 있다. 남자들이 고기를 더 많이 먹고, 또 고기를 더 많이 필요로 하기 때문이라고 했다. 고기가 남자에게 필요한 음식이라 남자들이 고기를 많이 먹게 된 것인지, 남자들이 고기를 더 많이 먹어서 남자들의 음식이 된 것인지는 알 수 없다. 어쨌든 여러 통계를 봐도 남성들이 고기를 더 많이 소비한다는 것을 알 수 있다. 또 채식을 하는 여성이 남성보다 월등히 많다. 주위를 둘러봐도 채식을 좋아하는 친구들은 대부분 여성이다. 고기를 안 먹는다는 여자 친구들은 있지만 고기를 안 먹는 남자 친구는 드물다.*

남성성을 상징하고 힘과 지배력을 상징하는 고기는 동서고금을 막론하고 많은 문화에서 가장 높은 위상을 차지하고 있는 음식이다. 고기는 계급을 나타내는 상징으로도 여겨져 왔다. 더 많은 고기를 먹을 수 있다면 더 상위 계층에 속하는 것이다. 19세기 영국에서 식탁에 고기가 올라왔다는 것은 경제적·사회적으로 자족할 수 있는 계

---

* 우리나라보다 채식주의가 널리 퍼져 있는 미국의 경우에는 채식주의의 남녀 비율이 59 대 41 로 차이가 많이 나지 않지만, 육식뿐 아니라 육식 성분 자체를 모두 거부하는 순수 채식주의자 vegan의 경우 79%가 여성이라는 통계가 있다.

층이라는 것을 의미했다. 양식에서 고기는 주 요리였으며, 다른 음식들은 고기와 함께 나오는 곁들이 음식이었다. 우리나라의 명절이나 제삿날 같은 특별한 날의 상차림에도 고기 요리는 빠지지 않았다. 고기는 권력, 에너지, 정열, 강인함, 남성성 등을 상징한다. 다른 동물의 살을 먹는다는 것은 인간의 우월함을 증명하는 가장 강력한 방법이었다.

영혜가 남편 회사의 상사들과 부부 동반 저녁 식사에 참석하는 장면으로 돌아가 보자. 고기가 들어간 음식을 먹지 않는 그녀는 단번에 채식주의자로 규정되고 사람들의 주목을 받게 된다. 당황한 영혜의 남편이 그녀가 채식을 하는 이유가 위장병 때문이라고 둘러대자 사람들은 안도한다.

> "다행이네요. (…) 내가 고기를 먹는 모습을 징그럽게 생각할지도 모르는 사람과 밥을 먹는다면 얼마나 끔찍할까. (…)"[6]

영혜가 채식을 하는 이유가 정신적인 것이라면 자신들이 고기를 먹는 것 자체가 혐오스럽고 야만적으로 보일 것이고, 그런 생각을 하면 기분이 언짢았을 것이다. 그런데 건강 때문이라면 그녀는 진짜 채식주의자가 아니라 일시적인 채식주의자다. 사실은 먹고 싶어도 못 먹는 것일 수 있다는 뜻이다. 그러니 자신들은 먹고 싶은 고기를 걱정 없이 먹을 수 있는 위를 가졌다는 사실에 새삼 만족하면 되는 것이다. 육식에는 폭력성과 야만성이 내재되어 있다는 것을 사람들도 안다. 그리고 그들은 은밀히 이를 즐기는 공모자들이다. 영혜가 스스로 고기를 거부하는 것이라면 자신들의 공모에 대해 거부하는 것이니 불쾌할 수 있지만, 먹고 싶어도 못 먹는 것이라면 봐줄 수 있는 것이다.

선사시대 때부터 수렵을 통한 고기의 획득은 남성에게 권력을 부여했고, 인류는 육식공동체가 되었다. 현대사회에서는 그렇게 권력을 부여받은 남성에게 고기 밥상을 차려주는 것이 여성의 역할이 되었다. 육식·남성주의 사회에서 여성은 동물과 자연에 대해 남성주의적 폭력에 동참하도록 강요당하고 길들여졌고, 동시에 그 폭력에 노출돼 왔다.

육회를 좋아하는 영혜의 아버지는 베트남 전쟁에 참전했을 때 베트콩을 일곱 명이나 죽이고 무공훈장을 받은 것을 자랑스러워하고, 기르던 개를 오토바이에 끌고 다니다가 잡아먹고, 가족에게 일상적으로 폭력을 행사한다. 영혜의 가족은 아버지와 함께 육회를 즐기면서 아버지의 폭력을 방관하고 고기 요리의 달인이 된다.

선사시대 때부터 수렵을 통한 고기의 획득은
남성에게 권력을 부여했고, 인류는 육식공동체가 되었다.
현대사회에서는 그렇게 권력을 부여받은 남성에게
고기 밥상을 차려주는 것이 여성의 역할이 되었다.
육식·남성주의 사회에서 여성은 동물과 자연에 대해
남성주의적 폭력에 동참하도록 강요당하고 길들여졌고,
동시에 그 폭력에 노출돼 왔다.

영혜의 엄마와 언니는 활어회를 뜰 줄 알고 "정육점용 칼을 휘둘러 닭 한 마리를 잘게 토막 낼 줄" 안다. 엄마의 생일상도 언니가 "혼자 다" 차려낸다. 쇠고기 볶음, 탕수육, 닭찜, 낙지소면, 굴무침, 샐러드 등 화려한 상차림이다.

영혜의 남편은 결혼하기 전 영혜가 고깃집에서 불판에 갈비를 능숙하게 굽는 모습이 맘에 들었다. 결혼 후 영혜는 아침마다 여섯 시에 일어나 밥과 국, 생선 한 토막을 준비해 아침밥을 차려준다. 또 일요일마다 "그럴 듯한" 요리를 만들어낸다. 사실 '그럴 듯했다'라는 표현이 인색하게 느껴질 만한 요리들이다. 생강과 물엿으로 미리 재워두었다가 튀긴 삼겹살, 샤브샤브용 쇠고기를 간하여 찹쌀가루를 입혀 구운 요리, 다진 쇠고기와 쌀을 볶다가 콩나물을 얹어 같이 지은 콩나물 비빔밥, 매콤한 국물이 속까지 배어 맛난 굵은 감자를 썰어 넣은 닭도리탕. 내 수준에서는 거의 잔치 음식에 가깝다.

영혜와 그녀의 여자 가족은 여성이 가정이라는 가부장적 구조 안에서 특정한 노동을 수행하는 수단으로 여겨진다는 것을 보여준다. 영혜는 "평범한 아내의 역할을 무리 없이 해내는", 남편의 기대에 걸맞은 여자다. 요리하는 영혜는 남편이 그녀에게 존재의 의미를 부여하는 중요한 기능이다. 화려한 요리를 하는 데 들어가는 여자들의 노동은 다른 사람의 눈에는 여자들이라면 다 하는 집안일의 일부로 당연시된다. 남자들이 고기를 구워 먹으며 소주잔을 주거니 받거니 하는 동안 여자들은 부엌에서 수다를 떤다. 여자들의 공간은 노동의 공간인 부엌이고, 남자들은 식사의 공간을 차지한다. 남자의 권력에 종속되어 있는 여자들의 위치는 인간의 지배에 종속된 동물들의 위치와 다르지 않다.

영혜는 어느 날 기이한 꿈을 꾼 후부터 고기를 먹지 않는다. 그리고 남편의 몸에서 "고기 냄새"를 느끼기 시작하면서 그녀는 남편과의 잠자리를 거부한다. 영혜의 육식에 대한 거부는 아버지의 폭력적 지배와 남성의 권력에 대한 거부다. 영혜의 처지는 어릴 적 자신을 물은 죄로 아버지의 오토바이에 매달려 끌려다니다가 피를 토하며 죽은 후 식탁에 올랐던 개와 맞닿아 있다. 동물을 한낱 고깃덩어리로 보는 육식주의자의 시선은 여성을 욕망과 소비의 객체로 대상화하는 남성 중심 사회의 시선과 연결된다.

에코페미니즘, 즉 생태여성주의는 영혜가 고기를 거부하는 행위를 전 지구적 차원에서 설명한다. 에코페미니즘은 자연에 가해지는 폭력과 여성에게 가해지는 폭력의 상관관계에 초점을 맞춘다. 근대 문명에 의해 끊임없는 수탈과 착취를 당해온 자연과 남성 중심의 권력 체계에 의해 억압 당해온 여성의 피지배성을 모든 폭력의 보편적

구조로 설명한다.

모든 종류의 폭력은 A가 B를 타자화하고 대상화함으로써 지배와 피지배의 관계를 본질화하는 데서 시작한다. 인간의 동물에 대한 폭력, 남성의 여성에 대한 억압, 갑의 을에 대한 착취는 모두 맞닿아 있다. 에코페미니즘은 인류 문명에서 타자와 피지배의 위치에 놓여 있던 모든 가치들과의 동맹을 꾀한다. 여성을 대상화하고 지배하는 남성 중심의 사회구조와 가치를 거부하는 동시에 자연에 대한 폭력과 지배적 태도를 거부한다. 더 나아가 자연과 문명, 여성과 남성이라는 이분법적 사고방식 자체를 철폐할 것을 주장한다.[7]

영혜가 육식을 거부하는 것은 인간과 자연, 남성과 여성, 주체와 타자로 본질화된 권력 구조에 대한 반항과 그것으로부터의 이탈을 의미한다. 영혜가 육식을 거부하자 온 집안 식구들이 그녀에게 고기를 먹이기 위해 압력을 가한다. 영혜의 아버지가 그녀의 뺨을 때리고 두 사위에게 그녀를 잡게 하고 입속에 탕수육을 억지로 밀어 넣는 장면은 이 소설에서 가장 폭력적인 장면이다. 여기에서 영혜의 언니와 어머니는 힘없는 방관자인 동시에 육식공동체의 조력자다. 그녀들은 가부장적 권력 체계에 철저히 길들여져 있다.

아버지의 폭력에 저항하며 자해하는 영혜에게 그녀의 어머니는 흑염소 즙을 억지로 먹이려 한다. 영혜가 다시 고기를 먹게 하는 것이 영혜를 구하는 방법이라고 믿는 것이다. 그러나 영혜의 언니와 어머니는 영혜를 구하지 못한다. 그들 모두 육식공동체의 일원이기 때문이다.

영혜의 저항은 에코페미니즘을 넘어선다. 그녀는 고기뿐 아니라 모든 음식을 거부하고 스스로 나무가 되기를 원한다. 따지고 보면 채식을 한다고 해서 살생으로부터 자유로울 수 있는 것은 아니다. 식물 또한 생명체다. 최근 연구들은 식물도 동물처럼 학습하고 감정이 있고 고통을 느낄 수 있다는 결과를 내놓았다.[8] 그래서 채식주의자들도 식물의 고통을 최소화할 방법을 모색해야 하고, 식물에 해를 끼치는 데 대해 수치심을 느껴야 한다고 주장하는 사람들도 있다. 식물도 살아 있는 생명체라면 동물과 식물을 나누어 다른 가치를 부여하는 것 또한 이분법적 사고방식이라 하겠다. 우리는 흔히 육식동물이 먹이를 획득하는 모습은 잔인하다고 하면서 초식동물이 풀을 뜯어 먹는 모습은 평화롭다고 하는데, 이런 생각 또한 존재의 영역을 구분하고 가치를 이분화한 것으로, 남성과 여성, 인간과 자연을 구분하는 이분법 체계의 일부이다.

동물이든 식물이든 먹기 위해선 다른 생명 있는 개체를 죽여야 한다. 동물과 구분 짓기 위해 인간은 생존을 위한 살생을 다양한 문화적 의식으로 희석시켰지만 궁극적으로 인간도 자연의 먹이사슬의 한 부분임을 부정할 수 없다. 그래서 먹는 행위는 삶의 가장 본질적인 행위이기도 하지만 폭력, 죽음과도 불가분의 관계에 있다.

영혜가 나무가 되려고 하는 것은 그것이 그녀에게는 육식공동체에서 벗어나는 유일한 방법일 뿐 아니라 자신을 포함한 모든 인간에게서 생존 본능과 맞닿아 있는 폭력성을 인지하고 절망했기 때문이 아닐까?

음모자들의
프라이드치킨

F. 스콧 피츠제럴드 F. Scott Fitzgerald

위대한 개츠비 *The Great Gatsby*

《위대한 개츠비》는 1925년에 출간된 소설로 F. 스콧 피츠제럴드의 작품 중 오늘날까지 가장 많은 사랑을 받고 있는 작품이다. 영화로 네 번이나 만들어졌고 TV용 영화로도 만들어졌다. 《위대한 개츠비》는 제1차 세계대전 후 급변하는 미국 사회를 배경으로 미국의 전통적인 가치가 붕괴돼 가는 모습을 개츠비라는 인물의 비극적인 생애를 통해 보여준다.

《위대한 개츠비》[1]의 주인공 개츠비의 저택에서는 적어도 2주에 한 번은 호화로운 파티가 열린다.

> 뷔페 테이블에는 화려한 전채 요리와 양념한 햄 구이, 광대의
> 옷처럼 알록달록한 색의 샐러드, 돼지고기를 넣은 페이스트리,
> 어두운 금빛으로 구워진 칠면조 요리 등이 차려졌다.[2]

개츠비가 주최하는 파티에 나온 음식들은 마치 그 파티에 참석한 1920년대의 사람들을 상징하는 듯하다. 사람들은 번쩍이는 보석들로 치장을 하고 화려한 옷을 입었다. 그들은 양념한 햄이나 황금색으

로 변한 칠면조 같은 자극적이고 화려한 겉모습에 홀려 있다.

《위대한 개츠비》의 배경이 되는 1922년의 미국은 세계적인 강국이었다. 제1차 세계대전 이후 유럽은 미국에서 돈을 빌려 전쟁으로 망가진 경제를 살려야 했다. 미국은 채권국이 됐고 세계 금융의 중심은 뉴욕으로 옮겨갔다. 전장에서 수많은 죽음을 목격했던 젊은이들은 전쟁터에서 돌아온 후 요즘 떠오르는 키워드인 '욜로yolo' 정신에 충실한 삶을 추구했다. 내일 어떻게 될지 모르는 삶, 먹고 마시고 오늘을 즐기는 것이 최선이라고 생각했다. 전례 없는 호황과 쾌락주의의 추구는 물질주의의 팽배와 전통적 사회에서 추구하던 도덕적 가치의 퇴락을 불러왔고, 아메리칸 드림에 대한 믿음은 와해되었다.

전쟁이 끝난 후 치솟은 주가로 미국에는 한순간에 많은 돈이 모였고, 금주법으로 인해 밀주 사업 같은 불법적인 사업이 성행하면서 거대한 부를 축적하는 사람들이 늘어났다. 더 이상 성실함과 정직한 노력이 보상받는 사회가 아니었다. 일확천금을 좇는 기회주의가 아메리칸 드림을 대신하기 시작했다. '올드머니'라고 불리는 전통적인 상류층은 이러한 기회를 이용해 벼락부자가 된 '뉴머니'를 노골적으로 경멸했다. 행복은 돈과 물질로 대체되었고, 쉽게 얻어지는 돈과 물질 속에서 쾌락은 그 어떤 가치보다 앞섰다.

개츠비의 삶은 1920년대 향락주의를 그대로 보여준다. 개츠비는 그야말로 돈을 뿌리면서 산다. 매주 금요일이면 그의 집에는 뉴욕에 있는 과일상으로부터 오렌지와 레몬이 다섯 상자씩 배달된다. 그리고 매주 월요일, 주방의 뒷문 앞에는 반으로 잘린 오렌지와 레몬 껍질이 피라미드처럼 쌓인다. 부엌에 있는 주서기로는 30분에 200개의 오렌지를 짤 수 있다. 물론 200개의 오렌지를 짜는 사람은 개츠비가 아니라 개츠비의 집사다.

오렌지는 전통적으로 부와 호화로움의 상징이었다. 루이 14세는 오렌지광이었는데, 그 모양이 작은 태양같이 생겨서 태양의 왕을 상징한다고 생각했기 때문이다. 그는 베르사유 궁전의 정원에 온통 오렌지 나무를 심게 하기도 했다. 16세기의 부자와 귀족들은 중동 지역에서 오렌지를 들여와 캐비아와 설탕, 계피를 묻혀 튀긴 오렌지를 맛보는 등 오렌지를 주제로 한 만찬을 즐기곤 했다.[3]

물론 1920년대에는 캘리포니아와 플로리다에서 오렌지가 대량 생산되면서 미국인들의 아침 식탁에 직접 짠 오렌지 주스가 올라가게 되었다. 하지만 《위대한 개츠비》의 배경은 1922년 여름이다. 상자로 배달 받아 일주일에 200개나 되는 오렌지를 맘 놓고 소비하는 것은 개츠비 정도의 부자에게나 가능한 일이다.

───※───

가난한 농부의 아들로 태어나 하루아침에 부자가 되어 나타난 개츠비는 1920년대 벼락부자의 표상이다. 개츠비에게 운명을 바꿀 기회를 준 금주법은 1920년대 미국 사회에 가장 큰 영향을 미친 요소 중 하나다.

금주법이 생긴 것은 여성가족금주연맹과 진보개혁주의자들이 앞장서서 술을 사회악으로 규탄하면서부터다. 주말에 폭음을 한 노동자들이 월요일 제시간에 출근하지 못하거나 일주일 동안 번 돈을 술과 노름으로 탕진해 가족들은 음식 살 돈이 부족했다. 아들들은 술을 마시고 있을 아버지를 찾아다니다가 범죄의 세계에 발을 들이고, 딸들은 음식 살 돈을 마련하기 위해 몸을 팔아야 했다. 사람들은 술을 금지하면 이 모든 문제가 해결될 거라고 믿었다. 그런가 하면 주류 사업을 기반으로 세를 확장해가던 유럽 이민자들을 경계하기 위한 의도도 다분했다는 주장이 있는데, 이 또한 일리 있는 주장이다.

어쨌든 1920년 1월 17일부로 미국에서 일곱 번째로 큰 사업이었던 주류 사업이 전면 금지되었다. 금주법은 술에 대한 유혹을 근원부터 차단한다는 게 취지였지만 실상은 오히려 그 반대의 효과를 초래했다. 금지된 모든 것들이 그렇듯 금주법이 시행되자 술은 더 마시고 싶은 것, 더 멋진 것이 되었다. 사람들은 어떻게든 술을 마시고 싶어 했다. 소비자의 욕망은 반드시 시장을 만들게 마련이다. 불법 제조한 술이 거래되고 '스피크이지speakeasy'라 불리는 무허가 술집이 성행했다.

스피크이지는 보통 지하에 있었는데, 문을 두드리고 암호를 대야 들어갈 수 있었다. 현재 뉴욕에는 과거 스피크이지였던 장소들이 트렌디한 칵테일 라운지나 바로 탈바꿈한 곳도 있다. 그중 한 곳인 맨해튼의 로어 이스트 사이드에 있는 PDT Please Don't Tell라는 이름의 바는 스피크이지 시절의 비밀스러움을 마케팅에 활용하고 있다. 이 바는 핫도그 가게에 있는 빈티지한 공중전화박스에서 전화를 걸어야 입장을 할 수 있다. 진짜로 금지된 곳으로 입장하던 시절에는 얼마나 근사했겠는가!

금주법 시대일지라도 의사들은 치료를 목적으로 허브 술을 처방할 수 있었는데, 밀주가 성행하자 의사들은 돈만 내면 누구에게나 허브 술 처방전을 써주었다. 심지어 알코올 중독자에게 처방을 해주기도 했다. 약국은 넘쳐나는 처방전으로 고수익을 올렸다. 그뿐 아니라 약국들은 의료용 술 제제를 목적으로 합법적으로 구매한 알코올을 스피크이지를 운영하는 밀주업자들에게 팔았다. 바로 이 시기에 개츠비는 범죄 조직과 부패한 정치인들과 손잡고 불법적으로 수익을 올리는 약국 체인들을 운영해 돈을 번다.

밀주업자들은 술을 제조할 때 불량 재료를 썼다. 메탄올 같은 독성이 있는 재료도 썼다. 1927년에 정부에서 압수한 밀주를 조사해보니 거의 모든 밀주에서 독성분이 검출되었다고 한다. 어떤 독성분은 다리가 마비되는 증상을 초래하기도 했다.

이렇게 만들어진 술이 맛있을 리 없다. 독하고 쓰고 향도 고약했다. 이를 가리기 위해 주스, 허브, 설탕, 시럽 등을 더해 만든 칵테일이 유행했고, 속을 보호하기 위한 안주들이 유행했다. 금주법은 칵테일 전성기를 열었고, 오히려 많은 사람들을 취하게 하는 아이러니한 상황을 낳았다.

이 시절, 수많은 종류의 칵테일이 탄생했다. 가장 유행했던 칵테일 중 하나가 진리키*이다. 뜨거운 여름날 개츠비는 그의 이웃이면서 데이지의 사촌인 닉과 함께 톰과 데이지의 집에 점심을 먹으러 간다. 개츠비는 그곳에서 데이지와 톰의 아이를 보고 충격을 받는다. 데이지는 톰에게 시원한 마실 것을 좀 만들어달라고 한다. 톰이 자리를 뜨자 데이지는 개츠비에게 다가가 키스를 하며 여전히 그를 사랑한다고 고백하고, 톰은 얼음이 달그락거리는 소리를 내며 네 잔의 진리키를 가지고 온다. 개츠비는 진리키가 정말 시원해 보인다며 잔을 들고는 한 번에 쭉 들이킨다. 그러나 데이지에게 딸이 있다는 사실과 데이지의 속삭임으로 인해 '멘붕'이 된 그의 머리를 식히기에 진리키는 충분히 시원하지 않았을 것이다.

데이지가 만드는 칵테일은 민트줄렙이다. 시원한 호텔 방을 잡아

---

* 진리키Gin Rickey는 조 리키라는 19세기 남부 연합군 장교의 이름과 관련이 있다는 설이 있다. 그는 버번에 라임과 클럽 소다를 섞어 만든 칵테일을 즐겼고 그 칵테일이 그의 이름을 따서 조 리키라고 불렸는데, 금주법이 시행되면서 버번 대신 진을 사용하면서 진리키라고 부르게 되었다는 것이다. 1920년대 칵테일의 인기로 진리키가 조 리키보다 훨씬 유명해졌다.

서 놀자는 데이지의 제안에 톰과 데이지, 개츠비와 닉, 그리고 데이지의 친구인 조단이 뉴욕 플라자호텔의 스위트룸에 모인다. 톰은 개츠비에게 그의 개인사에 대해 캐묻기 시작한다. 개츠비에 대한 경멸과 적대감 섞인 톰의 말에 심경이 불편해진 데이지는 톰의 흥분을 가라앉히기 위해 민트줄렙을 만들어주겠다고 한다. 룸서비스로 시킨 잘게 부순 얼음과 민트, 톰이 가지고 온 위스키가 준비돼 있다.

하지만 톰이 계속해서 개츠비가 밀주 사업으로 돈을 버는 데 대해 노골적으로 시비를 걸자 개츠비는 톰에게 데이지가 사랑하는 사람은 바로 자신이라고 말한다. 두 사람 사이는 걷잡을 수 없이 험악해지고 닉은 개츠비의 얼굴에서 살의마저 느낀다. 데이지가 만든 민트줄렙은 어느 누구도 진정시키지 못한 것 같다.

스무 개 정도의 민트 잎, 파우더 설탕 한 큰술, 물 두 큰술을 잔에 넣고 머들러나 숟가락 뒷부분으로 짓이긴다. 잔에 잘게 부순 얼음을 채운 후 60밀리리터 정도의 버번 위스키를 붓고 민트 잎으로 장식한다. 요즘 유행하는 모히토와 형제지간인 것 같지만 칵테일 전문가들은 이 말에 동의하지 않는다. 쿠바의 아바나가 고향인 모히토는 민트 잎을 사탕수수 시럽과 함께 짓이긴다. 여기에 럼과 얼음 조각과 라임 주스를 넣고 흔들어 잘 섞은 후 잔에 따르고 빈곳을 소다수로 채운다.

민트줄렙이든 모히토든 생각만 해도 시원해지는 칵테일이지만

데이지가 만드는 칵테일은 민트줄렙이다.
스무 개 정도의 민트 잎,
파우더 설탕 한 큰술,
물 두 큰술을 잔에 넣고
머들러나 숟가락 뒷부분으로 짓이긴다.
잔에 잘게 부순 얼음을 채운 후
60밀리리터 정도의 버번 위스키를 붓고
민트 잎으로 장식한다.

와인보다 도수가 높은 알코올을 감당하지 못하는 나는 위스키나 럼 대신 화이트와인으로 만든 것을 좋아한다. 민트 잎 대여섯 개, 메이 플시럽 한 작은술을 잔에 넣고 짓이긴 다음 웨지 모양으로 자른 라임을 짜 넣고, 그 라임도 넣는다. 그리고 화이트와인 반 컵, 클럽 소다 4분의 1컵, 얼음을 넣고 저어준다(몇 년 전에 〈뉴욕타임스〉에서 본 레시피를 응용한 것이다). 더운 여름날 오후, 뜨거운 해가 넘어가길 기다리며 마시는 칵테일이다. 민트의 초록빛이 이 칵테일을 여름의 보석으로 만들어준다.

데이지가 민트줄렙을 만들도록 한 건 피츠제럴드의 치밀한 의도 였다는 생각이 든다. 초록빛은 데이지의 색이다. 데이지가 처음으로 개츠비의 저택을 방문했을 때 개츠비는 샤르트뢰즈를 내온다. 샤르트뢰즈는 싱그러운 풀잎과 같은 초록색을 가진 술로 유명하다. 프랑스 증류주로 '리큐어의 여왕'이라고 불린다. 프랑스 샤르트뢰즈 산에 있는 그랑드 샤르트뢰즈 수도원에서 처음 만들어졌기 때문에 그곳의 이름을 따왔다. 130종 이상의 허브를 사용해 특유의 초록빛을 띤다고 한다. 매우 강한 허브 향과 스파이시한 첫맛, 55도나 되는 알코올 도수로 향수인지 술인지 헷갈릴 정도다. 언젠가 이 술에 혀끝을

적셔본 적이 있는데, 나는 그냥 색만 감상하기로 했다.*

샤르트뢰즈를 마신 후 개츠비는 데이지에게 그의 집을 구석구석 구경시켜준다. 그리고 비가 내리기 시작하자 창가에 서서 바다를 바라보면서 그녀에게 말한다.

> "안개가 끼지 않았더라면 만 건너편에 있는 당신 집이 보였을 거야…. 그곳 부두의 끝에서는 밤새도록 초록 불빛이 반짝이더군."4)

개츠비의 집 건너편 부두에서 반짝이는 초록 불빛은 개츠비에게 데이지의 존재와 같은 것이었다. 개츠비는 데이지가 살고 있는 롱아일랜드의 이스트 에그 맞은편에 있는 웨스트 에그로 이사 와서 그녀의 집이 있는 부두의 초록 불빛을 찾아냈다. 그리고 밤마다 그 작은 불빛을 향해 간절히 손을 뻗었었다. 개츠비에게 초록 불빛은 꿈과 희망의 상징이다. 데이지는 부두의 불빛처럼 개츠비를 지금의 위치에 오도록 인도했다.

초록색은 개츠비의 데이지에 대한 환상, 그 이상의 의미를 지닌다. 이 소설의 화자인 닉은 대학 시절 크리스마스 휴가철에 시카고에

---

* 녹색의 샤르트뢰즈보다 나중에 개발된, 사프란을 넣어 노란색을 띠는 샤르트뢰즈 옐로우도 있으나 '샤르트뢰즈' 하면 처음 만들어진 녹색 술을 말한다.

있는 집으로 돌아오면 시카고 상류층 집안의 자식들이 가던 파티에 초대되곤 했는데, 모피 코트를 걸친 미스 무슨무슨 대회 출신의 아가씨들이 몰려드는 이 파티의 입장권도 녹색이었다. 또 닉의 표현에 의하면 그 옛날 미국 땅에 첫발을 내디딘 네덜란드 선원들의 눈에 신대륙은 그들을 맞아주는 싱그러운 초록빛 가슴이었다. 그러고 보니 이민자들이 미국에서 살기 위해 필요한 영주권도 '그린카드'라 불린다. 초록 불빛은 개츠비의 아메리칸 드림이고, 데이지와의 결합은 그 꿈의 완성을 의미한다.

그러나 초록 불빛은 닿을 듯 닿을 수 없는 꿈이다. 이스트 에그는 전통적 상류계층인 엘리트 부호들의 동네다. 웨스트 에그의 호화로운 저택으로 이사 와 이스트 에그 사람들을 초대하지만 개츠비 같은 신흥부자들은 이스트 에그의 상류층 세계에 속할 수 없다. 데이지는 단순히 다른 동네에 사는 게 아니라 다른 세계에 속해 있다. 모두가 평등하다는 아메리칸 드림의 이면이다.

프랑스 정치철학자이며 역사학자인 알렉시스 드 토크빌은 19세기에 미국을 여행한 후 아메리칸 드림의 양면성에 대해 날카롭게 지적한 바 있다.[5] 신분제도가 없는 미국에서는 모든 사람이 자신의 힘으로 원하는 위치에 올라갈 수 있다는 희망이 더 크다. 모든 사람이 평등하다는 대원칙은 늘 다른 사람보다 더 큰 부와 높은 사회적 지위를 얻고자 하는 열망 앞에서 꺾이고 만다. 계급이 없다고 말하지만 자신의 집단을 다른 집단과 구분 짓는 데 있어서는 모든 방법을 동원한다. 톰이 개츠비를 경멸하는 이유, 또 데이지가 사랑하지도 않는 톰을 떠나지 않는 이유다. 데이지는 상류사회의 허영심으로 가득 찬 여자다. 사랑을 위해 사회적 지위를 버릴 수는 없다.

개츠비가 그토록 원하고 사랑한 데이지는 그의 상상이 만들어낸 허상이다. 막상 데이지가 그의 곁에 나타나 팔짱을 끼자 건너편에서 반짝이던 초록 불빛의 의미가 영원히 사라진 것을 직감한 이유다. 모든 사람은 균등한 기회를 가지고 자신이 원하는 이상적 자아를 이룰 수 있다는 아메리칸 드림은 반쪽짜리 꿈에 지나지 않는다. 제임스 개츠에서 제이 개츠비로 변신했지만 호화로운 저택에서 파티를 하고 매일 아침 신선한 오렌지로 만든 주스를 마음껏 마시는 것 이상의 것을 얻을 수는 없다. 데이지는 개츠비의 꿈을 여지없이 무너뜨렸다. 초록색 불빛은 신기루였던 것이다.

⁎⁕⁎

플라자호텔에서 개츠비와 톰이 언쟁을 벌인 후 일행은 차를 나눠 타고 집으로 돌아온다. 개츠비는 데이지와 함께 톰의 차를 타고 돌아오는 길에 사고로 사람을 치어 죽이지만 그대로 달아난다. 닉, 조던과 함께 뒤따라오던 톰은 사고 현장을 지나며 죽은 사람이 자신의

270

정부인 머틀이고, 데이지와 개츠비가 타고 간 자신의 차에 치여 숨졌
다는 걸 알게 된다. 닉은 톰의 집 앞에 도착해 집으로 가는 택시를 기
다리다가 개츠비를 만난다. 데이지는 집에 들어가 있었다. 닉은 톰의
차를 운전한 사람이 데이지였다는 것을 알고 개츠비에게 사고에 대
해 사실대로 알리라고 권했지만 개츠비는 자신이 모두 뒤집어쓸 것
이라고 말한다. 그리고 오히려 데이지를 걱정하며 톰의 집 앞을 떠나
려 하지 않자 닉이 대신 집안 분위기를 살피러 간다.

창문에 드리워진 블라인드 틈으로 닉은 톰이 식탁에 앉아 데이지
에게 무언가를 열심히 말하고 있는 모습을 본다. 톰의 한 손은 데이
지의 손등 위에 얹어져 있었고, 데이지는 이따금 톰을 올려다보며
알겠다는 듯 고개를 끄덕인다. 그들은 행복해 보이지는 않지만 불
행해 보이지도 않는다. 누가 보더라도 모종의 모의를 하고 있는 듯
보인다. 톰과 데이지가 무슨 말을 했는지 아무도 알 수 없지만, 우리
는 데이지가 자동차 사고에 대해 톰에게 얘기했고, 톰은 그 사고의
책임을 개츠비에게 뒤집어씌우기로 이야기를 꾸미고 있었다는 걸
안다.

데이지와 톰 사이에는 차갑게 식은 프라이드치킨 한 접시와 두 병
의 에일이 놓여 있다. 누구도 싫어할 수 없다는 '치맥'도 데이지와 톰
의 싸늘한 음모를 막아내지 못했다.

프라이드치킨은 가장 미국적인 음식 중 하나다. 아프리카에서 온

노예들의 음식인지 남유럽 이민자들의 음식인지는 확실치 않지만 오늘날 우리가 알고 있는 미국식 프라이드치킨이 남부지방에서 유래한 음식인 건 확실하다.[6)]

흑인 노예들에게는 닭만은 마음대로 기를 수 있도록 허용되었기 때문에 그들은 닭고기를 마음껏 먹을 수 있었다. 특히 인종분리 정책인 짐크로 법Jim Craw laws이 유효했던 1870년대부터 1960년대까지 프라이드치킨은 흑인들에게는 거의 매일 먹는 주식 같은 것이었다. 흑인들에게 음식을 파는 음식점이 드물었기 때문에 그들은 늘 집에서 준비한 프라이드치킨을 싸 가지고 다니며 먹었다.*

짐크로 법을 피해 일자리를 얻기 위해 남부에서 시카고나 디트로이트, 뉴욕 등 북부의 도시로 떠나는 흑인들로 버스와 기차는 늘 만원이었는데, 이때도 오랜 여정 동안 잘 상하지 않는 프라이드치킨이 그들의 도시락이 돼주었다. 이런 기차들을 '치킨 본 익스프레스'라고 불렀다.[7)] 치킨 뼈를 따라가면 흑인들이 어디로 갔는지 알 수 있다고 해서 붙여진 이름이다. 또 여자 노예들은 자신들이 가지고 있던 가장 뛰어난 기술 중 하나인 프라이드치킨 요리 솜씨를 이용해 후에 자신들만의 사업을 시작해 경제적 기반을 마련할 수 있었다.[8)] 프라

---

* 프라이드치킨을 먹는 것은 흑인의 인종적 스테레오 타입이 되었다. 이런 이미지는 아직도 가끔 인종차별적인 농담을 통해 나타난다. 예를 들면 2013년에 골프선수 세르히오 가르시아는 기자회견에서 타이거 우즈를 저녁에 초대할 거냐는 질문에 매일 초대해 프라이드치킨을 대접할 거라고 답했고, 후에 그는 부적절한 자신의 발언에 대해 우즈에게 사과했다.

이드치킨은 그렇게 아메리칸 드림의 상징이 되었다.*

　프라이드치킨을 사이에 두고 미래에 대한 희망이 아닌 음모를 속삭이는 데이지와 톰의 모습은 아메리칸 드림을 믿지 않는 상류층의 퇴락한 도덕성을 보여준다.

　닉은 개츠비의 미래와 데이지의 사랑에 대한 믿음이 미국 땅에 처음 건너온 네덜란드 선원들이 가졌던 새로운 나라가 가져다줄 행복과 성공에 대한 믿음을 닮았다고 생각한다. 닉이 범죄 조직과 손잡는 것도 서슴지 않으며 밀주 사업 등을 통해 부를 축적한 개츠비를 경멸하지 않는 건 더 나은 미래에 대한 자신의 꿈을 믿으며 혼신의 힘을 다하고, 사랑하는 데이지를 위해 온힘을 다하는 그의 모습에서 진정한 인간다움을 보았기 때문이다. 개츠비의 데이지를 향한 열정이 더욱 빛나는 건 이스트 에그의 상류층 사람들에게서, 그리고 누구에

---

* 나중에는 프라이드치킨의 사업성을 본 백인들도 치킨 사업에 손을 대기 시작했다. KFC의 창업자 할랜드 샌더즈Harland Sanders는 수염을 하얗게 탈색하고 하얀 양복을 입고 볼로타이를 매고 자신의 프라이드치킨을 팔기 시작했는데, 그의 모습은 옛 남부 지방의 농장주를 연상케 하는 것으로, 아이러니하게도 프라이드치킨과 남북전쟁 이전의 대농장에서 노예를 부리던 시절에 대한 인종주의적 향수를 연결시킨 마케팅이었다. 어쨌든 KFC의 성공은 창업을 하려는 사람들의 롤모델이 되었고, 미국 전역에 퍼져 있는 프라이드치킨 프랜차이즈들의 원조가 되었다. 그렇게 프라이드치킨은 미국적인 창업 정신과 사라져버린 것 같았던 아메리칸 드림의 상징성을 이어갔다.

게나 약속의 땅이었던 미국 사회에서 도덕적 빈곤과 미래에 대한 꿈이 부재하는 것을 보았기 때문이다. 개츠비의 위대함은 그의 미래에 대한 신념에 있다.

> 오래된 미지의 세계에 대한 깊은 생각에 잠긴 채 그곳에 앉아서 나는 개츠비가 처음으로 데이지 집의 부두 끝에서 반짝이던 그 초록 불빛을 발견했을 때 느꼈을 경이로움에 대해 생각해 보았다. (…)
> 개츠비는 해가 갈수록 우리 앞에서 멀어져가는 그 초록 불빛의 황홀한 미래를 믿었다. 그 당시 우리는 그것을 이해하지 못했지만 그것은 중요하지 않다. 내일이 되면 우리는 더 빨리 달릴 것이고, 더 멀리 팔을 뻗을 것이다. 그리고 언젠가 화창한 날 아침… 그렇게 우리는 계속 앞으로 나아간다. 물결을 거스르는 배처럼, 끊임없이 과거로 떠밀리면서.[9]

민트를 잔뜩 넣어 초록빛이 선명한 민트줄렙을 만들어 마시며 희미해진 미래에 대한 신념을 좀 다잡아보는 건 어떨까.

왜 하필 가츠동?

요시모토 바나나

키친

〈키친〉은 일본 소설가 요시모토 바나나의 데뷔작으로 1988년에 출간되었다. 〈키친〉은 〈키친〉, 〈만월〉, 〈달빛 그림자〉라는 세 개의 중편소설로 이뤄져 있다. 〈키친〉과 〈만월〉은 동일한 인물들이 나오는 연작소설의 형태를 띤다. 〈키친〉은 미국, 독일, 프랑스, 이탈리아, 노르웨이, 스페인, 네덜란드, 중국, 이스라엘, 터키, 그리스 등 18개국에서 번역되며 세계적으로 열풍을 일으켰다.

특히 첫 문장이 기억에 남은 소설들이 있다. 허먼 멜빌의 소설 《모비딕》의 첫 문장 "내 이름은 이스마엘이다"는 영문학에서 가장 위대한 첫 구절 중 하나로 꼽힌다. 알베르 카뮈가 쓴《이방인》의 "오늘 엄마가 죽었다"라는 짧은 첫 문장도 잊히지 않는다. 토마스 핀천의 《중력의 무지개》는 "비명소리가 하늘을 가로질렀다"라는 강렬한 문장으로 시작한다.

기억에 남은 소설의 첫 문장들은 이렇게 짧은 문장들이 많다. 짧아서 기억하기 좋은 것도 있지만 간결한 문장에서 느껴지는 엄숙할 정도의 단호함 때문이기도 하다. 마치 소설 전체를 규정하는 듯한 강렬함이 느껴진다.

요시모토 바나나의 데뷔작인 《키친》[1]의 첫 문장도 쉽게 잊히지 않는다.* 《키친》은 사쿠라이 미카게라는 여성의 시점에서 이야기가 전개되는데, 미카게의 단언적인 고백으로 시작한다.

내가 이 세상에서 가장 좋아하는 장소는 부엌이다.[2]

그리고 이어지는 문장은 그녀의 고백을 더 특별하게 만든다.

그것이 어디에 있든, 어떤 모양이든, 부엌이기만 하면, 음식을 만들 수 있는 장소이기만 하면 나는 고통스럽지 않다.[3]

그녀에게 부엌은 특별한 힘을 가진 마법의 공간이다. 사무치는 외로움도 부엌에 있으면 견딜 만하다.

미카게에게 남은 단 한 명의 가족이었던 할머니마저 세상을 떠나자 그녀는 "눈물도 마른 포화 상태의 슬픔"에 빠진다. 그녀가 할 수 있는 건 부엌에 요를 깔고 잠을 청하는 것이다. 그녀는 매일 부엌에서 잠을 잔다. 그리고 홀로 맞닥뜨린 세상에서 울음이 터졌을 때 그녀를 주체할 수 없는 우울함에서 구원해주고 살아갈 용기를 준 것은

---

* 이 글에서는 동일 인물들의 이야기로 이어진 〈키친〉과 〈만월〉만 다룬다.

어느 건물의 주방에서 새어 나오던 하얀 김과 냄비와 그릇이 부딪치는 소리였다.

미카게가 부엌에서 신비한 치유의 기운을 얻는 것은 그녀의 현실에는 존재하지 않는 가족에 대한 그녀의 꿈이 부엌이라는 공간에 투영돼 있기 때문일 것이다. 부엌은 가족을 위해 음식을 만들고 가족이 모두 모여 식사를 하는 곳이다. 그래서 그녀는 너저분한 부엌도 좋아한다. "식료품이 가득 채워진 냉장고", "튀김 기름으로 눅진한 가스레인지", "녹슨 부엌 칼"에서 그녀는 혼자가 아닌 삶을 꿈꿀 수 있다. 그리고 그녀의 꿈은 현실이 된다.

다나베 유이치와 그의 엄마 에리코 씨는 오갈 데 없어진 미카게에게 그들의 집에 머물라고 제안한다. 미카게가 이 난데없는 제안을 받아들여 그 집에 머물기로 결정한 것도 그 집의 부엌에 신뢰가 갔기 때문이다. 일관성은 없지만 하나하나 특별해 보이는 식기들과 방치된 음식 없이 잘 정리돼 있는 냉장고를 보고 미카게는 유이치네 부엌을 단번에 사랑하게 됐다. 멋진 부엌이었다.

미카게는 부엌 옆에 있는 커다란 소파에 누워 안심하며 잠이 든다. 그리고 다음 날 그들의 부엌에서 그녀는 아침으로 계란죽과 오이 샐러드를 만든다. 식탁이 없어서 세 사람은 아침 햇살이 쏟아지는 거실 바닥에 둘러앉아 아침을 먹는다. 에리코 씨는 미카게가 만든 계란죽과 오이 샐러드를 맛있게 먹어준다. 미카게는 누군가를 위해 음식

을 만들고, 그 음식을 함께 먹을 수 있는 부엌에 있고, 그래서 혼자가
아니다.

미카게와 유이치는 어느 날 같은 꿈을 꾼다. 부엌에 대한 꿈이다.
둘이 함께 미카게와 할머니가 살던 집의 부엌을 청소하는 꿈이다. 한
밤중에 잠에서 깬 그들은 꿈에서 함께 먹으려고 했던 라면을 끓여
먹는다. 미카게는 이 마술 같은 우연이 "굉장한 일인 것 같기도 하고,
별일 아닌 것 같기도" 하다. "기적 같기도 하고, 당연한 일인 것 같기
도" 하다. 언젠가는 바로 이런 순간이 꿈이 되어버릴지도 모른다는
생각이 든다. 그녀는 그녀가 좋아하는 멋진 부엌에 있고, 그곳에서
현실과 꿈의 경계는 슬며시 사라져 버린다. 그리고 이제 미카게는 자
신이 잠드는 유이치네 집 소파를 "내 소파"라고 부른다.

***

미카게에게 부엌은 다른 사람과의 관계를 만들고 가족의 따뜻함
을 느끼고 치유의 기운을 얻는 곳이면서 경제적으로 독립할 수 있는
자신만의 자리를 만들어가는 곳이기도 하다. 유이치네 부엌에서 그
녀는 끊임없이 요리를 한다. 유이치와 에리코 씨를 위한 것일 뿐 아
니라 자신을 위한 것이다. 그리고 미카게는 요리를 직업으로 선택한
다. 요리를 하며 스스로를 치유하고 요리사로서 익힌 통제력으로 자

신의 삶에서도 주도권을 잡는다. 유이치네 부엌은 그녀가 미친 듯이 요리를 하며 세상에서 스스로 설 자리를 만들어갈 수 있도록 발판이 되어 주는 곳이다.

> 어패류를 듬뿍 넣은 오믈렛과 소담스러운 찜 요리, 튀김, 그런 요리들을 만들 수 있기까지 꽤 시간이 걸렸다. 내 덤벙거리는 성격이 제대로 된 요리를 만드는 데 얼마나 걸림돌이 되는지 비로소 알았다. 적정 온도가 될 때까지 채 기다리지 못한다든가, 물기가 완전히 빠지기도 전에 요리해 버린다든가, 그런 사소한 요소들이 결과적으로 색이나 모양에 어김없이 반영돼 있어, 놀랐다. (…) 그릇들은 깨끗이 물기를 닦고, 조미료 뚜껑은 쓸 때마다 꼼꼼히 닫고, 차분하게 순서를 생각하고, 짜증이 나서 속이 부글거릴 때에는 잠시 쉬면서 심호흡을 하였다. 처음에는 초조하고 절망스러웠지만, 어느 순간 모든 것이 고쳐졌고, 그때는 자신의 성격까지 변한 것처럼 느껴졌다.[4]

미카게는 요리에 관한 책을 사서 너덜너덜해질 때까지 읽고, 유명한 요리 선생의 조수 자리까지 얻는다. 불에 데는 것도 아무렇지 않고, 밤새 일하는 것도 힘들지 않다. 당근 케이크를 순서를 외울 때까지 반복해서 만들고 슈퍼마켓에서 싱싱한 토마토를 발견하는 것이 얼마나 즐거운 일인지 알아간다. 요리도 즐거움도 혼자 배우고 터득한다. 엄마나 할머니에게서 전수받은 요리는 없다. 집안 대대로 내려오는 레시피 같은 것도 없다. 부엌은 철저히 혼자 남겨진 세상에서 미카게가 자신만의 행복한 삶을 꾸려나갈 가능성을 스스로 발견해가는 곳이다.

나는 한때 '와타나베의 건물 탐방'이라는 일본 TV 프로그램을 즐겨 봤다. 와타나베라는 진행자가 작지만 개성 있고 효율적인 디자인의 멋진 주택을 방문해 집 안을 구석구석 구경하면서 소개하는 프로그램이다.

프로그램을 진행하면서 그가 집주인들에게 빼놓지 않고 하는 질문은 당연히 집을 설계할 때 가장 중요하게 생각한 것은 무엇이었는가였다. 그런데 거의 모든 사람의 대답이 같았다. 그들이 건축가에게 가장 신경 써달라고 한 것은 가족 구성원들이 서로 유연하게 소통할 수 있는 구조로 설계를 해달라는 것이었다. 일본 사람들이 가족이라는 관계의 가치를 중요하게 여긴다는 것을 알 수 있었다. 프로그램 후반부에는 꼭 방문한 집의 가족이 모두 식탁에 둘러앉아 식사를 하는 장면이 들어간다. 가족과 함께 식사하는 것이 '행복한 집'을 완성하는 것임을 상징하는 듯하다.

흥미로운 것은 이때 식탁에 차려진 음식들이 돈가스, 우동, 밥 등인 경우도 있지만 파스타, 샐러드, 피자, 빵 등인 경우도 있고, 빵이나 카레 등을 같이 차린 경우도 있었다. 가족이 갖는 전통적 가치와 세계화의 흐름 속에서 변화하는 일본의 음식 문화가 공존하는 것을 볼 수 있었다. 부엌은 가족이 모이는 중심 공간이고, 가족을 위한 음식을 만들고 함께 모여 식사를 하는 공간으로, 전통적인 가치를 유지하는 곳이다. 동시에 밥 대신 피자와 파스타를 먹고, 아내 대신 남편이 요리를 하기도 하는 시대의 변화 속에서 새로운 가치를 받아들이는 공간이다.

미카게를 받아들인 유이치네의 부엌도 전통적인 가치와 새로운 가치가 모두 투영되어 있다. 부엌은 여전히 가족을 위해 음식을 하고, 가족이 모이는 집의 중심이 되는 공간이다. 그러나 그들의 부엌은 새로운 가치를 포용하는 데 있어서 매우 파격적이다. 그들의 부엌은 전통적인 개념과는 다른 새로운 의미의 가족을 상징한다.

사회학자 앤 하트만과 존 레어드는 "현대사회에서 가족은 결혼과 혈연 관계를 떠나 둘 이상의 사람들이 서로를 한 가족처럼 여기고, 생활공간을 공유하며, 통상적인 가족관계에서 볼 수 있는 감정적 유대와 다양한 역할과 과제를 공유하는 집단"이라고 정의했다.[5] 미카게는 유이치 모자와 혈연으로 맺어진 관계가 아니다. 그러나 미카게가 만든 음식을 같이 먹고, 서로의 상처를 감싸 안고, 소중한 존재를 잃은 후의 상실감을 극복하게 해주는 한 세 사람은 분명히 가족이다.

그들의 부엌은 전통적인 젠더의 경계가 무너진 곳이기도 하다. 부엌이 미카게에게 슬픔을 이겨낼 수 있는 장소라면, 에리코 씨에게는 그가 여자로 변신할 수 있는 곳이다. 에리코 씨는 유이치의 아빠였다가 자신의 성 정체성을 바꾸어 지금은 유이치의 엄마가 되었다. 부엌은 그가 엄마로서의 정체성과 역할을 확고히 할 수 있는 공간이고 도구다. 에리코 씨는 아빠와 엄마 역할을 모두 해낸다. 성공한 사업가이면서 존경받는 어머니다. 미카게가 이 공간에 단번에 안주했다는 것은 그녀가 전통적인 가치에서 자유롭다는 것을 말해준다.

이 부엌에서 만드는 미카게의 음식도 전통적 정체성이 결여된 것들이다. 에리코 씨가 죽고 유이치가 혼자가 되었을 때 미카게는 유이치의 부엌으로 돌아와 슬픔에 잠긴 유이치를 위해 요리를 한다. 그녀가 만든 음식은 샐러드, 파이, 스튜, 크로켓, 튀김 두부, 나물, 당면으로 속을 채운 만두, 닭살 무침, 탕수육, 찐만두 등이다. 그녀가 말한 대로 '국적 불명'의 음식들이다. 미카게와 유이치는 국적도 종류도 일관성이 없는 음식들을 포도주와 함께 천천히 전부 먹어 치운다.

유이치는 미카게에게 그녀와 함께 먹는 음식은 왜 이렇게 다 맛있냐고 묻는다. 그 말에 미카게는 유이치가 먹으면서 배고픔과 성욕을 함께 해결하기 때문이 아니겠냐고 한다. 미카게가 만든 국적 불명의 요리는 모든 종류의 허기를 채워준다. 그 음식들은 이미 존재하고 있는 이름과 카테고리로 규정하기 힘들지만 그 자체로 완전하다. 일본의 전통적인 가치에서 자유로운 미카게와 유이치가 만들어가는 새로운 세대의 정체성을 엿볼 수 있다.

　미카게와 유이치의 관계를 완성시켜주는 요리는 일본식 돈가스덮밥인 가츠동이다. 미카게는 식당에서 돈가스덮밥을 먹다가 유이치 생각이 나자 돈가스덮밥을 포장해 택시를 타고 유이치가 있는 곳으로 간다. 아무리 맛이 있다고 해도 고작 돈가스덮밥인데, 그걸 유이치에게 꼭 맛보이고 싶다니. 특히나 미카게는 자타 공인 요리를 사랑하는 사람이 아닌가! 그런 그녀가 자신이 만든 음식이 아니라 식당에서 파는 음식으로 사랑을 얻는다는 데 눈길이 간다. 그리고 그 음식이 돈가스덮밥이라는 것도 흥미롭다.
　미카게는 요리사다. 그녀가 만든 특별한 요리들도 많을 텐데, 그녀로 하여금 유이치를 생각나게 하고 한걸음에 그에게 달려가게 한 건 하필 돈가스덮밥이다. 돈가스덮밥은 이제는 너무나도 흔한 글로벌 음식이다. 일본 음식 중 세계적으로 가장 대중화된 음식 중 하나일 것이다. 물론 돈가스덮밥이 행운을 가져다주는 음식이기는 하다.

그녀는 매일 부엌에서 잠을 잔다.

그리고 홀로 맞닥뜨린 세상에서 울음이 터졌을 때

그녀를 주체할 수 없는 우울함에서 구원해주고 살아갈 용기를 준 것은

어느 건물의 주방에서 새어 나오던 하얀 김과 냄비와 그릇이 부딪치는 소리였다.

미카게가 부엌에서 신비한 치유의 기운을 얻는 것은

그녀의 현실에는 존재하지 않는 가족에 대한 그녀의 꿈이

부엌이라는 공간에 투영돼 있기 때문일 것이다.

'가츠동'의 '가츠'와 '이기다'라는 뜻의 동사 '가츠'가 발음이 같아서 일본에서는 중요한 시험 전에 돈가스덮밥을 많이 먹는다.

그렇다면 자신이 직접 돈가스덮밥을 만들어줄 수도 있었을 것이다. 미카게의 실력이라면 돈가스덮밥 정도는 쉽고 맛있게 만들었을 것이다. 하지만 미카게가 그 식당의 돈가스덮밥을 유이치에게도 꼭 맛보이고 싶은 건 그녀의 직업적 자신감에서 나오는 맛에 대한 판단에 의해서다.

아무리 배가 고프다지만 나는 프로다. 이 돈가스덮밥은 거의 행복한 만남이라고 해도 좋은 솜씨다. 고기의 질하며, 소스의 맛하며, 계란과 양파를 익힌 정도하며, 고슬고슬하게 지은 밥하며, 어디 흠잡을 데가 없다. 그러고 보니 낮에 선생이, 사실은 그 집을 취재하고 싶었는데, 라며 이 가게 얘기를 했던 게 기억난다. 나는 운이 좋다.[6]

그녀를 유이치에게 달려가게 한 건 돈가스덮밥의 맛이 아니라 자신감이다. 자신을 서슴없이 프로라고 지칭하고 자신의 평가에 대해 확신하는 이런 자신감은 자신의 마음을 유이치에게 당당하게 전하는 자신감으로 이어진다. 자신이 정성스럽게 만든 음식으로 마음을 전하는 것이 아니라 자신에 대한 자신감이 생겼을 때 스스로 새로운 관계를 맺어간다.

~~~

　미카게를 통해 독자들이 접하는 일본은 특별히 일본적이지 않다. 그녀는 와사비 피클이나 두부 등 전통적인 일본 음식은 별로 좋아하지 않는다. 그녀가 만드는 음식은 국적 불명이고, 그녀에게 가장 중요한 음식은 세계 어디서나 먹을 수 있는 돈가스덮밥 같은 음식이다. 미카게의 이런 면은 《키친》이 던지는 또 하나의 심오한 질문, 즉 '과연 일본적인 것은 무엇인가'와 연결된다.

　에리코 씨가 죽은 후 미카게는 에리코 씨의 직장동료였던 치카 씨와 소바집에서 만나는데, 치카 씨는 에리코 씨의 죽음에 대해 말하다가 울음을 터뜨리고, 그의 눈물은 먹고 있던 소바의 장국에 떨어진다. 전통적인 일본 음식인 소바의 장국이 성소수자의 눈물로 희석되는 이 장면은 변하고 있는 일본 사회를 상징적으로 보여주는 듯하다.

　세계화는 민족문화의 정체성을 와해시키고, 일본도 그 흐름을 비껴갈 수 없다. 소설의 원래 일본어 제목이 일본어로 부엌을 뜻하는 '다이도코로台所'가 아닌 영어에서 빌려온 '키친キッチン'인 점도 나름 의미가 깊다. 현대적이고 서구적인 것들이 혼재하는 현대 일본 사회를 반영하는 제목이 아닌가 한다. 미카게가 유이치네 부엌을 자신의

부엌으로 만들었다는 것은 개인들 간의 관계가 약해지고 전통적인
가족의 가치도 퇴색해가는 현대의 일본 사회에서 새로운 관계를 만
들고 새로운 가족의 가치를 만들어나간다는 것을 의미한다.

> 아무리 열심히 사랑에 빠져 있어도, 아무리 술을 마셔 혼곤히
> 취해 있을 때에도, 나는 오직 하나뿐인 가족을 잊지 않았다.
>
> 방 한 구석에서 숨쉬며 살아 있는, 밀려오는 그 소름끼치는 고
> 적함, 어린애와 노인네가 애써 명랑하게 생활해도 메울 수 없는
> 공간이 있다는 것을, 나는 누가 가르쳐주지 않았는데도 일찌감
> 치 깨닫고 말았다….
> 암울하고 쓸쓸한 이 산길에서, 내가 할 수 있는 오직 한 가지가
> 빛나는 것이란 걸 안 때가 언제였을까, 사랑 받으며 컸는데, 늘
> 외로웠다.[7]

미카게의 외로움은 현대를 살아가는 모든 이들이 느끼는 외로움
이다. 그녀의 상황은 전통적인 가족 공동체 안에 포함되지 않는 '탈
구된' 개인들이 현대사회에서 어떻게 자신의 자리를 만들어가는가
에 대한 보편적인 문제이기도 하다. 미카게는 그곳이 어디든 부엌을
자신만의 방으로 만들고 새로운 관계를 만들어가는 유연성을 보여

준다. 이런 유연성은 오늘을 살아가는 모든 이들에게 필요한 기술이고 자질이다.

미카게는 유이치네 부엌에서 꿈의 키친을 여러 군데 지닐 것을 다짐한다.

> 마음속으로, 혹은 실제로, 혹은 여행지에서, 혼자서, 여럿이서,
> 단 둘이서, 내가 사는 모든 장소에서, 분명 여러 군데 지니리
> 라.[8]

여기서 그녀가 말하는 부엌은 특정한 장소를 초월한 공간이다. 부엌은 변화하는 현대 일본 사회 속에서 미카게가 자신의 위치와 정체성을 찾아가는 탐험의 장소다. 그녀에게 부엌은 전통적인 가족의 가치를 상징하는 안식처이기도 하지만 자신을 위해 요리하고 성취감을 느끼고 독립적으로 생계를 유지하도록 하는 직업적 공간이기도 하다. 부엌은 미카게를 통해 전통과 현대가 만나 새로운 의미를 갖는 곳이 되고, '그녀만의 방'이 된다.

버지니아 울프는 에세이 《자기만의 방》에서 여성이 작가로 살아가기 위해서는 돈과 자기만의 방이 있어야 한다고 강조했다. "사물을 그 자체로 생각하는 자유"를 누리기 위해서는 경제적 독립과 독립적인 공간이 필요하다는 것이다.[9] 철저한 가부장제 속에서 지적

자유마저 봉쇄당했던 당시 여성들의 삶에 대한 신랄하고 현실적인 지적이다.

버지니아 울프가 창작에 전념할 수 있게 된 건 숙모에게서 물려받은 유산 덕분이었다. 미카게에게는 물려받은 유산 따위는 없다. 그러나 그녀는 자신의 부엌도 아닌 곳에서 자신의 방을 만들고 경제적 독립을 이룬다. 미카게에게 부엌은 홀로 버려진 세상에서 자신이 설 곳을 찾아가는 통로이고, 편안하게 쉴 수 있는 '집'이다.

뱀파이어와의
위험한 거래

위화

허삼관 매혈기

중국 현대문학을 대표하는 소설가 위화의 두 번째 소설로 1995년에 출간되었다. 1950년대 중화인민 공화국 초창기부터 대약진운동, 문화대혁명의 거센 역사적 물결을 견디며 살아가는 가난한 노동자 허삼관의 이야기를 통해 당시의 사회상을 보여준다.

"여기 돼지간볶음 한 접시하고 황주 두 냥 가져오라구. 황주는
따뜻하게 데워서 말이야."[1]

　허삼관은 피를 팔고 난 후 반점에 들러 식탁을 톡톡 두드리면서
돼지간볶음과 황주를 주문한다. 보혈과 혈액순환을 위해서다. 돼지
간은 소 간보다 철분이 많이 포함되어 있다. 하루에 85그램 정도의
돼지 간을 먹으면 성인 남자의 경우는 하루 철분 필요량의 100퍼센
트를, 성인 여자의 경우는 85퍼센트를 충족할 수 있다. 돼지 간에는
단백질도 풍부하게 들어 있다. 85그램 정도의 돼지 간에는 22그램의
단백질이 포함되어 있는데, 이는 하루 단백질 필요량의 44퍼센트에

해당한다. 그뿐 아니라 비타민 A가 풍부하고 비타민 B_{12}, 비타민 B_6, 엽산은 물론 비타민 C까지 포함되어 있고, 열량은 140칼로리^{Cal}로 소 간보다 적어 다이어트 식품으로도 좋다.

중국의 돼지간볶음 요리 류간첨熘肝尖은 동북 지방의 요리라고 한다. 동북3성에 속하는 랴오닝, 지린, 헤이룽 강 지방의 돼지간볶음 요리는 먹어본 적이 없어서 모르겠지만 보통 중국 식당에서 맛볼 수 있는 돼지간볶음은 돼지 간을 양파와 다른 채소들과 함께 중국식 볶음 요리의 기본 소스인 굴 소스에 볶아낸다.

간의 주요 기능은 해독 작용을 하고, 쓸개즙을 생성하며, 포도당으로 이뤄진 글리코겐을 저장해둔다. 간에서 쌉쌀하면서도 단맛이 나는 이유다. 우리나라에서는 보통 돼지 간을 순대를 먹을 때 많이 먹는데, 영양가가 높을 뿐 아니라 특유의 맛과 질감 때문에 돼지 간은 서양에서도 다양한 레시피로 요리된다. 흔하게는 양파, 베이컨과 함께 볶는 요리법이 있는데, 유명한 셰프들이 제안하는 창의적인 레시피가 더 흥미롭다.

휴 펀리-휘팅스톨Hugh Fearnley-Whittingstall의 돼지 간 요리 레시피는 밀가루, 소금, 후추, 세이지 다진 것을 섞어 얇게 저민 간에 입힌 다음 기름을 넉넉히 두른 팬에 튀기듯이 재빨리 구워낸다. 간을 별로 좋아하지 않는 내게 가장 당기는 레시피는 영국의 요리연구가 제이미 올리버가 내놓은 것으로, 돼지 간과 양파, 당근 다진 것을 섞어 완자를 만들어 튀긴 후 마요네즈와 바질을 곁들이는 요리다.

　물론 허삼관이 돼지간볶음을 먹는 것은 미각적 유희와 거리가 멀다. 돼지 간을 먹어야 팔아버린 피를 빨리 보충할 수 있고, 그래야 또 다시 피를 팔 수 있다. 자신의 간을 잘라내는 것은 아니지만 돼지 간으로 피를 보충해가며 계속 피를 파는 허삼관의 고충은 제우스가 내린 벌로 코카서스 절벽에 묶여 하루 종일 독수리에게 간을 뜯기는 프로메테우스의 시련과 닮았다. 독수리에게 뜯긴 프로메테우스의 간은 밤사이 재생되고, 다음 날이면 또 독수리의 먹이가 된다.

　《허삼관 매혈기》는 중국이 대약진운동과 문화대혁명으로 혼란스러웠던 1950~1970년대에 인생의 고비 때마다 자신의 피를 팔아 가족을 지키고 삶을 꾸려나가는 가난한 노동자 허삼관에 대한 이야기다.

　마오쩌둥이 추진한 대약진운동은 농촌의 노동력을 이용해 농업과 공업을 동시에 발전시키기 위한 정책이었다. 군중은 농촌인민공사로 조직화되고, 그들의 생활은 인민공사에 의해 지배되었다. 농민들의 토지, 농기구, 가축이 인민공사 소유가 되고 모든 생산은 집단으로 진행되었다. 철강 생산을 배가시키기 위해 마을마다 소형 용광

로를 만들고 모든 농기구와 기계들을 자급자족하도록 했다. 그러나 무리한 생산 목표로 제조된 농기구나 기계들은 사용할 수 없을 만큼 부실한 것들이 태반이었고, 무리한 노동으로 부상을 당한 노동자들이 속출했다. 그뿐 아니라 남자들이 공공사업에 투입되자 농사일은 거의 여자들이 전담하게 되면서 농업 생산량이 줄기 시작했다. 여기에 가뭄 등의 자연재해가 겹쳐 농업 생산량은 거의 반으로 줄고 민중들의 삶도 무너졌다.

바로 이 시기에 빈곤한 농촌을 중심으로 매혈賣血이 유행하기 시작했다. 당시에는 사람들이 질병 감염 등을 우려해 헌혈을 기피하는 바람에 혈액이 부족했다. 그러자 정부는 인민공사에 혈액할당제를 실시하도록 했고, 할당된 혈액의 양을 못 채울 경우 돈을 주면서 헌혈할 사람들을 구했다. 이에 가난한 농민과 노동자들이 피를 팔게 되었고, 이때부터 피가 상품화되기 시작했다. 허삼관이 피를 팔아 필요한 돈을 마련하게 된 배경이다.

대약진운동이 실패한 후 마오쩌둥은 추락한 권위를 회복하기 위해 문화대혁명을 일으킨다. 부르주아 세력 타파와 자본주의 타도를 앞세우는 한편, 혁명 정신에 위험이 된다고 여긴 교육과 종교를 말살하고자 한 것이다. 도시 청년들을 모아 홍위병을 조직하고 사회 전반에 걸쳐 정치적 투쟁을 벌였다.

권위를 회복하는 데 성공한 마오쩌둥은 정치적 혼란을 잠재우고 통제력을 강화할 목적으로 중국공산당 조직을 재정비하기로 하고 군인들을 각 지역에 파견하여 학교, 공장, 정부 기관들을 통제하도록 한다. 그 다음에는 내분과 폭력으로 경제, 사회의 안정에 오히려 위협이 된 홍위병들을 통제하기 위해 도시의 청년들을 산골과 농촌으로 보내 노동을 시킨다. 10년에 걸친 혁명은 중국을 정치 투쟁의 장으로 몰아넣었으며, 경제 상황은 악화되었다. 바로 이 시기에 농촌생산대로 보내진 허삼관의 아들 일락이와 이락이를 위해 허삼관은 또 피를 판다.

덩샤오핑은 1979년부터 개혁개방을 선포하고 대약진운동과 문화대혁명으로 피폐해진 경제의 회복을 꾀한다. 농업 생산의 탈집단화를 통해 인민공사 체제를 가족농 체제로 전환하고 토지에 대해서도 임대, 매매, 상속 등 사적인 재산권을 행사할 수 있게 했다.

이러한 농업 정책의 변화는 성공적이었으나 오래가지 않았다. 인민공사 체제가 와해되면서 농촌의 사회 간접시설과 안전망이 무너진 것이다. 농사에 들어가는 비용과 산업자재 가격이 올랐고, 농민의 수입은 이를 따라잡지 못했다. 1990년대에 들어서는 농산물 가격이 정체되었고, 중앙정부의 지원이 줄어들자 지방정부들은 농민들에게 지방세와 각종 경비를 부과해 부족한 재원을 충족하려고 했다. 버는 돈보다 세금으로 내야 할 돈이 더 많아지고 생계가 어려워지자 농민들은 일자리를 찾아 도시로 떠났다. 도시와 농촌 간의 빈부 차는 갈

수록 심해졌다.[2]

매혈은 1980년대 후반과 1990년대까지도 성행했다. 그 이유는 중국 정부가 이 시기에 경제 발전을 도모하기 위해 바이오테크놀로지와 생물학적 제제 개발 및 생산과 관련된 산업을 육성하는 데 역점을 두었기 때문이다. 1980년대 이후 사실상 지방정부들이 관리하던 기업들은 저마다 수익성이 좋은 혈액 제품 생산에 관심을 보였다. 지방정부는 바이오테크놀로지가 피폐해진 농촌 경제를 살리는 돌파구가 될 거라고 생각했다. 1992년에 허난 성 위생청장은 아예 허난 성에 생물학적 제제를 만드는 제약회사를 유치했다. 혈액이 바이오 의약품 산업의 원자재일 뿐 아니라 벤처 자본이 된 것이다.[3]

시장 규모가 커지자 1993년에는 국가위생부가 직접 사업에 뛰어들어 혈액 수출 계획을 세우기도 했다. 바이오 의약품 개발로 인해 혈액의 수요가 증가했고 혈액 가격이 올라 매혈로 인한 이윤이 높아졌다. 그뿐 아니라 혈장을 포함한 약이 소비자들 사이에서 유행하면서 혈액의 수요는 계속 증가했다. 그러자 제품 원료인 혈액을 확보하기 위해 농촌과 마을의 당 간부들까지 동원되어 매혈을 부추겼다. 피를 직접 구매하거나 공식적으로 피를 사는 정부 기관과 헌혈할 사람들을 연결해주는 불법 중개업자들도 생겨났다. 혈액 회사는 아예 불법 중개업자를 고용해 농민들에게 불법 매혈을 강요하기도 했다.

상황이 이렇다 보니 매혈은 가난한 농민들에게 중요한 수입원이 되었다. 농촌 사람들은 더 좋은 값에 피를 팔기 위해 멀리 떨어진 곳까지 갔다. 《허삼관 매혈기》의 배경은 대약진운동과 문화대혁명 시기이지만 소설이 출간된 당시의 중국의 사회상도 그대로 담고 있다.

2000년도에 세계를 충격에 빠뜨린 뉴스가 있었다. 중국 허난 성의 농촌 마을 주민들 중 80퍼센트 이상이 HIV에 감염되었다는 뉴스였다. 중국에서도 특히 가난한 지역이었던 허난 성에서는 매혈이 주요 가계 수입원인 가정이 많을 만큼 매혈이 성행했는데, 피를 더 자주 뽑기 위해 혈장만 제거한 피를 다시 정맥에 주입하는 방법까지 썼다는 사실도 알려졌다.

HIV로 인한 에이즈 확산 문제는 허난 성에서 의사로 활동하다 은퇴한 가오위에지高耀潔 여사가 뒤늦게 이 사실을 외부에 폭로하면서 알려졌다. 에이즈 퇴치 활동가인 완옌하이萬延海에 의해 관련 부서의 내부 문건이 밝혀지기도 했는데, 문건에 의하면 혈액을 사용하는 약품 생산에 앞장선 제약회사들은 약품 수요를 감당하기 위해 혈액의 질은 고려하지 않고 많은 양을 확보하는 데만 혈안이 되어 있었다고 한다.[4]

마르크스는 자본주의를 뱀파이어에 비유한 바 있는데, 그는 자본주의의 작동 방식을 '죽은 노동의 살아 있는 노동의 지배'라는 말로 함축했다.[5] 죽은 노동인 자본은 산 노동, 즉 살아 있는 노동자의 생명력을 빨아들여야만 존속할 수 있는 뱀파이어라는 것이다. 자본은 노동자의 잉여노동을 끝없이 요구하면서 노동자들이 자신의 신체를 보전하기 위해 필요한 시간을 앗아간다. 노동자들에게 제공되는 식사는 난로에 넣는 석탄처럼 그들을 생산의 도구로 유지시키기 위한 것일 뿐이다. 자본은 뱀파이어처럼 노동자의 생명력을 빨아들인다. 죽은 노동인 자본은 노동으로 인해 건강이 상하고 수명이 단축되는 노동자들의 정신과 신체를 담보로 존속한다.[6]

중국에서 매혈은 마르크스의 비유가 그대로 현실이 되어버린 상황이다. 중국 경제 성장의 토대는 지방의 값싼 노동력에 의해서일 뿐 아니라 그들의 진짜 피를 착취함으로써 이룩한 성과인 것이다. 《허삼관 매혈기》에서 방씨는 논밭에 나가 일을 하거나 짐을 드는 등의 노동을 할 때 필요한 힘은 피에서 나온다며, 피를 파는 것은 곧 힘을 파는 것이라고 말한다. 가난한 농민들과 노동자들은 노동 대신 더 값나가는 피를 판 것이다.

중국에서는 혈장 단백질을 이용한 영양제들이 인기가 많다. 돈 많은 사람들은 건강을 유지하기 위해 이런 영양제들을 사 먹는다. 반면 돈이 없는 사람들은 자기 몸의 일부인 피를 팔아 생계를 유지한다. 가난한 사람들의 몸의 일부가 부유한 사람들의 몸에 이식되어 그들의 건강을 유지시켜주고 수명을 연장시켜준다. 피를 팔아 생계를 유지하는 가난한 사람들의 수명은 점점 더 짧아진다. 경제적 계급에 따라 몸의 가치가 달라지는 것이다.

～✼～

　가난한 이들의 피는 상품이다. 자본주의 상품경제 시스템에서 상품은 사용가치가 아닌 교환가치를 갖는다. 생산된 곳을 떠나 다른 곳으로 옮겨지기 위해 상품 본연의 물질성은 제거된다. 상품은 다른 곳으로 옮겨지면서 새로운 가치를 획득한다. 그것을 생산한 노동의 근원으로부터 분리되는 것이다.

　허삼관도 자신의 피를 교환가치를 지닌 자산으로 십분 활용한다. 한정된 자산으로 이윤을 극대화하기 위해 물을 여덟 사발이나 마시고 절대로 오줌을 누지 않는다. 그리고 상품화된 피는 몸에 있을 때와는 다른 가치를 갖는다.

　원래 피는 한 달 이상의 간격을 두고 팔아야 하는데, 허삼관은 일락이의 치료비를 마련하기 위해 상하이까지 가는 동안 거치는 도시의 병원마다 들어가 피를 뽑다가 죽을 뻔한다. 그는 송림에서 피를 팔다가 결국 쇼크로 쓰러져 긴급 수혈을 받고 위기를 넘긴다. 하지만 허삼관은 병원 측이 그에게 수혈비에 응급실 비용까지 청구하자, 자기에게 수혈된 피 700밀리리터 중 자기가 판 피 400밀리리터를 뺀 300밀리리터는 도로 빼가라고 고집부리며 항의하다가 비웃음거리가 된다.

허삼관은 결국 매혈은커녕 수혈을 받고 돈을 내게 되는데, 그가 낸 돈은 그가 피를 두 번 판 돈에 해당한다. 허삼관이 수혈 받은 피는 이미 허삼관의 피보다 가치가 높아져 있다. 상품화되면서 잉여가치가 창출된 것이다. 중국 관광객이 뉴욕에서 산 30달러짜리 기념품은 중국에서 만들어진 원가 5위안짜리 상품일 수 있다. 100달러 가까이 주고 산 글로벌 브랜드의 청바지는 뉴욕의 열악한 공장에서 이민자들이 1시간에 3달러를 받으며 만든 것일 수 있다. 허삼관의 피 또한 상품이 되는 순간 시장경제에 의해 다른 가치가 매겨지게 된다.

허삼관은 그와 가족의 생존을 위해 뱀파이어와 거래를 할 수밖에 없다. 허삼관은 자신의 피를 자본 삼아 시장에 참여함으로써 경제적인 힘을 얻는다. 그러나 그 거래는 궁극적으로 그의 생명을 위협할 만큼 끝없는 착취로 이어진다. 그리고 자신의 존재가치를 '상품성'으로 가늠할 만큼 주체의식을 상실한다.

시간이 흘러 허삼관의 가족은 어려움 없이 살 수 있게 되고, 아들

허삼관은 피를 팔고 돼지간볶음을 먹던
옛 기억에 대한 향수를 느끼고
처음으로 자기 자신을 위해 피를 팔기로 한다.
오로지 돼지간볶음과 황주를 즐기기 위해 피를 팔기로 한 것이다.
자신의 피가 아직도 자본으로서 가치가 있는지
확인하고 즐기고 싶었던 것일 게다.

들도 집으로 돌아와 더 이상 피를 팔 필요가 없어진다. 하지만 허삼관은 피를 팔고 돼지간볶음을 먹던 옛 기억에 대한 향수를 느끼고 처음으로 자기 자신을 위해 피를 팔기로 한다. 오로지 돼지간볶음과 황주를 즐기기 위해 피를 팔기로 한 것이다. 자신의 피가 아직도 자본으로서 가치가 있는지 확인하고 즐기고 싶었던 것일 게다. 그러나 그의 피가 더 이상 상품으로서 가치가 없다는 사실을 안 허삼관은 눈물을 흘리며 거리를 배회한다. 매혈을 하면서 그는 자신의 존재가치를 상품으로서 자신의 피의 가치와 동일시하게 되었다. 스스로를 자본화할 때만이 자신의 삶이 가치 있다고 여기게 된 것이다.

그러나 위화는 허삼관을 통해 구원의 방법을 모색한다. 허삼관의 매혈기는 그가 자본주의와 물질주의에 자신을 점점 내주는 과정이기도 하지만, 도덕적으로 성장해 가는 과정이기도 하다. 실제로 다른 사람들이 매혈을 하는 이유가 집을 짓는다거나 TV를 사는 등 물질적 풍요를 위해서인 경우가 많은 반면, 허삼관은 회가 거듭될수록 강도가 높아지는 그의 윤리적 판단에 근거한다.

허삼관은 맨 처음 허옥란을 아내로 얻는 데 들어가는 돈을 벌기 위해 피를 판다. 그 다음에는 첫째 아들 일락이가 대장장이 방씨의 아들을 다치게 해 방씨가 치료비로 허삼관의 가산을 차압해가자 허삼관은 피를 판 돈으로 치료비를 내주고 가산을 되찾아온다. 그가 세 번째로 피를 판 건 아파서 누워 있는 임분방에게 문병을 갔다가 그녀와 관계를 맺고는 그녀에게 보낼 선물을 사기 위해서다. 임분방에 대한 미안함과 연민 때문이었다. 그리고 네 번째 매혈은 온전히 가족을 위해서다. 대약진운동이 시작되고 가뭄이 닥치면서 57일 동안 죽밖에 못 먹은 가족에게 먹을 것을 사주기 위해 허삼관은 피를 판다. 문화대혁명 기간 동안에는 농촌으로 보내진 두 아들에게 돈을 주기 위해 피를 팔고, 또 둘째 아들 이락이의 상관을 대접할 돈을 마련하기 위해 피를 판다. 그리고는 얼마 지나지 않아 다섯 번 이상 계속해서 피를 파는데, 간염으로 입원해 있는 일락이의 치료비를 마련하기 위해서다.

친아들이 아닌 일락이를 구하기 위해 자신의 몸을 희생해가면서까지 허삼관이 매혈을 하는 것은 자신의 몸이 시장경제에 종속된 것이 아니라 자기 몸에 대한 소유권을 온전히 자신이 가지고 있기 때문에 할 수 있는 선택이다. 그의 선택은 일락이가 자신의 친아들이 아니라는 사실을 알고 가졌던 원한과 미움을 극복했다는 의미일 뿐 아니라, 그의 윤리적 선택이 법적인 부자 관계를 넘어섰다는 것을 의미한다. 허삼관이 피를 파는 이유가 가족과 일락이를 구하기 위해서라는 것은 그의 도덕적 자율성과 실천이 자본주의 경제에 의해 규정된 가치에 맞서는 행동임을 의미한다.

그럼에도 불구하고 그의 도덕적 실천은 결국 뱀파이어와의 거래를 통해 이뤄졌으니 그의 선택은 자신의 피를 가져간 체제에 자신의 삶이 지배당할 수 있는 위험한 선을 넘은 행위이다. 사람의 장기도 동물의 장기처럼 부위별로 거래되는 사회에서 허삼관의 매혈은 의미 깊은 질문을 던진다. 인간도 자원이 된 자본주의 상품경제 체제에서 허삼관의 피와 그가 먹는 돼지 간은 그 존재의 위상이 그다지 다르지 않을 수 있다.

나만의 '진짜' 플레이버

마르쿠스 사무엘손Marcus Samuelsson
베로니카 체임버스Veronica Chambers

예스, 셰프Yes, Chef

뉴욕 할렘에서 레드 루스터 할렘이라는 식당을 운영하고 있는 마르쿠스 사무엘손의 자전 에세이다. 마르쿠스 사무엘손은 뉴욕의 스웨덴 요리 전문 식당인 아콰빗의 총주방장을 지냈고, TV 쇼 '탑 셰프 마스터즈'에서 우승을 했으며, 백악관의 초빙 셰프로 국빈 만찬을 주관하기도 했다. 《예스, 셰프》는 2012년에 〈뉴욕타임스〉 베스트셀러에 올랐다.

내가 한동안 즐겨 보던 가수 지망생들을 위한 오
디션 프로그램이 있었다. 이 프로그램에서 내가 관심 있게 본 것은
심사위원들이 각자 내세우는 평가 기준이었다. 그중 가장 흥미로웠
던 것은 한 심사위원이 유독 강조하던 '진정성'이라는 항목이었다.
　　이 심사위원은 참가자를 세워놓고 냉혹한 평을 하기로 유명했다.
그의 심사평 중 가장 유명한 것은 "공기 반 소리 반"을 요구한다는
것이었다. 이는 기술적인 것이니 이해가 간다. 풍부한 소리는 풍부한
호흡에서 나온다는 것을 나름 재치 있게 표현한 것이리라. 그런데 그
가 말하는 진정성이라는 것이 무엇을 말하는지는 감이 안 잡혔다. 그
가 참가자에게 진정성이 없다며, 노래 부르는 게 가짜 같다는 평을

쏟아낼 때는 '도대체 자기가 뭔데 남 노래하는 걸 보고 진정성이 있는지 없는지를 확신할 수 있단 말인가' 하는 생각이 들었다. "공기 반 소리 반"은 테크닉의 문제이니 전문가로서 객관적으로 평가할 수 있는 지점이겠지만 진정성을 평가하는 건 너무 주관적이지 않은가!

그런데 그의 평을 잘 뜯어보면 그가 진정성이라고 말하는 것이 독창성과 통한다는 생각이 든다. 기존 가수의 창법을 모방한다거나 나이나 연륜에 맞지 않은 감성을 '연기'한다거나 할 때 그는 진정성이 없다고 얘기하는 듯했다. 기존 가수를 따라하며 테크닉을 배울 수는 있지만 참가자는 자신의 경험에 맞대어 노래를 해석해서 자신만의 감성으로 불러야 한다는 뜻일 게다.

그러면 이별의 경험이 없는 사람은 이별 노래는 부를 수 없다는 것일까? 그렇지 않다. 이별의 아픔이 없다면 누군가가 아파하는 것을 흉내 낼 게 아니라 그 아픔을 이해하려는 마음으로, 또는 이해하지 못해 안타까운 마음으로 불러야 한다는 뜻이리라. 다른 가수의 노래를 부르지만 그 노래를 통해 자신의 이야기를 해야 한다는 것이다.

그렇다면 사실 진정성은 매우 중요한 평가 기준이어야 한다. 기존에 알려진 노래는 이미 그 노래를 유명하게 만든 가수의 버전이 '진짜'인 것처럼 여겨진다. 하지만 여기서 '진짜'는 대중들의 선호도를 숫자화해 보편화, 상품화시킨 것이다. 오디션 참가자들은 자신만의 '진짜' 버전을 만들어야 하는 것이다.

진정성은 마르쿠스 사무엘손의 《예스, 셰프》[1]를 관통하는 개념이기도 하다. 세계적인 스타 셰프가 되기까지 사무엘손이 거쳐 온 여정은 자신만의 '진짜' 플레이버를 만드는 과정이고, 그 여정은 아직도 진행 중이다. 그리고 그에게 '진짜' 플레이버는 음식에 한정된 것이 아니라 자신의 정체성에 관한 것이기도 하다.

'플레이버flavour'와 '테이스트taste'는 그 의미가 서로 다르다. 옥스퍼드사전에서는 플레이버를 "어떤 특정한 재료에서 오는 후각적 요소로서, 어떤 것을 다른 것과 구별해주는 요소"라고 정의한다. 음식의 맛이라고 하는 것은 혀에서 맛을 느끼는 세포와 코에서 냄새를 감지하는 세포가 보내는 정보를 뇌에서 종합한 결과다. 미식학자인 피터 클로스에 의하면 플레이버는 혀로 느끼는 단맛, 신맛, 짠맛, 쓴맛, 감칠맛 외에 냄새, 촉감, 온도 등 거의 모든 감각적 정보를 종합하여 느끼는 뇌의 지각을 통한 경험이다.[2] 우리말의 맛은 이 두 가지를 모두 포함하는 경우가 많다. 짠맛의 맛과 어머니의 손맛의 맛은 다르다. 어머니의 손맛은 맛을 느끼는 사람의 어머니가 만들어주던 음식에 대한 경험적 감각을 포괄적으로 포함한다. "어머니의 손맛"이라고 말할 때는 혀에서 느껴지는 맛만을 말하는 것이 아니라 어머니에 대한 향수를 불러일으키는 여러 요소들이 포함된다. 어머니의 손맛은 영어의 테이스트가 아니라 플레이버에 훨씬 가깝다.*

플레이버는 단순히 각 요소들을 조합한 결과가 아니라 그로 인해 발생되는 독특한 효과다. 그래서 플레이버는 음식의 정체성을 결정하는 요소다. 음식의 향이 가장 중요한 역할을 하지만 다른 요소들의 작용도 중요하다. 우리가 기억하는 음식의 맛은 혀가 느끼는 맛이 아니라 플레이버라고 보는 것이 맞다. 음식을 먹은 때와 장소, 함께한 사람들 등에 대한 복합적인 정보가 음식 맛에 대한 기억에 영향을 미치기 때문이다.

사무엘손은 음식에 대한 자신의 가장 오래된 기억은 어떤 특성한 맛이 아니라 냄새라고 말한다. 그는 어린 시절 스웨덴 외할머니의 집에서 먹었던 많은 음식들을 냄새로 기억하고 있다. 다진 소고기와 빵가루를 섞어 만든 미트볼, 단맛이 나도록 볶은 양파를 곁들인 햄버거, 다진 소고기에 양파와 케이퍼, 비트루트 피클을 섞어 햄버거 패티처럼 만들어 버터에 구운 비프 린드스트롬, 링곤베리 잼과 함께 먹는 청어구이, 오이 피클을 올린 간 파테 샌드위치. 오이 피클은 초, 설탕, 물을 1 대 2 대 3으로 섞어 만드는데, 미국식 식초보다 산도가 두 배는 강한, 코가 뻥 뚫리는 스웨덴 초 아티카를 사용한다고.

---

* 이 글에서는 맛과 구별되는 '플레이버'라는 단어를 사용하기로 한다.

외할머니와 달리 효율성을 중요시했던 어머니의 요리도 사무엘손은 모두 기억한다. 요일마다 정해진 메뉴가 있었는데, 으깬 감자, 월귤과 그레이비 소스를 곁들인 미트볼, 청어, 오븐에 구운 고기, 완두콩 수프, 생선 캐서롤 등이 돌아가면서 식탁에 올랐다. 그는 특히 스웨덴 어머니가 만들어주던 양배추 쌈을 좋아했는데, 양배추 쌈은 만드는 데 시간이 오래 걸려서 어머니가 그걸 요리하는 시간만큼 어머니의 존재를 느낄 수 있었기 때문이다. 그는 양배추 쌈을 '딤섬'이라고 부른다. 딤섬이 한자로 "작은 마음 한 조각"이라는 걸 알게 된 후로 어머니의 양배추 쌈은 그의 딤섬이 되었다. 어머니의 음식은 외할머니의 음식이 가진 풍부한 향은 없지만 어머니의 존재를 기억하게 하는 플레이버를 가지고 있다. 외할머니의 음식, 어머니의 음식, 아버지가 잡은 생선, 이 모든 것들이 스웨덴 집에서 보낸 어린 시절의 플레이버로 기억된다.

사무엘손은 그를 죽을 위기에서 살려내고 막상 자신은 살아남지 못한 에티오피아 친모에 대한 기억을 플레이버를 통해 찾는다. 그는 친모의 얼굴을 기억하지 못한다. 하지만 그에게는 그녀를 기억할 방법이 있다.

나는 어머니를 한 번도 본 적이 없지만 그녀가 어떻게 요리했는지는 안다. 나에게 나의 어머니는 에티오피아 양념인 베르베레다.[3]

베르베레는 고춧가루, 마늘, 생강, 바질, 페누그릭, 루, 니겔라, 에티오피아 소두구*라 불리기도 하는 코라리마 등 갖가지 향신료를 섞어 만든 양념으로, 소금과 후추처럼 에티오피아의 거의 모든 음식에 사용된다. 베르베레를 통해 사무엘손은 스웨덴에서 자라고 스웨덴어를 쓰면서도 그를 흑인이라는 인종적 카테고리에 갇히게 했던 아프리카인으로서의 정체성을 온전히 자신의 일부로 받아들인다. 베르베레는 스웨덴의 플레이버와 함께 자신의 존재를 만들어준 아프리카의 플레이버다.

> 때때로 나는 가스레인지 옆에 있는 양념통에 손을 뻗어 베르베레를 한 줌 쥐고서 손가락 사이로 흘려보내고 남은 것을 팬에 넣는다. 아내가 요리하는 모습을 볼 때도 어머니의 손이 보이는 것 같다. 나는 어머니 고향 사람들의 조리법을 스스로 익혔다. 그들의 음식은 요리사인 내가 아직 미지의 세계에 있는 나의 어머니에게 다가갈 수 있는 가장 쉬운 실마리였다.[4]

베르베레를 통해 아프리카의 플레이버를 재생하는 일은 사진 한 장 없이 과거의 장막 속에 가려져 있는 어머니라는 존재를 자신의 삶

* 생강과에 속하는 다년생 초본인 엘레트타리아 카르다모뭄의 씨나 마른 열매를 갈거나 통째 사용해 만든 향신료로, '카다몸' 또는 '카더몬'으로도 알려져 있다.

으로 다시 불러들이는 방법이다. 사무엘손을 낳아준 에티오피아 어머니와 길러준 스웨덴 어머니는 플레이버로 그의 마음이라는 그릇에 담겨 있다.

사무엘손이 요리와 자신의 정체성에 대해 탐구하는 데 있어서 스웨덴과 아프리카의 플레이버는 출발점일 뿐이다. 그는 자신의 요리에 대한 열정을 '플레이버를 좇는' 과정이라고 말한다. 그의 목표는 스웨덴 전통 요리나 아프리카 음식의 맛을 재현하는 것이 아니다. 그는 자신만의 플레이버를 만들고자 한다. 자신만의 플레이버란, 자신이 경험한 다양한 플레이버들이 조화를 이루는 혼종의 플레이버다.

이런 생각은 어릴 때부터 그의 마음속에 있었다. 그의 외할머니는 모든 것을 손수 만들었다. 잼이나 피클, 빵뿐만 아니라 고기도 커다란 덩어리로 사고 닭도 통째로 사서 집에서 직접 자르고 요리했다. 그의 아버지는 삼촌과 함께 낚시로 장어, 청어, 고등어 등을 잡아 와 직접 훈제를 했다. 이런 것들을 보고 자란 사무엘손은 요리는 식재료가 생산된 환경을 반영하는 것이 중요하다는 것을 배운다. 요리사에게 음식은 단순히 접시에 올리는 요리가 전부가 아니라 자신의 정체성과 감수성을 담아야 하는 것이다. 그는 자신이 경험한 다양한 문화적 혼종을 요리에 담고 싶었다.

그가 입학한 스웨덴 요리학교는 프랑스 요리책을 바이블처럼 따르도록 했다. 하지만 그는 오렌지 소스를 곁들인 프랑스 오리 요리를 하면서 전통적으로 함께 내는 포테이토 도피누아 대신 카레을 넣은 볶음밥을 내면 어떨까 하고 생각했다. 프랑스 양고기 요리에 타임과 겨자가 잘 어울리는 것을 보고 양고기 대신 스웨덴 전통 요리에 사용하는 염소고기를 사용하면 더 좋겠다는 생각을 하기도 했다. 문화와 음식의 혼종을 통해 새로운 것을 만들고 싶다는 욕망이 생긴 것이다. 스위스, 오스트리아, 프랑스의 식당에서 일할 때도 그가 알고 있는 스웨덴의 플레이버를 새로이 접하는 여러 나라의 전통 음식과 접목할 방법에 대해 늘 생각했다.

그가 크루즈선에서 일할 때의 가장 큰 수확은 새로운 플레이버를 경험한 것이었다. 그는 배가 정박하는 곳에서 그 지역의 음식들을 맛보며 유럽의 파인 다이닝에서는 경험할 수 없었던 새로운 플레이버들을 만났다. 아카풀코에서 맛본 타코는 그가 상상했던 맛과는 전혀 다른 맛을 선사했다. 스페인에서는 잘 익은 토마토를 으깨 올리고 후추를 뿌려 먹는 빵의 강렬한 맛이 그를 매료시켰다. 자메이카에서는 그릴에 구운 생선으로 만든 샌드위치를 먹었는데, 그가 그때까지 맛본 샌드위치 중 가장 맛있었다. 그리고 아시아를 여행하면서 조리법이 수백 가지에 달하는 코코넛 밀크와 레몬그라스 등의 향신료가 들

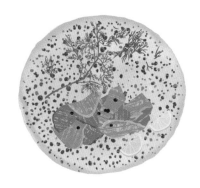

사무엘손이 자신만의 플레이버를
찾아가는 과정은 끊임없이 자신의 과거로 돌아가고
잃어버렸던 맛을 찾아내는 과정을 포함하는데,
그의 향수는 과거로 돌아가고 싶은,
현재를 무력화하는 감성이 아니라 현재를 만들고
미래의 방향성을 잡아주는 중요한 역할을 한다.
플레이버를 좇는 것 역시
그의 정체성을 만들어가는 중요한 과정인 것이다.
즉, 그가 만든 정체성은 흑인이라는
인종적 정체성에서 벗어난 그만의 '진짜' 정체성이다.

어간 요리를 맛보고는 그가 그때껏 먹어본 어떤 프랑스 음식에도 뒤지지 않을 만큼 완벽하다고 생각했다.

이런 음식 여행을 통해 그는 프랑스 음식의 전통을 진리처럼 따르는 서구의 파인 다이닝 문화에 회의를 갖게 된다.

> 누가 거짓말을 한 걸까? 세상에서 가장 훌륭한 음식은 프랑스에 있다는 거짓말은 누가 시작했을까? 새로운 음식을 맛볼 때마다 이런 의문이 뇌리를 스치며 '좋은 음식'이 무엇인지에 대한 나의 생각을 바꾸어놓았다. 그리고 그 의문은 다음 의문으로 대체되었다. 단지 '이국적'이라는 이유로 파인 다이닝의 세계에서 내쳐졌던 음식들도 신성한 부야베스와 벨루테 소스 같은 수준으로 만들 수 있다는 사실을 알려줄 사람은 없는 걸까?[5]

사무엘손의 깨달음은 음식 문화에 있어서의 식민성을 지적한 어느 문화학자의 주장과 연결된다.[6] 그녀는 프랑스 요리의 테크닉이 요리 세계에서 정석이라고 여겨지는 데 대해 비판한다. 프랑스 요리의 테크닉이 다른 나라 음식의 조리법에도 적용될 수 있다는 믿음은 다른 나라의 요리 문화는 그 나름의 적절한 테크닉이 없다는 가정에 근거한다고 설명한다. 프랑스 문화 우월주의를 지적한 것이다. 그녀는 학자, 요리사는 물론 음식을 먹는 사람들까지도 모두 프랑스 요리의 우월성에 대한 신화에 의문을 갖지 않는다는 사실에 대해서도 냉소적으로 비판한다.

사무엘손은 아시아의 식당에서 여러 나라에서 온 요리사들이 각자의 도구와 방법을 가지고 다양한 문화의 요리를 하는 모습을 보았다. 국적, 성별, 나이 구별 없이 한 공간에서 나름대로의 요리를 만들어내고 손님들에게 내놓는 것을 보고 계급과 인종의 구분과 위계질서를 중심으로 작동하는 유럽의 파인 다이닝 문화에 회의를 갖게 되고, 이는 자신이 나아갈 방향을 깨닫는 또 한 번의 계기가 된다. 그는 어떤 인종이나 문화도 그의 식당에서는 배제하지 않겠다고 다짐한다. 다양한 문화가 공존하고 섞이면 풍요롭고 새로운 플레이버가 만들어질 수 있기 때문이다.

사무엘손이 자신만의 플레이버를 만들어가는 여정은 자신만의 정체성을 만들어가는 과정이기도 하다. 그의 책은 여기저기 금이 간 자신의 정체성을 깨닫는 것으로 시작한다. 그의 검은 피부는 그가 스웨덴어를 구사하고 스웨덴 음식을 만들고 먹어도 그를 완전한 스웨덴 사람으로 만들어주지 않았다. 그렇다고 그 자신을 완전한 스웨덴 사람일 수 없게 하는 자신의 일부인 에티오피아를 기억하고 있는 것도 아니었다. 결국 그는 아프리카의 플레이버를 찾아 나선다. 그리고 음식을 만들고 먹는 행위를 통해 과거를 재건하고 자신의 정체성을 구축해간다.

스물여덟 살이 되었을 때 그는 처음으로 에티오피아에 간다. 그는 뉴욕에서 아디스아바바로 가는 비행기에서 자신이 성인이 되어 처음으로 플레이버를 좇는 셰프가 아닌, 과거를 좇는 고아로서 여행을 하고 있다는 사실을 깨닫는다. 하지만 사실 그에게 그 두 가지는 늘 같은 것이었다. 그의 이야기는 자신처럼 세계를 떠돌아다니는 음식에 대한 것이기 때문이다. 플레이버를 좇는 사무엘손의 행동은 자신의 다문화적, 다인종적 정체성을 반영하는 미각적 감성을 찾는 행동으로 투영된다. 그리고 아프리카 음식에서 영감을 받은 요리들로 '탑 셰프 마스터즈Top Chef Masters'에서 우승함으로써 그의 이러한 탐험이 성공적이었다는 것을 증명해낸다.

그가 추구한 아프리카의 플레이버는 사람들이 생각하는 전통적인 아프리카의 음식이나 맛이 아니다. 그는 유럽이나 미국에서 '이국적인 것'으로 대상화되고 타자화된 아프리카 음식이 아닌, 서양의 문화와 대등하게 만나는 접점을 가진 아프리카 음식을 소개하고 싶었다. 미국과 서인도제도의 음식들이 아프리카의 음식들과 어떻게 연결되어 있는지, 세네갈과 노스캐롤라이나의 맛이 얼마나 강하게 연결되어 있는지, 모잠비크 요리와 포르투갈 음식이 얼마나 닮아 있는지 보여주고 싶었다.

사무엘손은 에티오피아에서 태어나 스웨덴에서 자라고, 유럽의 여러 나라에서 프랑스 요리를 배우고, 남미와 아시아에서 새로운 맛을 경험하고 뉴욕에 자리를 잡았다. 그런 면에서 그가 만드는 음식들은 사무엘손 자신의 모습이기도 하다.

사무엘손이 자신만의 플레이버를 찾아가는 과정은 끊임없이 자신의 과거로 돌아가고 잃어버렸던 맛을 찾아내는 과정을 포함하는데, 그의 향수는 과거로 돌아가고 싶은, 현재를 무력화하는 감성이 아니라 현재를 만들고 미래의 방향성을 잡아주는 중요한 역할을 한다. 플레이버를 좇는 것 역시 그의 정체성을 만들어가는 중요한 과정인 것이다. 즉, 그가 만든 정체성은 흑인이라는 인종적 정체성에서 벗어난 그만의 '진짜' 정체성이다.

사무엘손에게 요리는 정체성과 문화와 플레이버의 총합이다. 그가 할렘에 문을 연 레드 루스터 할렘이라는 레스토랑에는 이런 그의 염원이 담겨 있다. 레드 루스터 할렘의 음식에는 아프리카, 스웨덴, 미국식 아프리카 등 사무엘손이 자신의 것으로 흡수한 다문화적인 플레이버가 살아 있다.

에티오피아 전통 빵인 인제라가 자두절임을 곁들인 스웨덴식 연어절임에 함께 나오고, 에티오피아식 소고기 육회 킷포가 있는가 하면, 스웨덴 외할머니의 레시피를 이용한 스웨덴식 미트볼 '헬가의 미트

볼'도 있다. 또 미국 남부식 요리에 아프리카와 아시아의 향신료를 더해 다채로운 플레이버를 선사하는데, 그의 요리는 할렘에 있는 유명한 남부 음식 레스토랑인 실비아스의 음식과는 완전히 다르다.

실비아스의 메뉴는 정통 남부식 프라이드치킨 같은 미국 흑인의 역사가 담긴 음식들이다. 1960년대에 문을 연 실비아스는 오랫동안 제대로 외식을 할 곳이 없었던 흑인들이 그야말로 소울 푸드를 먹을 수 있는 곳이었다. 그런데 지금은 '진짜' 흑인 문화를 맛보려는 관광객들로 넘쳐난다. 흑인 문화의 중심지인 뉴욕의 할렘에서 '진짜' 흑인들의 소울 푸드를 맛볼 수 있는 곳이라는 소문이 나면서부터다. 이제 실비아스는 관광지에 흔히 있는 전통문화 체험관 같은 곳이 되어버렸다. 21세기를 살아가는 진짜 흑인들의 삶을 볼 수 있는 곳이 아니다. 이곳의 메뉴는 관광상품으로 정형화된 흑인 문화다.

사무엘손의 레드 루스터 할렘에는 현재를 살아가는 모든 것이 그렇듯 다른 문화들과 끊임없이 만나고 섞이고 변화하는 흑인 문화가 있다. 그곳에서 그는 뉴욕이라는 도시의 플레이버와 분리되지 않고 자신이 경험한 유럽의 플레이버와도 분리되지 않는, 이 모든 것과 조화를 이루는 아프리카의 플레이버를 만들어낸다. 그리고 다른 모든 요소들을 선행하여 자신에게 주어지는 '흑인'이라는 인종적 카테고리를 벗어나 자신만의 진짜 정체성을 만들어간다.

내가 런던에 살 때 자주 만들어 먹던 된장찌개가 있다. 베이컨과 양파를 같이 볶다가 물을 붓고 된장을 넣고 고추장을 조금 넣는다. 그리고 호박과 배추와 양송이버섯과 완두콩을 넣는다. 마지막에 화이트와인 한 술을 넣고 쪽파를 썰어 넣는다. 런던의 슈퍼마켓에서 구하기 쉬운 것들로 만든 된장찌개다. 질 좋고 맛있는 베이컨은 조개나 멸치로 낸 국물과는 다른 깊은 맛을 낸다. 내가 살던 동네에 있던 한국 슈퍼마켓에서 구한 된장은 별로 맛이 없어서 고추장과 와인을 넣었더니 텁텁한 맛이 사라지고 단맛이 좀 났다. 저지 로열이라는 감자가 나는 철에는 그것도 조금 넣었다.

불고기와 김치와 잡채에만 익숙해져 있던 나의 영국 친구들에게 내가 만든 된장찌개는 그야말로 무척이나 한국적인 음식이었다. 나중에 한국 식당에서 '진짜' 된장찌개를 맛본 후 친구들은 내가 끓인 된장찌개가 훨씬 맛있다고 했다.

어떤 이들은 내가 만든 된장찌개는 진짜 한국 음식이 아니라고 말할지도 모른다. 그러나 어떤 것이 진짜 한국적인 것인가? 나는 나의 경험과 상황에 맞춰 내 입맛에 가장 맞는 된장찌개를 찾아냈다. 그렇다면 나의 레시피로 인해 된장찌개 맛의 지평이 넓어졌다고 할 수 있지 않을까?

완벽한 레시피는 없다. '진짜' 플레이버는 하나가 아니라 각자 만들어내는 것이다. 요리하는 사람의 경험과 정체성을 초월하는 하나의 완벽한 레시피가 있다고 주장하는 것은 다양성과 다름을 억누르고 획일성과 위계를 강요하는 이데올로기적 장치와 다르지 않다. 나는 한국인이다. 하지만 이 국가적 정체성은 나의 존재를 한정하는 카테고리가 아닌, 나로 인해 확장되어야 하는 카테고리다. 사무엘손의 자신만의 플레이버를 찾아가는 여정은 다른 문화와 끊임없이 소통하며 자신에게 주어진 흑인이라는 인종적 카테고리를 확장해가는 과정인 것이다.

커피가 있어서
다행이야

밥 딜런Bob Dylan

One More Cup of Coffee

밥 딜런은 "훌륭한 미국 음악의 전통에서 새로운 시적 표현을 창조해냈다"는 평과 함께 2016년 대중
가수로는 처음으로 노벨 문학상을 수상했다. 그는 반전反戰과 인권 운동 열기가 뜨겁던 1960~1970
년대에 정치적이고 철학적인 가사로 저항문화의 아이콘이 되었다. 'One More Cup of Coffee'는 밥
딜런의 일곱 번째 스튜디오 앨범 '디자이어Desire'에 수록된 곡으로, 1976년 발표되었다.

당신의 숨결은 달콤하고
당신의 두 눈은 하늘에 박힌 보석 같고
당신의 등은 곧고, 당신이 누워 있는
베개 위 머리카락은 부드러워.
하지만 난 어떤 애정도,
감사의 마음도, 사랑도 느낄 수 없네.
당신의 마음은 내가 아닌
저 하늘의 별들을 향하고 있네.

길 떠나는 사람 위해 커피 한 잔 더,

내가 저 아래 계곡으로 떠나기 전에
커피 한 잔 더 주오.

당신의 아버지는 무법자
방랑의 길을 걸었지.
그가 당신에게 어떻게 칼을 선택하고
던지는지 가르쳐주겠지.
그는 어떤 이방인도 침입하지 못하게
그의 왕국을 지키지.
그가 음식을 한 접시 더 달라고 외칠 때
그의 목소리가 떨리네.

길 떠나는 사람 위해 커피 한 잔 더,
내가 저 아래 계곡으로 떠나기 전에
커피 한 잔 더 주오.

당신의 언니도 당신의 어머니와
당신처럼 미래를 보네.
당신은 읽고 쓰는 걸 배운 적 없고
당신의 선반엔 책 한 권 없지.

그리고 당신은 끝없는 기쁨을 느끼고
당신의 목소리는 초원의 종달새 같지만
당신의 마음은 바다처럼
신비롭고 어둡기만 해.

길 떠나는 사람 위해 커피 한 잔 더,
내가 저 아래 계곡으로 떠나기 전에
커피 한 잔 더 주오.[1]

밥 딜런의 'One More Cup of Coffee커피한잔더'의 가사는 방랑하는 집시 소녀와 그녀의 가족을 두고 떠나려는 한 남자의 이야기다.

1975년 5월 2일, 생일을 맞은 밥 딜런은 프랑스 남부 지방에 머물던 화가 데이비드 오펜하임을 만나러 갔고, 그 둘은 카마르그에 있는 생트마리드라메르라는 도시에서 열리는 집시 축제를 보러 갔다. 매년 5월 마지막 주가 되면 전 세계에 흩어져 있는 집시들이 그들의 수호성인인 검은 사라상에게 미사를 드리기 위해 이 멋진 해안도시로 모여든다. 밥 딜런은 그곳에서 수많은 아내와 아이들을 둔 나이든 집시 왕을 만나 그의 이야기를 듣게 된다. 밥 딜런이 이 만남에서 영감을 받고 지은 곡이 바로 'One More Cup of Coffee'다.

이 노래는 별을 숭배하는 어느 집시 소녀에 관한 내용을 담고 있다. 눈에 보이는 모든 것에서 기쁨을 찾고 미래를 볼 수 있는 소녀의 세상은 평화롭고 아름답다. 문명에 길들여지지 않은 야생적인 마법의 세상이다. 노래하는 이는 이제 그 세상을 떠나 이성과 문명이 지배하는 세상으로 돌아가려 한다. 그는 끝시 소녀의 사랑을 얻지 못하고 자신의 세상으로 돌아가야 하지만 떠나기가 못내 아쉬워 미적거리며 커피를 한 잔 더 달라고 청한다. 커피를 한 잔 더 달라고 하는 것은 그가 떠나야 하는 시간을 유예시킬 수 있는 최상의 방법이다. 어쩌면 그 커피는 이성과 지식과 법으로 자연까지 지배하려고 하는 문명에 속한 노래하는 이가 직관과 감성으로 자연과 하나가 된 끝시 소녀의 세상을 기억하고, 그에 대해 노래할 수 있게 하는 영감의 원천이 될 것이다.

끝시 소녀가 건네준 커피는 어떤 커피였을지 궁금하다. 끝시의 발생지가 인도 북서부 지방이라는 설이 있는데, 인도식 스테인리스 필터로 내린 아주 진한 커피였을까?

요즘은 커피가 제 3의 물결을 맞았다고 한다. 제 1의 물결은 단순히 커피를 마시는 데 대한 욕망으로 특징지어졌다. 제 2의 물결에서는 원두의 원산지에 대한 중요성이 강조되었다. 제 3의 물결에서는 원두의 원산지뿐 아니라 유통 과정, 품종의 다양성과 각 품종의 특징, 원두 처리 과정, 토양, 원두 생산자 및 바리스타 등 커피에 관한 모든 것들이 중요하게 여겨진다. 그래서 커피를 전문으로 하는 카페에 가보면 원두의 종류는 물론 추출 방식도 선택할 수 있다.

우유나 우유 거품이 들어간 커피의 종류도 다양해져서 카푸치노, 라떼 외에 더블 샷 에스프레소에 거품 입자가 미세한 마이크로폼 스팀밀크를 넣은 플랫화이트, 에스프레소와 우유가 같은 비율로 들어가는 코르타도 등이 있다. 플랫화이트는 뉴질랜드에서 처음 만들어졌다는 얘기가 있지만 전 세계로 퍼지게 된 데는 호주 바리스타들의 공이 크다. 코르타도는 스페인, 포르투갈, 남미 지방에서 즐겨 마시는 방식으로 프랑스의 카페누아제트와 비슷하다.

나라마다 즐기는 커피와 우유의 비율이 다른데, 그것들이 이제 커피의 다양한 메뉴로 흡수되어 세계 어느 곳에서나 즐길 수 있게 된 것이다. 런던의 어떤 카페에서는 라떼, 카푸치노 같은 이름 대신 '에스프레소에 우유 추가'라는 메뉴를 두고, 우유 비율에 따라 달라지는 커피의 양을 적어놓은 곳도 있다. 만드는 방법, 마시는 방법은 조금씩 달라도 내가 아는 한 커피가 없는 곳은 지구상에 없는 것 같다.

전설 같은 이야기에 따르면 커피의 기원은 서기 750년경으로 거슬러 올라간다. 당시 에티오피아의 목동이자 시인이었던 칼디는 염소가 커피나무의 잎과 열매를 보고 뒷발로 춤을 추는 것을 목격한다. 칼디는 자신이 직접 커피 잎과 열매를 씹어보았는데, 시와 노래가 넘쳐 나왔고 영원히 지치지 않을 것 같은 느낌이었다고 한다.[2] 그 후 많은 문인과 예술가들이 영감과 정신적 에너지를 얻기 위해 커피에 의존했다.

카페인은 세계에서 가장 널리 애용되는 각성제일 것이다. 잠에서 덜 깬 아침에도, 머리와 몸이 둔해진 한낮에도 카페인은 생산적인 일을 할 수 있도록 도와준다. 지용성이기 때문에 혈류를 타고 뇌로 들어가는 속도가 빠르고, 효과가 거의 즉각적으로 나타난다. 동물이 카페인을 섭취하면 수 분 내에 최대치가 뇌에 축적된다는 연구 결과가 있다. 카페인은 뇌에 남아 있는 동안 수면과 기분과 집중력에 관여하는 영역을 자극하며, 서너 시간에 걸쳐 서서히 소멸한다. 그러니 아침에 마시는 커피 한 잔은 점심시간까지 사람 구실을 하도록 도와줄 수 있고, 오후에 마시는 커피 또한 해가 질 때까지 정신 차리고 있을 수 있게 해준다.

미국 노스웨스턴대학교 의과대학 교수인 찰스 B. 리드Charles B. Reed 박사는 커피가 천재성을 개발해주는 물질일 수 있다는 의견을 내놓았다.[3] 역사적으로 위대한 업적을 남긴 철학자, 예술가, 문인 들을 보면 일리가 있는 듯하다.

프랑스의 철학자 볼테르는 하루에 커피를 60잔씩 마셨다고 한다.

소설가 발자크도 이에 못지않다. 발자크는 사망 원인이 카페인 중독이라고 알려질 만큼 커피 마니아였다. 그는 저녁 6시부터 밤 12시까지 잠을 잔 후 다음 날 정오까지 12시간 동안 쉬지 않고 글을 썼는데, 이 12시간 동안 그의 창작 에너지를 지켜준 것이 바로 커피였다. 그는 글쓰기 작업을 전쟁에 비유했는데, 커피가 위에 닿는 순간 아이디어들이 "군대의 대대"처럼 움직이기 시작하고 곧 전쟁이 시작된다고 썼다. 커피를 마시는 순간 추억들이 전속력으로 달려 도착하고 "비유의 기병대", "논리의 포병대"가 끼어들고 재치 있는 착상들이 화살처럼 날아오르고 종이가 잉크로 뒤덮인다고 비유하며, 전쟁이 검은색 화약으로 시작하고 끝나듯이 그의 글쓰기는 "검은색 액체의 격류"로 시작하고 끝난다고 말했다.[4] 하루에 50잔 이상의 커피를 마셨다고 하니 그의 펜 끝에서 흘러나온 것이 커피인지 잉크인지 구분이 안 됐을 것 같다.

찰스 디킨스의 에너지도 커피에서 나왔다. 이른 아침부터 마시는 커피는 오전 동안 그가 강도 높은 집중력으로 글을 쓸 수 있게 해주었다. 런던의 커피숍들은 그의 오후 산책에서 빠지지 않는 코스였다. 놀라운 것은 그는 어릴 때부터 커피를 마시기 시작했다는 것이다. 집안이 가난해 열두 살 때는 런던의 구두약 공장에서 일해야 했는데, 돈이 생기면 근처의 커피숍에 가서 커피를 마시며 마음을 차분히 가라앉혔다고 한다.

그는 평생 작가로서의 상상력의 원천이 될 영감을 커피숍에서 얻는다. 어느 날 커피숍에 앉아 있던 그는 커피숍의 유리문에 'MOOR-EEFFOC'라고 쓰여 있는 것을 본다. 그 이상한 단어는 동화의 나라에서 온 단어처럼 신비로웠고, 신선한 "충격이 피를 타고 흐르는" 것을 느꼈다. 그 단어가 'COFFEE-ROOM'이라고 쓰인 글자를 거꾸로 읽은 것이라는 걸 곧 알아차렸지만 그것을 'MOOR-EEFFOC'라고 읽었을 때의 충격은 사라지지 않았고, 그 경험은 그의 창작 에너지에 마법 같은 기운을 불어넣었다. 이후 'MOOR-EEFFOC'라는 단어는 평범하고 보잘것없는 일상에서도 신비로운 면을 발견할 수 있는 상상의 힘을 상징하게 되었다.[5]

G. K. 체스터톤은 'MOOR-EEFFOC'는 예술가의 마음을 통해 새롭게 보여주는 현실의 환상적인 이면 같은 것이라고 설명한다.[6] 'COFFEE-ROOM'이 'MOOR-EEFFOC'로 변하듯이 디킨스의 소설에서는 이미 알고 있는 익숙한 장소와 인물들이 이상하고 때로는 우스꽝스럽고 신비로운 것들로 변한다.

《반지의 제왕》을 쓴 J. R. R. 톨킨도 디킨스의 'MOOR-EEFFOC'에 대해 썼다. 그는 'MOOR-EEFFOC'는 영국이 완전히 낯선 곳이라는 것, 역사에서나 볼 수 있는 먼 과거 속, 또는 타임머신을 타고 가야 만날 수 있는 미지의 세계에 있는 곳이라는 것을 깨닫게 해 줄 것이라고 했다.[7]

⋆

무라카미 하루키는 커피에 인생을 담았다. 그의 세 번째 소설 《양을 쫓는 모험》에서는 9년이라는 세월의 흐름이 커피를 통해 표현된다. 이 책의 주인공은 첫 장에서 9년 전으로 돌아간다.

> 나는 그녀를 9년 전 가을에 처음 만났다. 나는 스무 살이었고
> 그녀는 열일곱 살이었다.
> 대학 시절 학교 근처에 친구들과 시간을 보내던 카페가 하나
> 있었다. 별 볼 일 없는 곳이었지만 거기에 가면 늘 하드록 음악
> 을 들으며 맛없는 커피를 마실 수는 있었다. 그녀는 언제나 같
> 은 자리에 앉아, 테이블에 팔꿈치를 괴고 책을 읽고 있었다.[8]

그리고 그 다음 해에 그녀를 본 주인공은 8년 후 그녀의 장례식에 다녀온다. 그는 결혼을 했었고 이혼을 했다. 그는 더 이상 맛없는 커피를 마시지 않는다. 그는 원두를 직접 간다. 주전자의 물은 완전히

끓을 때까지 끓인다.

> 주전자의 물이 끓는다. 나는 가스 불을 끄고는 30초 동안 물을
> 식힌 다음 원두 가루 위에 부었다. 원두 가루가 물을 빨아들일
> 만큼 빨아들이고 나서 천천히 부풀어 오르기 시작하자 커피 향
> 이 방안 가득 퍼졌다.[9]

그는 원두의 맛과 향을 가장 잘 살려준다는 핸드 드립 방식으로
직접 커피를 내려 마신다. 주인공은 팔팔 끓은 물을 30초쯤 식혀 물
의 온도가 90도 정도 되었을 때 부어야 쓴맛이 없는 커피가 만들어
진다는 것을 알고 있다. 그리고 원두 가루가 부풀어 오르면 그 상태
에서 조금 기다려야 한다는 것도 안다. 그는 그 상태에서 30초 정도
기다렸다가 물줄기의 굵기가 일정하게 유지되도록 신경 쓰면서 나
선을 그리듯 물을 부었을 것이다.

커피가 완성되는 데는 약 2분 30초 정도의 시간이 걸렸을 것이다.
하드록과 함께 맛없는 커피를 마시던 그는 이제 원두를 바로 분쇄하고
물 온도까지 신경 써가며 핸드 드립 커피를 마신다. 이런 변화는 그의
삶의 변화를 의미한다. 정신적으로 성숙했고 관조하는 여유를 갖게 되
었으며, 자신의 감정을 거리를 두고 되돌아볼 수 있게 된 것이다.

◈

"커피가 없었다면 경찰 업무란 게 불가능했겠죠."
발란데르가 말했다.
"커피 없이 가능했을 업무는 없을 걸요."
그들은 침묵 속에서 커피의 중요성을 곱씹었다.[10]

스웨덴 추리소설 작가 헤닝 만켈의 소설 《한 발짝 뒤에서》에 나오는 주인공 형사 발란데르와 검시관 니버그가 나누는 대화다. 동료 형사까지 살해당한 일련의 끔찍한 살인 사건들에 대해 얘기하는 와중에도 커피의 중요성에 대해 곱씹는 대목에서 나는 살짝 웃음이 터졌다. 그들이 오랜 친구들처럼 가깝게 느껴졌다. 맞다, 커피 없이 무슨 일을 할 수 있겠는가! 커피 없이는 세상이 돌아가지 않을 것이라는 믿음과, 때때로 그 중요성에 대해 조용히 되새겨보는 그들에게 나는 무한한 신뢰감을 느꼈다. 커피같이 평범한 것의 중요성도 놓치지 않으니 어떤 단서도 놓치지 않고 꼼꼼히 사건을 풀어가리라.

'커피 없이 가능했을 업무는 없을 것'이라는 말에 나도 동의한다. 과거에는 사람들을 만나고 사회적 관계를 맺는 공간이었던 카페가 요즘은 많은 사람들의 업무 공간이 되어가고 있다. 사회학자 레이 올덴버그는 카페를 공공도서관, 공원 등과 함께 제3의 공간으로 분류

한다. 제 3의 공간은 제 1의 공간인 집, 제 2의 공간인 업무공간과 구별되는 곳으로, 공동체 생활의 기반이 되는 장소라고 규정한다.[11]

제 3의 공간은 집 근처에 있어서 가기 편하고, 비용이 많이 들지 않고, 먹을 것과 마실 것이 있고, 늘 오는 사람들이 있어서 언제든 가면 아는 사람을 만날 수 있는 편안한 공간이다. 공동체 구성원 간의 소통을 도모하는 공간으로, 시민 사회와 민주주의를 유지하는 데 중요한 기반이 되는 공간이다.

그런데 요즘의 카페는 소통을 하는 사람들보다 혼자 와서 랩탑을 앞에 놓고 일을 하는 사람들이 더 많다. 자신의 방이나 사무실을 옮겨다 놓은 것 같은 풍경이다. 제 3의 공간이 아니라 제 1, 제 2의 공간이 확장된 것처럼 보인다. 와이파이의 유무가 카페를 선택하는 중요한 기준 중 하나가 되기도 한다. 그래서 몇몇 사회학자들은 카페가 이제는 더 이상 제 3의 공간으로서의 역할을 하지 않는다고 주장하기도 한다. 하지만 곰곰이 생각해보면 꼭 그렇지만도 않다. 굳이 개인적인 공간을 두고 카페에 와서 일을 하는 이유는 무엇일까? 커피 때문이 아닐까?

커피는 술과 비슷한 점이 많다. 축제나 파티에서 술에 취하는 것은 참여자들에게 주어지는 특권과 같다. 술을 마시든 마시지 않든 상관없다. 술이 있다는 것 자체만으로 취할 가능성이 있는 것이고, 취기로 인한 행동과 말 들도 어느 정도는 허용된다. 따라서 사람들로 하여금 평소에는 보이지 않던 모습들까지 드러내도록 한다. 술에 정말 취했든 취하지 않았든 술기운이라는 가면을 쓸 수 있는 것이다. 그래서 축제나 파티에서 술을 마시는 것은 일종의 집단의식에 참여하는 것과 같다. 혼자 술을 마시는 것과는 다르다.

자신의 방이 아닌 카페에서 커피를 마시는 것도 일종의 집단의식에 참여하는 것이라는 생각이 든다. 카페에 있다는 사실은 카페인에 취한다는 것을 전제한다. 카페인에 취해 평소보다 더 세게, 더 빠르게 랩탑 키보드를 치는 집단적 행위에 참여한다. 각자의 랩탑 앞에 앉아 있지만 카페에서 커피를 마시는 사람들은 같은 가면을 쓰고 하나의 끈끈한 공동체를 이룬다.

발란데르와 동료 형사들은 커피를 마시며 형사 업무에 몰입할 수 있는 공동체적 에너지를 얻을 것이다. 서로의 개인사에 무관심해도 커피를 마시고 함께 일에 취하기로 했으니 그들의 동료 의식은 의심할 여지없이 굳건할 것이다.

⚜

나도 커피가 없는 세상은 생각하고 싶지 않다. 아주 맛없는 커피라도 커피가 없는 것보다는 있는 게 낫다. 그리고 사실 맛없는 커피는 없다. 베트남의 한 지방 도시의 변두리 골목에서 마신 무지막지하게 쓴 커피도, 세계 바리스타 대회에서 상을 탄 바리스타가 만들어준 커피도 모두 나름대로 맛이 있었다.

그러니 내가 열아홉 살 때까지 커피를 마시지 못했다는 것은 참으로 억울한 일이다. 커피가 어린이나 미성년자에게 미치는 온갖 부작용에 관한 속설들 때문이었다. 특히 커피를 마시면 키가 안 크고 머리가 나빠진다는 설이 부모들이 아이들에게 커피를 마시지 못하게 한 주요 원인이었다. 내 경우는 어렸을 때 엄마가 인스턴트 커피인 맥심이나 테이스터스 초이스를 마실 때 가끔 허락 받고 한 모금씩 마신 게 전부였고, 나 혼자 커피 한 잔을 다 마시게 된 건 대학에 들어가서다. 키 크는 걸 방해한다거나 머리가 나빠지게 한다는 등의 말이 전혀 과학적인 근거가 없는 속설이라는 사실에 나는 커피를 금지당한 지난 20년의 세월이 억울하기만 했다.

브리야 사바랭은 어린아이들, 특히 도시의 아이들은 신체가 강건하지 못하기 때문에 일찍부터 커피를 마시면 스무 살 청년이 되었을 때 보잘것없이 연약한 몸이 될 수 있다고 했다.[12] 그런데 어릴 때부터 도시의 공장에서 일하며 커피를 마신 찰스 디킨스는 키가 189센티미터나 됐고 몸무게도 80킬로그램 이상 나갔다고 하니 브리야 사바랭의 말은 맞지 않는다.

하지만 브리야 사바랭은 커피로 인한 불면 증상은 "명료한 자각"을 선사하기 때문에 고통스럽지 않다고 했다. 그러니 무엇인가에 취

344

하고 싶다면, 또는 취해야 한다면 정신을 몸으로부터 이탈시키는 알
코올보다는 머리털 하나하나 자라는 게 느껴질 만큼 궁극의 각성을
경험하게 하는 커피에 취해보자.

커피는 또 지친 영혼을 위로하는 가장 효과적인 방법이고, 평범한
일상에서 가장 빠르고 저렴하게 부릴 수 있는 사치이다. 밥 딜런은
그가 진행하던 라디오쇼 'Theme time radio hour'(2006~2009)의 다
섯 번째 주제로 커피를 선택했는데, 커피를 "호박색의 액체"라고 하
며 "평범한 서민의 황금"이라고 했다. 커피의 색깔을 호박이라는 보
석에 비유하며 모든 사람에게 금과 같은 호화로움과 고상함을 선사
한다고 했다.

신비로운 집시 소녀에 대한 그리움, 상상의 마법, 영혼의 각성제,
지친 삶에서의 안식, 황홀에의 도취… 그 내용이 무엇이든 커피는 일
상에 특별함을 선사한다. 우리에게 커피가 있으니 얼마나 다행인가!

주석

● 책을 펴내며
1) Virginia Woolf, *A Room of One's Own* (London: Penguin Books, 2000).

● 크레이프 만드는 여자, 팬케이크 먹는 남자
1) 장 앙텔므 브리야 사바랭,《브리야 사바랭의 미식 예찬》, 홍서연 옮김 (서울: 르네상스, 2004).
2) Gillian Flynn, *Gone Girl* (New York: Broadway Books, 2014).
3) Saskia Sassen, *The Global City: New York, London, Tokyo* (Princeton, N. J.: Princeton UP, 2001).
4) Mike Savage et al. "A New Model of Social Class? Finding from the BBC's Great British Class Survey Experiment", *Sociology*, 47:2 (2013), pp. 219-250.
5) George Orwell, *The Road to Wigan Pier* (Loncon: Victor Gollancz, 1937).
6) Alan Warde, *Consumption, Food and Taste: Culinary Antinomies and Commodity Culture* (London: Sage, 1997).
7) Euna Han and Lisa M. Powell, "Consumption Patterns of Sugar Sweetened Beverages in the Unites States", *Journal of the Academy of Nutrition and Dietetics*, 113:1 (2013), pp. 43-53.
8) Pierre Bourdieu, *Distinction: A Social Critique of the Judgement of Taste* (Cambridge, Massachusetts: Harvard University Press, 1984).

●버터를 몸에 바르는 이유

1) Melvin Cherno, "Feuerbach's 'Man Is What He Eats': A Rectification", *Journal of the History of Ideas*, 24:3 (1963), pp. 397-406.

2) Margaret Atwood, *The Handmaid's Tale* (London: Vintage, 1996).

3) Margaret Atwood, *The Handmaid's Tale*.

4) Margaret Atwood, *The Handmaid's Tale*.

5) John Fiske, *Understanding Popular Culture* (Boston: Unwin Hyman, 1989).

●사프란라이스, 따뜻한 삶으로의 초대

1) Fredrik Backman, *A Man Called Ove*, Henning Koch, trans. (London: Sceptre Books, 2014).

2) Fredrik Backman, *A Man Called Ove*.

3) Elizabeth Luard, *Saffron and Sunshine* (New York: Bantam Press, 2000).

4) Deane Curtin, "Introduction", in Deane Curtin & Lisa M. Heldke, eds., *Cooking, Eating, Thinking: Transformative Philosophies of Food* (Bloomington: Indiana UP, 1992).

●말에서 해방된 맛

1) Muriel Barbery, *Gourmet Rhapsody*, Alison Anderson, trans. (New York: Europa Editions, 2009).

2) Claude Fischler, "Food, Self and Identity", *Social Science Information*, 27:2 (1988), pp. 275-292.

3) Pierre Bourdieu, *Distinction: A Social Critique of the Judgement of Taste*.

4) Zygmunt Bauman, *Culture in a Liquid Modern World* (Cambridge, UK: Polity Press, 2011).

●신경외과 의사의 생선스튜 레시피

1) Ian McEwan, *Saturday* (London: Vintage Books, 2006).

2) Pierre Bourdieu, *Distinction: A Social Critique of the Judgement of Taste.*

3) Ian McEwan, *Saturday.*

4) Tomlin S. Conner, Colin G. DeYoung & Paul J. Silvia, "Everyday Creative Activity as a Path to Flourishing", *The Journal of Positive Psychology*, 13:2 (2018) (published online: 17 Nov. 2016).

●이토록 맛있는 영국 음식

1) Virginia Woolf, *To the Lighthouse* (Ware: Wordsworth Editions, 2002).

2) Jane Austen, *Emma* (London: Penguin, 2012).

3) Constance Hill, *Jane Austen: Her Homes and Her Friends* (London: Routledge. 1995); Kim Wilson, *At Home with Jane Austen* (New York; London: Abbeville Press, 2014); Lucy Worsley, *Jane Austen at Home: A Biography* (New York: St. Martin's Press, 2017).

4) Peggy Hickman, *A Jane Austen Household Book with Martha Lloyd's Recipes* (Newton Abbot, England; North Pomfret, Vt.: David & Charles, 1977).

5) Peggy Hickman, *A Jane Austen Household Book with Martha Lloyd's Recipes.*

6) Elizabeth Raffald, *The Experienced English Housekeeper* (Hansebook, 2017).

7) Maggie Black & Deirdre Le Faye, *The Jane Austen Cookbook* (London: The British Museum Press, 1995).

8) Maria Rundell, *A New System of Domestic Cookery* (Halifax: Milner and Sowerby, 1860).

9) Colin Spencer, *British Food: An Extraordinary Thousand Years of History* (New York: Columbia University Press, 2003).

●요리가 아닌 먹이를 선택한 여자

1) 무라타 사야카, 《편의점 인간》, 김석희 옮김 (파주: 살림, 2016).

2) Brian Eno, *A Year with Swollen Appendices* (London: Faber, 1996).

3) Gavin Hamilton Whitelaw, "Rice Ball Rivalries: Japanese Convenience Stores and the Appetite of Late Capitalism", in Richard Wilk, ed., *Fast Food/Slow Food* (Lanham;

New York; Toronto; Plymouth, UK: Altamira Press, 2006), pp. 131-144.

4)무라타 사야카, 《편의점 인간》.

●치즈 토스트만으로도 충분해

1)Donna Tartt, *The Goldfinch* (New York: Back Bay Books/Little, Brown and Company, 2014).

2)Edgar Allan Poe, "Some Words with a Mummy", *Works of Edgar Allan Poe: Sixty-seven Tales, One Complete Novel and Thirty-one Poems* (New York: Gramercy Books, 1990).

3)Mark Morton, *Cupboard Love 2: A Dictionary of Culinary Curiosities* (London, Ontario: Insomniac Press, 2004).

4)Charlotte Bronte, *Jane Eyre* (Oxford; New York: Oxford UP, 2008).

5)Donna Tartt, *The Goldfinch*.

6)Deborah Lupton, *Food, the Body and the Self* (London: Sage, 1996).

●카스테라, 우주를 품은 맛

1)박민규, 〈카스테라〉, 《카스테라》 (파주: 문학동네, 2005).

2)박민규, 〈카스테라〉.

3)박민규, 〈카스테라〉.

4)Bruno Latour, *Science in Action: How to Follow Scientists and Engineers through Society* (Cambridge, Massachusetts: Havard University Press, 1987).

5)박민규, 〈카스테라〉.

6)박민규, 〈몰라몰라, 개복치라니〉, 《카스테라》 (파주: 문학동네, 2005).

7)박민규, 〈카스테라〉.

8)박민규, 〈카스테라〉.

●헤밍웨이의 이유 있는 파리 탐식

1)Ernest Hemingway, *A Moveable Feast: The Restored Edition* (New York: Scribner,

2009).

2)Ernest Hemingway, *A Moveable Feast: The Restored Edition.*

3)Ernest Hemingway, *A Moveable Feast: The Restored Edition.*

4)Matthew J. Bruccoli, ed., *Scott and Earnest* (New York: Random House, 1978).

5)Marcelline Hemingway Sanford, *At the Hemingways: A Family Portrait* (London: Putnam, 1963).

6)Edward W. Said. "Reflections on Exile", *Reflections on Exile and Other Essays* (Cambridge, Massachusetts: Harvard University Press, 2000).

7)Richard F. Kuisel, *Seducing the French: The Dilemma of Americanization* (Berkeley; Los Angeles; London: University of California Press, 1997).

●소심한 영국 남자의 선택, 파스타

1)Julian Barnes, *The Sense of an Ending* (London: Vintage, 2012).

2)Laura Mason, *Food Culture in Great Britain* (Westport, Conn.: Greenwood Press, 2004).

3)Rumeana Jahangir, "How Britain got the hots for curry", BBC News, Thursday, 26 November 2009.

4)Julian Barnes, *The Sense of an Ending.*

5)Tony Naylor, "Why is Britain obsessed with Italian restaurants?", *The Guardian*, Friday, 3 May 2013.

●육식공동체에 저항하는 법

1)한강,《채식주의자》(파주: 창비, 2007).

2)Plutarch, "Moralia", Mark Kulansky, eds. *Choice Cuts: A Savory Selection of Food Writing from Around the World and Throughout History* (New York: Penguin Books, 2004).

3)Jennifer Horsman & Jaime Flowers, *Please Don't Eat the Animals* (Sanger, California: Quill Driver Books, 2007).

4)Peter Singer, *Animal Liberation* (New York: Ecco, 2002).

5)Jeffery Sobal, "Men, Meat, and Marriage: Models of Masculinity", *Food and Foodways*, 13:1-2 (2005), pp. 135-158.

6) 한강,《채식주의자》.

7)Karen J. Warren, ed., *Ecofeminism: Women, Culture, Nature* (Bloomington: Indiana UP, 1997).

8)Natalie Angier, "Sorry, Vegans: Brussels Sprouts Like to Live, Too", *The New York Times*, 21 Dec. 2009.

• 음모자들의 프라이드치킨

1)Scott F. Fitzgerald, *The Great Gatsby* (London: Vintage Books, 2010).

2)Scott F. Fitzgerald, *The Great Gatsby*.

3)Linda Civitello, *Cuisine and Culture: A History of Food and People* (Hoboken, N. J.: Wiley, 2004).

4)Scott F. Fitzgerald, *The Great Gatsby*.

5)Alexis de Tocqueville, *Democracy in America* (New York: A. A. Knopf, 1987).

6)Psyche A. Williams-Forson, *Building Houses Out of Chicken Legs* (Chapel Hill: The University of North Carolina Press, 2006).

7)Psyche A. Williams-Forson, *Building Houses Out of Chicken Legs*.

8)Psyche A. Williams-Forson, *Building Houses Out of Chicken Legs*.

9)Scott F. Fitzgerald, *The Great Gatsby*.

• 왜 하필 가츠동?

1)요시모토 바나나,《키친》, 김남주 옮김 (서울: 민음사, 1999).

2)요시모토 바나나,《키친》.

3)요시모토 바나나,《키친》.

4)요시모토 바나나,《키친》.

5)Ann Hartman & Joan Laid, *Family-Centered Social Work Practice* (New York: Free

Press, 1983).

6) 요시모토 바나나, 《키친》.

7) 요시모토 바나나, 《키친》.

8) 요시모토 바나나, 《키친》.

9) Virginia Woolf, *A Room of One's Own.*

● 뱀파이어와의 위험한 거래

1) 위화, 《허삼관 매혈기》, 최용만 옮김 (파주: 푸른숲, 2015).

2) Mobo Gao, *Gao Village: Rural Life in Modern China* (Honolulu: University of Hawaii Press, 1999).

3) Ann S. Anagnost, "Strange Circulations: the Blood Economy in Rural China", *Economy and Society*, 35:4 (2006), pp. 509-529.

4) John Gittings, "China admits 'blood stations' caused steep rise in AIDS", *The Guardian*, 10 Sep. 2002.

5) Mark Neocleous, "The Political Economy of the Dead: Marx's Vampires", *History of Political Thought*, 24:4 (2003), pp. 668-84.

6) Karl Marx, *Capital: A Critique of Political Economy* (New York: Vintage Books, 1977).

● 나만의 '진짜' 플레이버

1) Marcus Samuelsson, with Veronica Chambers, *Yes, Chef: A Memoir* (New York: Random House, 2012).

2) Peter Klosse, *The Essence of Gastronomy: Understanding the Flavor of Foods and Beverages* (Boca Raton: CRC Press, 2014).

3) Marcus Samuelsson, with Veronica Chambers, *Yes, Chef: A Memoir.*

4) Marcus Samuelsson, with Veronica Chambers, *Yes, Chef: A Memoir.*

5) Marcus Samuelsson, with Veronica Chambers, *Yes, Chef: A Memoir.*

6) Zilkia Janer, "(In)Edible Nature: New World Food and Coloniality", *Cultural Studies*, 21: 2–3 (2007), pp. 385-405.

352

● 커피가 있어서 다행이야

1) Bob Dylan, *The Lyrics: 1961-2012* (New York: Simon & Shuster, 2002, 2014, 2016).

2) Marie Nadine Antol, *Confessions of a Coffee Bean: The Complete Guide to Coffee Cuisine* (New York: Square One Publishers, 2001).

3) William H. Ukers, *All about Coffee: A History of Coffee from the Classic Tribute to the World's Most Beloved Beverage* (Avon, Mass.: Adams Media, 2012).

4) Honoré de Balzac, "Treatise on Modern Stimulants", in Nina Luttinger & Gregory Dicum, *The Coffee Book: Anatomy of an Industry from Crop to the Last Drop* (New York: New Press, 2006).

5) G. K. Chesterton, *Charles Dickens: A Critical Study* (New York: Dodd, Mead & Co., 1906). 인터넷 아카이브 https://archive.org/details/charlesdickenscr01ches에서 볼 수 있다.

6) G. K. Chesterton, *Charles Dickens: A Critical Study.*

7) John Ronald Reuel Tolkien, "On Fairy-stories", *The Monsters and the Critics and Other Essays* (London: HarperCollins, 1997).

8) Haruki Murakami, *A Wild Sheep Chase* (London: Vintage, 2003).

9) Haruki Murakami, *A Wild Sheep Chase.*

10) Henning Mankell, *One Step Behind* (London: Vintage, 2008).

11) Ray Oldenburg, *The Great Good Place: Cafes, Coffee Shops, Community Centers, Beauty Parlors, General Stores, Bars, Hangouts, and How They Get You Through the Day* (New York: Paragon House, 1989).

12) 장 앙텔므 브리야 사바랭, 《브리야 사바랭의 미식 예찬》.

참고문헌

Anagnost, Ann S., "Strange Circulations: the Blood Economy in Rural China", *Economy and Society*, 35:4 (2006), pp. 509-529.

Angier, Natalie, "Sorry, Vegans: Brussels Sprouts Like to Live, Too", *The New York Times*, 21 Dec. 2009.

Antol, Marie Nadine, *Confessions of a Coffee Bean: The Complete Guide to Coffee Cuisine* (New York: Square One Publishers, 2001).

Appadurai, Arjun, *Modernity At Large: Cultural Dimensions of Globalization* (Minneapolis, Minn.: University of Minnesota Press, 1996).

Atwood, Margaret, *The Handmaid's Tale* (London: Vintage, 1996).

Austen, Jane, *Emma* (London: Penguin, 2012).

Backman, Fredrik, *A Man Called Ove*, Henning Koch, trans. (London: Sceptre Books, 2014).

Balzac, Honoré de, "Treatise on Modern Stimulants", in Nina Luttinger & Gregory Dicum, *The Coffee Book: Anatomy of an Industry from Crop to the Last Drop* (New York: New Press, 2006).

Barbery, Muriel, *Gourmet Rhapsody*, Alison Anderson, trans. (New York: Europa Editions, 2009).

Barnes, Julian, *The Sense of an Ending* (London: Vintage, 2012).

Bauman, Zygmunt, *Culture in a Liquid Modern World* (Cambridge, UK: Polity Press, 2011).

354

Black, Maggie, & Deirdre Le Faye, *The Jane Austen Cookbook* (London: The British Museum Press, 1995).

Bourdieu, Pierre, *Distinction: A Social Critique of the Judgement of Taste* (Cambridge, Massachusetts: Harvard University Press, 1984).

Bronte, Charlotte, *Jane Eyre* (Oxford; New York: Oxford UP, 2008).

Bruccoli, Matthew J., ed., *Scott and Earnest* (New York: Random House, 1978).

Cherno, Melvin, "Feuerbach's 'Man Is What He Eats': A Rectification", *Journal of the History of Ideas*, 24:3 (1963), pp. 397-406.

Chesterton, G. K., *Charles Dickens: A Critical Study* (New York: Dodd, Mead & Co., 1906). https://archive.org/details/charlesdickenscr01ches.

Civitello, Linda, *Cuisine and Culture: A History of Food and People* (Hoboken, N. J.: Wiley, 2004).

Conner, Tomlin S., Colin G. DeYoung & Paul J. Silvia, "Everyday Creative Activity as a Path to Flourishing", *The Journal of Positive Psychology*, 13:2 (2018) (published online: 17 Nov. 2016).

Curtin, Deane, "Introduction", in Deane Curtin & Lisa M. Heldke, eds., *Cooking, Eating, Thinking: Transformative Philosophies of Food* (Bloomington: Indiana UP, 1992).

Dylan, Bob, *The Lyrics: 1961-2012* (New York: Simon & Shuster, 2002, 2014, 2016).

Eno, Brian, *A Year with Swollen Appendices* (London: Faber, 1996).

Fischler, Claude, "Food, Self and Identity", *Social Science Information*, 27:2 (1988), pp. 275-292.

Fiske, John, *Understanding Popular Culture* (Boston: Unwin Hyman, 1989).

Fitzgerald, Scott F., *The Great Gatsby* (London: Vintage Books, 2010).

Flynn, Gillian, *Gone Girl* (New York: Broadway Books, 2014).

Gao, Mobo, *Gao Village: Rural Life in Modern China* (Honolulu: University of Hawaii Press, 1999).

Gittings, John, "China admits 'blood stations' caused steep rise in AIDS", *The Guardian*, 10 Sep. 2002.

Glasse, Hannah, *The Art of Cookery Made Plain and Easy* (Bedford, MA: Applewood Books, 1997).

Han, Euna, and Lisa M. Powell, "Consumption Patterns of Sugar Sweetened Beverages in the Unites States", *Journal of the Academy of Nutrition and Dietetics*, 113:1 (2013), pp. 43-53.

Hartman, Ann, & Joan Laid, *Family-Centered Social Work Practice* (New York: Free Press, 1983).

Hemingway, Ernest, *A Moveable Feast: The Restored Edition* (New York: Scribner, 2009).

Hickman, Peggy, *A Jane Austen Household Book with Martha Lloyd's Recipes* (Newton Abbot, England; North Pomfret, Vt.: David & Charles, 1977).

Hill, Constance, *Jane Austen: Her Homes and Her Friends* (London: Routledge. 1995).

Horsman, Jennifer, & Jaime Flowers, *Please Don't Eat the Animals* (Sanger, California: Quill Driver Books, 2007).

Jahangir, Rumeana, "How Britain got the hots for curry", BBC News, Thursday, 26 November 2009.

Janer, Zilkia, "(In)Edible Nature: New World Food and Coloniality", *Cultural Studies*, 21: 2–3 (2007), pp. 385-405.

Klosse, Peter, *The Essence of Gastronomy: Understanding the Flavor of Foods and Beverages* (Boca Raton: CRC Press, 2014).

Kuisel, Richard F., *Seducing the French: The Dilemma of Americanization* (Berkeley; Los Angeles; London: University of California Press, 1997).

Kulansky, Mark, eds. *Choice Cuts: A Savory Selection of Food Writing from Around the World and Throughout History* (New York: Penguin Books, 2004).

Latour, Bruno, *Science in Action: How to Follow Scientists and Engineers through Society* (Cambridge, Massachusetts: Havard University Press, 1987).

Luard, Elizabeth, *Saffron and Sunshine* (New York: Bantam Press, 2000).

Lupton, Deborah, *Food, the Body and the Self* (London: Sage, 1996).

Mankell, Henning, *One Step Behind* (London: Vintage, 2008).

Marx, Karl, *Capital: A Critique of Political Economy* (New York: Vintage Books, 1977).

Mason, Laura, *Food Culture in Great Britain* (Westport, Conn.: Greenwood Press, 2004).

McEwan, Ian, *Saturday* (London: Vintage Books, 2006).

Morton, Mark, *Cupboard Love 2: A Dictionary of Culinary Curiosities* (London, Ontario: Insomniac Press, 2004).

Murakami, Haruki, *A Wild Sheep Chase* (London: Vintage, 2003).

Naylor, Tony, "Why is Britain obsessed with Italian restaurants?", *The Guardian*, Friday, 3 May 2013.

Neocleous, Mark, "The Political Economy of the Dead: Marx's Vampires", *History of Political Thought*, 24:4 (2003), pp. 668-84.

Oldenburg, Ray, *The Great Good Place: Cafes, Coffee Shops, Community Centers, Beauty Parlors, General Stores, Bars, Hangouts, and How They Get You Through the Day* (New York: Paragon House, 1989).

Orwell, George, *The Road to Wigan Pier* (Loncon: Victor Gollancz, 1937).

Poe, Edgar Allan, "Some Words with a Mummy", *Works of Edgar Allan Poe: Sixty-seven Tales, One Complete Novel and Thirty-one Poems* (New York: Gramercy Books, 1990).

Raffald, Elizabeth, *The Experienced English Housekeeper* (Hansebook, 2017).

Rundell, Maria, *A New System of Domestic Cookery* (Halifax: Milner and Sowerby, 1860).

Said, Edward W., "Reflections on Exile", *Reflections on Exile and Other Essays* (Cambridge, Massachusetts: Harvard University Press, 2000).

Samuelsson, Marcus, with Veronica Chambers, *Yes, Chef: A Memoir* (New York: Random House, 2012).

Sanford, Marcelline Hemingway, *At the Hemingways: A Family Portrait* (London: Putnam, 1963).

Sassen, Saskia, *The Global City: New York, London, Tokyo* (Princeton, N. J.: Princeton UP, 2001).

Savage, Mike, et al. "A New Model of Social Class? Finding from the BBC's Great British Class Survey Experiment", *Sociology*, 47:2 (2013), pp. 219-250.

Singer, Peter, *Animal Liberation* (New York: Ecco, 2002).

Sobal, Jeffery, "Men, Meat, and Marriage: Models of Masculinity", *Food and Foodways*, 13:1-2 (2005), pp. 135-158.

Spencer, Colin, *British Food: An Extraordinary Thousand Years of History* (New York: Columbia University Press, 2003).

Tartt, Donna, *The Goldfinch* (New York: Back Bay Books/Little, Brown and Company, 2014).

Tocqueville, Alexis de, *Democracy in America* (New York: A. A. Knopf, 1987).

Tolkien, John Ronald Reuel, "On Fairy-stories", *The Monsters and the Critics and Other Essays* (London: HarperCollins, 1997).

Ukers, William H., *All about Coffee: A History of Coffee from the Classic Tribute to the World's Most Beloved Beverage* (Avon, Mass.: Adams Media, 2012).

Warde, Alan, *Consumption, Food and Taste: Culinary Antinomies and Commodity Culture* (London: Sage, 1997).

Warren, Karen J., ed., *Ecofeminism: Women, Culture, Nature* (Bloomington: Indiana UP, 1997).

Whitelaw, Gavin Hamilton, "Rice Ball Rivalries: Japanese Convenience Stores and the Appetite of Late Capitalism", in Richard Wilk, ed., *Fast Food/Slow Food* (Lanham; New York; Toronto; Plymouth, UK: Altamira Press, 2006), pp. 131-144.

Williams-Forson, Psyche A., *Building Houses Out of Chicken Legs* (Chapel Hill: The University of North Carolina Press, 2006).

Wilson, Kim, *At Home with Jane Austen* (New York; London: Abbeville Press, 2014).

Woolf, Virginia, *A Room of One's Own* (London: Penguin Books, 2000).

Woolf, Virginia, *To the Lighthouse* (Ware: Wordsworth Editions, 2002).

Worsley, Lucy, *Jane Austen at Home: A Biography* (New York: St. Martin's Press, 2017).

무라타 사야카, 《편의점 인간》, 김석희 옮김 (파주: 살림, 2016).

박민규, 《카스테라》 (파주: 문학동네, 2005).

요시모토 바나나, 《키친》, 김남주 옮김 (서울: 민음사, 1999).

위화, 《허삼관 매혈기》, 최용만 옮김 (파주: 푸른숲, 2015).

장 앙텔므 브리야 사바랭, 《브리야 사바랭의 미식 예찬》, 홍서연 옮김 (서울: 르네상스, 2004).

한강, 《채식주의자》 (파주: 창비, 2007).

책 속 음식에 숨겨진 이야기
맛, 그 지적 유혹

초판 1쇄 발행 2018년 9월 15일
초판 2쇄 발행 2018년 11월 15일

지은이	정소영
펴낸이	이혜경
책임편집	고정란
디자인	여혜영
기획	김혜림
온라인마케팅	이지아

펴낸곳	니케북스
출판등록	2014년 4월 7일 제300-2014-102호
주소	서울시 종로구 새문안로 92 광화문 오피시아 1717호
전화	(02) 735-9515
팩스	(02) 735-9518
전자우편	nikebooks@naver.com
블로그	nikebooks.co.kr
페이스북	www.facebook.com/nikebooks
인스타그램	www.instagram.com/nike_books

ⓒ 정소영, 2018
ISBN 978-89-94361-97-0 (03900)

이 도서는 한국출판문화산업진흥원의 출판콘텐츠 창작 자금 지원 사업의 일환으로
국민체육진흥기금을 지원받아 제작되었습니다.